Rudolf Steiner Taschenbücher
aus dem Gesamtwerk

Rudolf Steiner in der Waldorfschule

Vorträge und Ansprachen
für die Kinder, Eltern und Lehrer
in der Waldorfschule Stuttgart
1919–1924

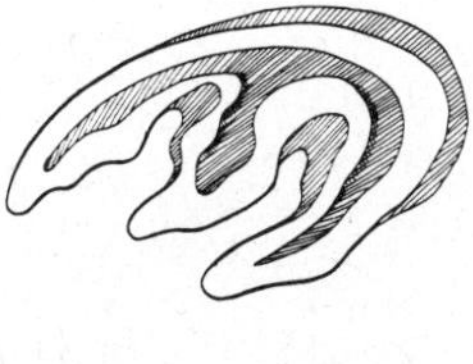

RUDOLF STEINER VERLAG
DORNACH / SCHWEIZ

Nach vom Vortragenden nicht durchgesehenen Mitschriften
herausgegeben von der Rudolf Steiner-Nachlaßverwaltung

Ungekürzte Ausgabe nach dem gleichnamigen Band
der Rudolf Steiner Gesamtausgabe
herausgegeben von Hans Rudolf Niederhäuser
(Bibliographie-Nr. 298, ISBN 3-7274-2980-1)
2. Auflage, Dornach 1980

Taschenbuchausgabe

1.–6. Tsd. Dornach 1989

Bestell-Nr. tb. 6710

Zeichen auf dem Umschlag und Titelblatt von Rudolf Steiner

Printed in Germany by Clausen & Bosse, Leck

ISBN 3-7274-6710-X

ZU DIESER AUSGABE

Der hier vorliegende Band nimmt innerhalb der Veröffentlichungen der pädagogischen Vorträge Rudolf Steiners eine Sonderstellung ein. Während insbesondere in den für Lehrer gehaltenen Kursen der Schwerpunkt auf der Darstellung menschenkundlicher und methodisch-didaktischer Grundlagen und ihrer praktischen Umsetzung liegt, wird hier, in den «Ansprachen für Kinder, Eltern und Lehrer», ein Stück Lebenswirklichkeit der ersten, im Jahre 1919 in Stuttgart begründeten Freien Waldorfschule nachvollziehbar, ja unmittelbar erlebbar.

Die aus Anlaß von Schulfeiern, Elternabenden und Versammlungen des Schulvereines gehaltenen Ansprachen Rudolf Steiners geben einen Einblick in einen Schulalltag, der, so wird der Leser sehr bald bemerken, nicht ein von Gewohnheiten, Traditionen und Normen geprägtes Geschehen darstellt, sondern als ein von Kindern und Lehrern gleichermaßen immer wieder neues Ereignis erlebt wird. Fragen des Sozialverhaltens der Kinder untereinander, der Disziplin, der schulischen Leistungen und der Abschlußprüfungen, aber auch schulpolitische Themen und Probleme, das Verhältnis Schule-Elternhaus betreffend, werden hier behandelt, wobei dem Charakter solcher Ansprachen gemäß es sich zumeist nicht um systematische Abhandlungen des jeweiligen Themas handelt, sondern um Charakterisierungen von pädagogischen Situationen, die den Zuhörern als Anregung dienen sollten.

Anläßlich des Elternabends vom 22. Juni 1923 sprach Rudolf Steiner von einem großen Wagnis, das man mit der Begründung der Waldorfschule eingegangen ist. Aus diesem Wagnis erwuchs eine heute weltweit verbreitete Schulbewegung. Vieles hat sich in den auf der Grundlage der Pädagogik Rudolf Steiners arbeitenden Schulen seit 1919 verändert, eines aber ist geblieben: jede Neugründung ist ein Wagnis und eine Chance zugleich. Der Impuls zur Gründung der ersten Waldorfschule ging aus der Erkenntnis hervor, daß es die damaligen Zeitverhältnisse waren, die einen neuen Geist forderten, und daß dieser neue Geist in das Schulwesen hineingetragen werden müsse. Diese Erkenntnis hat wohl bis heute nichts an Aktualität eingebüßt.

Walter Kugler

INHALT

DIE PÄDAGOGISCHE GRUNDLAGE DER WALDORFSCHULE

Aufsatz 1919

Die Absichten, die Emil Molt durch die Waldorfschule verwirklichen will, hängen zusammen mit ganz bestimmten Anschauungen über die sozialen Aufgaben der Gegenwart und der nächsten Zukunft. Aus diesen Anschauungen heraus muß der Geist erstehen, in dem diese Schule geführt werden soll. Sie ist angegliedert an eine industrielle Unternehmung. Die Art, wie sich die moderne Industrie in die Entwickelung des menschlichen Gesellschaftslebens hineingestellt hat, gibt der Praxis der neueren sozialen Bewegung ihr Gepräge. Die Eltern, die ihre Kinder dieser Schule anvertrauen werden, können nicht anders als erwarten, daß diese Kinder in dem Sinne zur Lebenstüchtigkeit erzogen und unterrichtet werden, der dieser Bewegung volle Rechnung trägt. Das macht notwendig, daß bei der Begründung der Schule von pädagogischen Prinzipien ausgegangen wird, die in den Lebensforderungen der Gegenwart wurzeln. Die Kinder sollen zu Menschen erzogen und für ein Leben unterrichtet werden, die den Anforderungen entsprechen, für die jeder Mensch, gleichgültig aus welcher der herkömmlichen Gesellschaftsklassen er stammt, sich einsetzen kann. Was die Praxis des Gegenwartslebens von dem Menschen verlangt, es muß in den Einrichtungen dieser Schule sich widerspiegeln. Was als beherrschender Geist in diesem Leben wirken soll, es muß durch Erziehung und Unterricht in den Kindern angeregt werden.

Verhängnisvoll müßte es werden, wenn in den pädagogischen Grundanschauungen, auf denen die Waldorfschule aufgebaut werden soll, ein lebensfremder Geist waltete. Ein solcher tritt heute nur allzu leicht dort hervor, wo man ein Gefühl dafür entwickelt, welchen Anteil an der Zerrüttung der Zivilisation das Aufgehen in einer materialistischen Lebenshaltung und Gesinnung während der letzten Jahrzehnte hat. Man möchte, durch dieses Gefühl veranlaßt, in die Verwaltung des öffentlichen Lebens eine idealistische Gesinnung hineintragen. Und wer seine Aufmerksamkeit der Entwickelung des Erziehungs- und Unterrichtswesens zuwendet, der wird diese Gesinnung vor allem andern da verwirklicht sehen wollen. In einer solchen Vorstellungsart gibt sich viel guter Wille kund. Daß dieser anerkannt werden soll, ist selbstverständlich. Er wird, wenn er sich in der rechten Art betätigt, wertvolle Dienste leisten können, wenn es sich darum handelt, menschliche Kräfte für ein soziales Unternehmen zu sammeln, für das neue Voraussetzungen geschaffen werden müssen. – Dennoch ist gerade in einem solchen Falle nötig, darauf hinzuweisen, wie der beste Wille versagen muß, wenn er an die Verwirklichung von Absichten geht, ohne die auf Sach-Einsicht begründeten Voraussetzungen in vollem Maße zu berücksichtigen.

Damit ist eine der Forderungen gekennzeichnet, die heute bei Begründung einer solchen Anstalt in Betracht kommen, wie die Waldorfschule eine sein soll. In ihrem pädagogischen und methodischen Geiste muß Idealismus wirken; aber ein Idealismus, der die Macht hat, in dem aufwachsenden Menschen die Kräfte und Fähigkeiten zu erwecken, die er im weiteren Lebensverlauf braucht, um für die gegenwärtige Menschengemeinschaft Arbeitstüchtigkeit und für sich einen ihn stützenden Lebenshalt zu haben.

Die Pädagogik und Schulmethodik wird eine solche Forderung nur erfüllen können mit wirklicher Erkenntnis des heranwachsenden Menschen. Einsichtige Menschen verlangen heute eine Erziehung und einen Unterricht, die nicht auf einseitiges Wissen, sondern auf Können, nicht auf bloße Pflege der intellektuellen Anlagen, sondern auf Ertüchtigung des Willens hinarbeiten. Die Richtigkeit dieses Gedankens kann nicht angezweifelt werden. Allein man kann den Willen und das ihm zugrunde liegende gesunde Gemüt nicht erziehen, wenn man nicht die Einsichten entwickelt, die in Gemüt und Willen tatkräftige Antriebe erwecken. Ein Fehler, der nach dieser Richtung hin in der Gegenwart häufig gemacht wird, besteht nicht darin, daß man zu viel an Einsicht in den aufwachsenden Menschen hineinträgt, sondern darin, daß man Einsichten pflegt, denen die Stoßkraft für das Leben mangelt. Wer glaubt, den Willen bilden zu können, ohne die ihn belebende Einsicht zu pflegen, der gibt sich einer Illusion hin. – In diesem Punkte klar zu sehen, ist Aufgabe der Gegenwarts-Pädagogik. Dieses klare Sehen kann nur aus einer lebensvollen Erkenntnis des ganzen Menschen hervorgehen.

So wie sie vorläufig gedacht ist, wird die Waldorfschule eine Volksschule sein, die ihre Zöglinge so erzieht und unterrichtet, daß Lehrziele und Lehrplan aufgebaut sind auf die in jedem Lehrer lebendige Einsicht in das Wesen des ganzen Menschen, soweit dies unter den gegenwärtigen Verhältnissen schon möglich ist. Es ist selbstverständlich, daß die Kinder in den einzelnen Schulstufen so weit gebracht werden müssen, daß sie den Anforderungen entsprechen können, die man nach den heutigen Anschauungen stellt. Innerhalb dieses Rahmens aber sollen Lehrziele und Lehrpläne so gestaltet werden, wie sie sich aus der gekennzeichneten Menschen- und Lebenserkenntnis ergeben.

Der Volksschule wird das Kind anvertraut in einem Lebensabschnitte, in dem die Seelenverfassung in einer bedeutungsvollen Umwandlung begriffen ist. In der Zeit von der Geburt bis zum sechsten oder siebenten Lebensjahre ist der Mensch dazu veranlagt, sich für alles, was an ihm zu erziehen ist, ganz an die ihm nächststehende menschliche Umgebung hinzugeben und aus dem nachahmenden Instinkt heraus die eigenen werdenden Kräfte zu gestalten. Von diesem Zeitpunkte an wird die Seele offen für ein bewußtes Hinnehmen dessen, was vom Erzieher und Lehrer auf der Grundlage einer selbstverständlichen Autorität auf das Kind wirkt. Diese Autorität nimmt das Kind hin aus dem dunklen Gefühl heraus, daß in dem Erziehenden und Lehrenden etwas lebt, das in ihm auch leben soll. Man kann nicht Erzieher oder Lehrer sein, ohne mit voller Einsicht sich so zu dem Kinde zu stellen, daß dieser Umwandlung des Nachahmungstriebes in die Aneignungsfähigkeit auf Grund selbstverständlichen Autoritätsverhältnisses im umfänglichsten Sinne Rechnung getragen wird. Die auf bloße Natureinsicht begründete Lebensauffassung der neueren Menschheit geht nicht mit vollem Bewußtsein an solche Tatsachen der Menschheitsentwickelung heran. Ihnen kann nur die notwendige Aufmerksamkeit zuwenden, wer Sinn hat für die feinsten Lebensäußerungen des Menschenwesens. Ein solcher Sinn muß in der Kunst des Erziehens und Unterrichtens walten. Er muß den Lehrplan gestalten; er muß in dem Geiste leben, der Erzieher und Zöglinge vereinigt. Was der Erzieher tut, kann nur in geringem Maße davon abhängen, was in ihm durch allgemeine Normen einer abstrakten Pädagogik angeregt ist; es muß vielmehr in jedem Augenblicke seines

Wirkens aus lebendiger Erkenntnis des werdenden Menschen heraus neu geboren sein. Man kann natürlich einwenden, solch ein lebensvolles Erziehen und Unterrichten scheitere an Schulklassen mit großer Schülerzahl. Innerhalb gewisser Grenzen ist dieser Einwand gewiß berechtigt; wer ihn über diese Grenzen hinaus macht, der beweist aber dadurch nur, daß er von dem Gesichtspunkte einer abstrakten Norm-Pädagogik aus spricht: denn eine auf wahrer Menschenerkenntnis beruhende lebendige Erziehungs- und Unterrichtskunst durchzieht sich mit einer Kraft, die in dem einzelnen Zögling die Anteilnahme anregt, so daß man nicht nötig hat, ihn durch das unmittelbare, «individuelle» Bearbeiten entsprechend bei der Sache zu halten. Man kann, was man im Erziehen und Unterrichten wirkt, so gestalten, daß der Zögling im Aneignen es selbst individuell für sich faßt. Dazu ist nur nötig, daß, was der Lehrende tut, genügend stark lebt. Wer den Sinn für echte Menschenerkenntnis hat, dem wird der werdende Mensch in einem solch hohen Maße zu einem von ihm zu lösenden Lebensrätsel, daß er in der versuchten Lösung das Mitleben der Zöglinge weckt. Und ein solches Mitleben ist ersprießlicher als ein individuelles Bearbeiten, das den Zögling nur allzu leicht in bezug auf echte Selbstbetätigung lähmt. Wiederum innerhalb gewisser Grenzen gemeint, darf behauptet werden, daß größere Schulklassen mit Lehrern, die voll des von wahrer Menschenerkenntnis angeregten Lebens sind, bessere Erfolge erzielen werden als kleine Klassen mit Lehrern, die, von einer Norm-Pädagogik ausgehend, solches Leben nicht zu entfalten vermögen.

Weniger deutlich ausgeprägt, aber für Erziehungs- und Unterrichtskunst gleich bedeutungsvoll wie die Umwandlung der Seelenverfassung im sechsten oder siebenten Lebensjahre, findet eine eindringliche Menschenerkenntnis eine solche um den Zeitpunkt der Vollendung des neunten Lebensjahres herum. Da nimmt das Ich-Gefühl eine Form an, welche dem Kinde ein solches Verhältnis zur Natur und auch zur andern Umgebung gibt, daß man zu ihm mehr von den Beziehungen der Dinge und Vorgänge zueinander sprechen kann, während es vorher fast ausschließlich Interesse entwickelt für die Beziehungen der Dinge und Vorgänge zum Menschen. Solche Tatsachen der Menschenentwickelung sollen von dem Erziehenden und Unterrichtenden ganz sorgfältig beachtet werden. Denn wenn man in die Vorstellungs- und Empfindungswelt des Kindes hineinträgt, was in einem Lebensabschnitt gerade mit der Richtung der Entwickelungskräfte zusammenfällt, so erstarkt man den ganzen werdenden Menschen so, daß die Erstarkung das ganze Leben hindurch ein Kraftquell bleibt. Wenn man gegen die Entwickelungsrichtung in einem Lebensabschnitt arbeitet, so schwächt man den Menschen.

In der Erkenntnis der besonderen Anforderungen der Lebensabschnitte liegt die Grundlage für einen sachgemäßen Lehrplan. Es liegt darinnen aber auch die andere Grundlage für die Art der Behandlung des Lehrstoffes in den aufeinanderfolgenden Lebensabschnitten. Man wird das Kind bis zum vollendeten neunten Lebensjahre in allem, was durch die Kulturentwickelung in das menschliche Leben eingeflossen ist, bis auf eine gewisse Stufe gebracht haben müssen. Man wird gerade die ersten Schuljahre deshalb mit Recht zum Schreibe- und Leseunterricht verwenden müssen; aber man wird diesen Unterricht so gestalten müssen, daß die Wesenheit der Entwickelung in diesem Lebensabschnitt ihr Recht findet. Lehrt man die Dinge so, daß einseitig der Intellekt des Kindes und nur ein abstraktes Aneignen von Fertigkeiten in Anspruch genommen werden, so verkümmert die Willens- und Gemütsnatur. Lernt dagegen das Kind so, daß sein ganzer Mensch an seiner Betätigung Anteil hat, so entwickelt es sich allseitig. Im kindlichen Zeichnen, ja selbst im primitiven Malen kommt der ganze Mensch zur Entfaltung eines Interesses an dem, was er tut. Man sollte deshalb das Schreiben aus dem Zeichnen heraus entstehen lassen. Aus Formen, an denen der kindlich-künstlerische Sinn des Kindes zur Geltung kommt, entwickle man die Buchstabenformen. Aus einer Beschäftigung, die als künstlerisch den ganzen Menschen zu sich heranzieht, entwickle man das Schreiben, das zum Sinnvoll-Intellektuellen hinführt. Und erst aus dem Schreiben heraus lasse man das Lesen erstehen, das die Aufmerksamkeit stark in das Gebiet des Intellektuellen zusammenzieht.

Durchschaut man, wie stark aus der kindlich-künstlerischen Erziehung das Intellektuelle herauszuholen ist, so wird man der Kunst im ersten Volksschulunterricht die angemessene Stellung zu geben geneigt sein. Man wird die musikalische und auch die bildnerische Kunst in das Unterrichtsgebiet richtig hineinstellen und mit dem Künstlerischen die

Pflege der Körperübungen entsprechend verbinden. Man wird das Turnerische und die Bewegungsspiele zum Ausdrucke von Empfindungen machen, die angeregt werden von dem Musikalischen oder von Rezitiertem. Die eurythmische, die sinnvolle Bewegung wird an die Stelle derjenigen treten, die bloß auf das Anatomische und Physiologische des Körpers sich aufbaut. Und man wird finden, welch starke willen- und gemütbildende Kraft in der künstlerischen Gestaltung des Unterrichtes liegt. Wirklich fruchttragend werden aber nur solche Lehrer in der hier angedeuteten Art erziehen und unterrichten können, die durch eindringliche Menschenerkenntnis den Zusammenhang durchschauen, der besteht zwischen ihrer Methode und den in einem bestimmten Lebensabschnitt sich offenbarenden Entwickelungskräften. Der ist nicht wirklicher Lehrer und Erzieher, der Pädagogik sich angeeignet hat als Wissenschaft von der Kindesbehandlung, sondern derjenige, in dem der Pädagoge erwacht ist durch Menschenerkenntnis.

Bedeutungsvoll für die Gemütsbildung ist, daß das Kind vor Vollendung des neunten Lebensjahres die Beziehung zur Welt so entwickelt, wie der Mensch geneigt ist, sie in phantasievoller Art auszugestalten. Wenn der Erziehende selbst nicht Phantast ist, so macht er auch das Kind nicht zum Phantasten, indem er in märchen-fabelartiger und ähnlicher Darstellung die Pflanzen- und Tier-, die Luft- und Sternenwelt in dem Gemüte des Kindes leben läßt.

Wenn man aus einer materialistischen Gesinnung heraus den gewiß innerhalb gewisser Grenzen berechtigten Anschauungsunterricht auf alles mögliche ausdehnen will, so beachtet man nicht, daß in der menschlichen Wesenheit auch Kräfte entwickelt werden müssen, die nicht durch Anschauung allein vermittelt werden können. So steht das rein gedächtnismäßige Aneignen gewisser Dinge in Zusammenhang mit den Entwikkelungskräften vom sechsten oder siebenten bis zum vierzehnten Lebensjahre. Und auf diese Eigenschaft der menschlichen Natur soll der Rechenunterricht aufgebaut sein. Er kann geradezu zur Pflege der Erinnerungskraft verwendet werden. Berücksichtigt man dieses nicht, so wird man vielleicht gerade im Rechenunterricht das anschauliche Element gegenüber dem gedächtnisbildenden unpädagogisch bevorzugen.

In den gleichen Fehler kann man verfallen, wenn man ängstlich bei jeder Gelegenheit über ein richtiges Maß hinaus anstrebt, daß das Kind alles verstehen müsse, was man ihm übermittelt. Diesem Bestreben liegt gewiß ein guter Wille zugrunde. Aber dieser rechnet nicht damit, was es für den Menschen bedeutet, wenn er in einem späteren Lebensalter in seiner Seele wieder erweckt, was er sich in einem früheren rein gedächtnismäßig angeeignet hat, und nun findet, daß er durch die errungene Reife jetzt zum Verständnisse aus sich selbst kommt. Allerdings wird notwendig sein, daß die bei dem gedächtnismäßigen Aneignen eines Lernstoffes gefürchtete Teilnahmslosigkeit des Zöglings durch die lebensvolle Art des Lehrers verhindert wird. Steht der Lehrer mit seinem ganzen Wesen in seiner Unterrichtstätigkeit drinnen, dann darf er dem Kinde auch beibringen, wofür es im späteren Nacherleben mit Freude das volle Verständnis findet. Und in diesem erfrischenden Nacherleben liegt dann stets Stärkung des Lebensinhaltes. Kann der Lehrer für solche Stärkung wirken, dann gibt er dem Kinde ein unermeßlich großes Lebensgut mit auf den Daseinsweg. Und er wird dadurch auch vermeiden, daß sein «Anschauungsunterricht» durch das Übermaß an Einstellen auf das «Verständnis» des Kindes in Banalität verfällt. Diese mag der Selbstbetätigung des Kindes Rechnung tragen; allein ihre Früchte sind nach dem Kindesalter ungenießbar geworden; die weckende Kraft, die das lebendige Feuer des Lehrers in dem Kinde entzündet bei Dingen, die in gewisser Beziehung noch über seinem «Verständnis» liegen, bleibt wirksam durch das ganze Leben hindurch.

Wenn man mit Naturbeschreibungen aus der Tier- und Pflanzenwelt nach dem vollendeten neunten Lebensjahre beginnt und dieselben so hält, daß aus den Formen und Lebensvorgängen der außermenschlichen Welt die menschliche Form und die Lebenserscheinungen des Menschen verständlich werden, so kann man diejenigen Kräfte im Zögling wecken, die in diesem Lebensabschnitt nach ihrem Entbundenwerden aus den Tiefen des Menschenwesens streben. Dem Charakter, den das Ich-Gefühl in dieser Lebensepoche annimmt, entspricht es, das Tier- und Pflanzenreich so anzusehen, daß, was in ihnen an Eigenschaften und Verrichtungen auf viele Wesensarten verteilt ist, in dem Menschenwesen als dem Gipfel der Lebewelt wie in einer harmonischen Einheit sich offenbart.

Um das zwölfte Lebensjahr herum ist abermals ein Wendepunkt in der Menschenentwickelung eingetreten. Der Mensch wird da reif, diejenigen Fähigkeiten zu entwickeln, durch die er in einer für ihn günstigen Art zum Begreifen dessen gebracht wird, das ganz ohne Beziehung zum Menschen aufgefaßt werden muß: des mineralischen Reiches, der physikalischen Tatsachenwelt, der Witterungserscheinungen und so weiter.

Wie aus der Pflege solcher Übungen, die ganz aus der Natur des menschlichen Betätigungstriebes heraus gestaltet sind ohne Rücksicht auf die Ziele des praktischen Lebens, sich andere entwickeln sollen, die eine Art Arbeitsunterricht sind, das ergibt sich aus der Erkenntnis des Wesens der Lebensabschnitte. Was hier für einzelne Teile des Lehrstoffes angedeutet ist, läßt sich ausdehnen auf alles, was dem Zögling bis in sein fünfzehntes Lebensjahr hinein zu geben ist.

Man wird nicht zu befürchten haben, daß der Zögling in einer dem äußeren Leben fremden Seelen- und Körperverfassung aus der Volksschule entlassen wird, wenn in der geschilderten Art auf dasjenige gesehen wird, was aus der inneren Entwickelung des Menschenwesens als Unterrichts- und Erziehungsprinzipien sich ergibt. Denn das menschliche Leben ist selbst aus dieser inneren Entwickelung heraus gestaltet, und der Mensch wird in der besten Art in dieses Leben eintreten, wenn er durch die Entwickelung seiner Anlagen sich mit dem zusammenfindet, was aus den gleichgearteten menschlichen Anlagen heraus Menschen vor ihm der Kulturentwickelung einverleibt haben. Allerdings, um beides, die Entwickelung des Zöglings und die äußere Kulturentwickelung, zusammenzustimmen, bedarf es einer Lehrerschaft, die sich nicht mit ihrem Interesse in einer fachmäßigen Erziehungs- und Unterrichtspraktik abschließt, sondern die mit vollem Anteil sich hineinstellt in die Weiten des Lebens. Eine solche Lehrerschaft wird die Möglichkeit finden, in den heranwachsenden Menschen den Sinn für die geistigen Lebensinhalte zu wecken, aber nicht weniger das Verständnis für praktische Gestaltung des Lebens. Bei solcher Haltung des Unterrichts wird der vierzehn- oder fünfzehnjährige Mensch nicht verständnislos sein für das Wesentliche, was aus der Landwirtschaft, der Industrie, dem Verkehre dem Gesamtleben der Menschheit dient. Die Einsichten und die Fertigkeiten, die er sich angeeignet hat, werden ihn befähigen, sich orientiert zu fühlen in dem Leben, das ihn aufnimmt. – Soll die Waldorfschule die Ziele erreichen, die ihrem Begründer vorschweben, so wird sie auf der hier gekennzeichneten Pädagogik und Methodik aufgebaut sein müssen. Sie wird dadurch einen Unterricht und eine Erziehung geben können, die den Leib des Zöglings seinen Bedürfnissen gemäß sich gesund entwickeln läßt, weil die Seele, deren Ausdruck dieser Leib ist, in der Richtung ihrer Entwickelungskräfte entfaltet wird. Es ist vor der Eröffnung der Schule versucht worden, mit der Lehrerschaft in einer solchen Art zu arbeiten, daß nach einem Ziele, wie es hier angegeben ist, durch die Schule gestrebt werden kann. Durch diese Zielrichtung glauben diejenigen, die an der Einrichtung der Schule beteiligt sind, in das pädagogische Lebensgebiet zu tragen, was der sozialen Denkungsart der Gegenwart entsprechend ist. Sie fühlen die Verantwortlichkeit, die mit einem solchen Versuch verbunden sein muß; aber sie meinen, daß gegenüber den sozialen Anforderungen der Gegenwart es eine Pflicht ist, derartiges zu unternehmen, wenn eine Möglichkeit dazu vorhanden ist.

ERÖFFNUNG DER FREIEN WALDORFSCHULE IM STADTGARTENSAAL IN STUTTGART DURCH KOMMERZIENRAT EMIL MOLT

7. September 1919

Sehr verehrte Anwesende! Liebe Kinder! Im Namen meiner Firma, der Waldorf-Astoria, heiße ich Sie alle von Herzen willkommen, die Sie hierhergekommen sind, um teilzunehmen an der einfachen, schlichten Eröffnungsfeier unserer Waldorfschule. Herzlich willkommen heiße ich besonders die verehrten Gäste und danke denselben für ihr Erscheinen und das dadurch bewiesene Interesse an unserem Unternehmen.

Meine sehr verehrten Anwesenden! Diese Gründung der Waldorfschule ist nicht etwa entsprungen einer bloßen Marotte eines einzelnen, sondern der Gedanke wurde geboren aus der Einsicht in die Notwendigkeiten unserer heutigen Zeit. Es war mir einfach Bedürfnis, in Wahrheit die erste sogenannte Einheitsschule ins Leben zu rufen und dadurch einem sozialen Bedürfnis wirklich abzuhelfen, so daß künftighin nicht nur der Sohn und die Tochter des Begüterten, sondern auch die Kinder der einfachen Arbeiter in die Lage versetzt werden, diejenige Bildung sich anzueignen, die heute notwendig ist zum Aufstieg zu einer höheren Kultur. In diesem Sinne ist es mir persönlich eine tiefe Befriedigung, daß es möglich war, diese Institution ins Leben zu rufen. Aber es genügt heute ja nicht, eine bloße «Einrichtung» zu schaffen, sondern es tut not, diese Einrichtung zu erfüllen mit neuem Geiste. Und daß ein solcher Geist erfülle diese Einrichtung, dafür bürgt uns die anthroposophisch orientierte Geisteswissenschaft, und ich fühle mich innerlich tief verpflichtet, an dieser Stelle innigen Dank auszusprechen demjenigen, der uns diese Geisteswissenschaft vermittelt hat, unserem verehrten Herrn Dr. Rudolf Steiner. Aber ich danke auch der Behörde, welche es uns ermöglicht hat, mit dieser Einrichtung ins Leben zu treten, so daß wir heute in der glücklichen Lage sind, unsere Gedanken wirklich in die Tat überzuführen.

Nun wende ich mich aber besonders an euch, ihr lieben Waldorfleute: Seien wir uns klar darüber, daß damit, daß wir etwas Derartiges ins Leben rufen dürfen, uns gleichzeitig eine hohe Verpflichtung auferlegt ist. Wir wollen uns dessen ganz klar sein, wir wollen an diesem Tage uns geloben, daß wir uns würdig zeigen wollen der Tatsache, daß wir als die ersten im Deutschen Reiche die Möglichkeit haben, diesen Gedanken der Einheitsschule, der so viel ausgesprochen wurde, hier in unserem Stuttgart zu verwirklichen. Wir wollen der Welt zeigen, daß wir nicht nur Idealisten sind, sondern daß wir Menschen der praktischen Tat sind, und daß unsere Kinder, gestärkt durch diese Schule, in Zukunft dem täglichen Leben besser und voller standhalten können.

In diesem Sinne schicken wir euch, ihr lieben Kinder, in diese Waldorfschule, damit ihr euch Kraft dort holt, um, wenn ihr diese Stätte verlaßt, als ganze Menschen dem schweren euch erwartenden Leben gewachsen zu sein. Aber es erwarten euch, ihr Kinder, innerhalb der Schule auch Freuden. Mir, dem es vergönnt war, den Lehrerkursus, den Herr Dr. Steiner abhielt, mitzumachen, kam es deutlich zum Bewußtsein, wieviel man selbst versäumen mußte in seiner Jugendzeit, und wie schwer es einem in vorgeschrittenem Alter wird, dasjenige nachzuholen, was man in jenen Zeiten versäumt hat, und es ist mir wirklich ein Herzensbedürfnis, das auszusprechen, daß, weil man in früheren Zeiten nicht selbst in der Lage war, diesen Sege zu genießen, man seinem Schicksal wenigstens dankbar sein muß, wenn man diesen Segen heute andern zukommen lassen darf. Und so kann ich sagen: Ihr Kinder, die ihr hineingeht in diese neue Schule, es erwarten euch Freuden, und denjenigen, denen es vergönnt war, diesen Kursus durchzumachen, den Herr Dr. Steiner abgehalten hat mit den neuen Lehrkräften, die wissen, daß durch die neue Methode das Lernen nicht mehr, wie es bei uns Älteren der Fall war, eine Plage ist, sondern daß es bei euch zur Freude und zur Lust werden wird. Deshalb freut euch, ihr Kinder, daß ihr diese Schule genießen dürft. Aber zeigt euch, wenn ihr das heute auch noch nicht in seiner ganzen Tragweite verstehen könnt, zeigt euch bei der Entlassung aus dieser Bildungsstätte dem Leben und seinen Anforderungen gewachsen, zeigt der Welt dann die herrlichen Früchte dieser neuen Lehrmethode, die euch zu lebenstüchtigen, zielbewußten Menschen erziehen will. Aber auch darüber sind wir uns klar: Was wir hier schaffen durften, ist nur ein kleiner Anfang. Schwer ist die Last und groß die Verantwortung, die auf denjenigen ruht, welche sich dieser Aufgabe unterzogen haben, und groß werden vielleicht die Anfechtungen sein, welche mit der Zeit von vielen Seiten auf uns einstürmen werden; aber eines können wir heute schon sagen: Der Wille in uns wird so stark sein und die Gedanken werden so kräftig sein und der Mut so groß, daß wir auch alle diejenigen Dinge, die hemmend vielleicht an uns herankommen möchten, überwinden werden, weil wir wissen, welch hohes Ziel wir anstreben, und weil wir stets eingedenk sind der Verantwortung, die wir übernehmen.

Und Ihr, sehr verehrte Lehrer, die Ihr diese Arbeit übernommen habt, die Ihr selbst eingeführt worden seid in den Geist, der diese Schule beseelen soll, Ihr wißt ja, welch tiefe Verantwortung Euch damit auferlegt ist, und ich richte die Bitte an Sie alle, die Sie mitwirken werden als Lehrkräfte an der Waldorfschule: seien Sie sich mit mir voll bewußt der außerordentlichen Schwere der Verantwortung und hören Sie nie auf, diese Verantwortung ebenso tief wie ich jederzeit zu verspüren. Und nun, meine sehr verehrten Anwesenden, indem ich dieses Institut den Waldorfleuten und damit auch der Öffentlichkeit übergebe, wünsche ich aus vollem Herzen: Es möge wieder dort der Geist herrschen, den ein Goethe, ein Schiller, ein Herder und wie sie alle heißen, die großen Geisteshelden vergangener Zeiten, uns nahegebracht haben, damit dieser Geist durch die Schule der Zukunft auch wieder einziehen möge im deutschen Vaterlande. Wenn das der Fall sein wird, werden wir alle, die wir die Verantwortung tragen, dessen eingedenk sein, daß wir Diener sind jener geistigen Kräfte. Dann wird die Zeit anbrechen, wo auch wieder der Aufstieg beginnen wird aus der tiefen seelischen und körperlichen Not unseres armen Vaterlandes, und wir dürfen hoffen, daß dann die Menschen zahlreicher werden, welche unser Volk wieder hinaufführen können auf die Höhen und darüber hinaus, auf denen gestanden haben unsere Geisteshelden, ein Goethe und ein Schiller und so weiter.

Und indem ich nochmals meinen Wunsch für ein glückliches Gedeihen unseres Unternehmens zum Ausdruck bringe, will ich geloben im

Namen unserer Waldorfleute, im Namen unserer Schule, im Namen unserer Kinder, daß diese Schule eine Pflanzstätte werden soll, eine Quelle für alles Gute, für alles Schöne und für alles Wahre.

ANSPRACHE RUDOLF STEINERS BEI DER ERÖFFNUNG DER FREIEN WALDORFSCHULE

7. September 1919

Meine sehr verehrten Anwesenden! Aus den Worten des Herrn Molt werden Sie haben entnehmen können, aus welchem Geiste heraus er die Initiative ergriffen hat zur Begründung dieser seiner Waldorfschule. Sie werden aus seinen Worten heraus vernommen haben, daß diese Gründung nicht irgendeiner alltäglichen Absicht entsprungen ist, sondern dem Rufe, der heraustönt so klar aus der Entwickelung der Menschheit gerade in unserer Zeit, und der doch so wenig vernommen wird. Indem aus dieser Entwickelung der Menschheit heraustönt vieles, das eingefaßt werden kann in den Rahmen des sozialen Gestaltens der Menschheitsgeschicke, des sozialen Neuaufbaues, liegt auch etwas in diesem Rufe, das nicht überhört werden darf: es liegt in ihm vor allen Dingen die Erziehungsfrage. Und man kann überzeugt sein, daß nur diejenigen den Ruf nach sozialer Neugestaltung richtig hören in dem verwirrenden Chaos von Forderungen der Gegenwart, die seine Wirkung hineinverfolgen bis in die Erziehungsfrage. Aber wenn der soziale Ruf so gehört wird, daß man mit allem möglichen sozialen Streben haltmachen möchte vor der Erziehungsfrage und dann die Einrichtungen des Erziehungs- und Unterrichtswesens selbst ausgestalten möchte im Sinne von irgendwelchen sozialen Grundsätzen, die nicht mitentsprungen sind aus einer Erneuerung der Erziehungs- und Unterrichtsquelle, dann wird man ganz bestimmt auf falschem Wege sein.

Für mich, meine sehr verehrten Anwesenden, war es eine heilige Pflicht, dasjenige, was in den Absichten unseres Freundes, des Herrn Molt, bezüglich der Gründung der Waldorfschule lag, so aufzunehmen, daß diese Schule herausgestaltet werden könne aus dem, was man glauben darf in der Gegenwart durch die Geisteswissenschaft gewonnen zu haben. Es soll diese Schule wirklich hineingestellt werden in dasjenige, was gerade in unserer Gegenwart und für die nächste Zukunft von der Entwickelung der Menschheit gefordert wird. Und wahrhaftig: alles, was zuletzt aus solchen Voraussetzungen heraus einläuft in das Erziehungs- und Unterrichtswesen, es stellt sich dar als eine dreifache heilige Pflicht.

Was wäre schließlich alles Sich-Fühlen und Erkennen und Wirken in der Menschengemeinschaft, wenn es sich nicht zusammenschließen könnte in der heiligen Verpflichtung, die sich gerade der Lehrer, der Erzieher auferlegt, indem er in seiner besonderen sozialen Gemeinschaft mit dem werdenden, dem aufwachsenden Menschen, mit dem kindlichen Menschen einen im allerhöchsten Sinne so zu nennenden Gemeinschaftsdienst einrichtete! Alles das, was wir schließlich wissen können vom Menschen und von der Welt, recht fruchtbar wird es erst, wenn wir es lebendig überführen können in diejenigen, die die soziale Welt gestalten werden, wenn wir nicht mehr mit unserer physischen Arbeit dabeisein können.

Alles das, was wir künstlerisch vollbringen können, es wird doch erst ein Höchstes, wenn wir es einlaufen lassen können in die größte Kunst, in diejenige Kunst, in der uns nicht totes Kunstmaterial wie Ton und Farbe übergeben ist, in der uns übergeben ist der lebendige Mensch, unvollendet, den wir bis zu einem gewissen Grade künstlerisch, erzieherisch zum vollendeten Menschen machen sollen.

Und ist es nicht schließlich eine höchste heilige, religiöse Verpflichtung, das Göttlich-Geistige, das ja in jedem Menschen, der geboren wird, neu erscheint und sich offenbart, in der Erziehung zu pflegen? Ist dieser Erziehungsdienst nicht religiöser Kult im höchsten Sinn des Wortes? Müssen nicht zusammenfließen alle unsere heiligsten, gerade dem religiösen Fühlen gewidmeten Menschheitsregungen in dem Altardienst, den wir verrichten, indem wir herauszubilden versuchen das sich als veranlagt offenbarende Göttlich-Geistige des Menschen im werdenden Kinde!

Lebendig werdende Wissenschaft!
Lebendig werdende Kunst!
Lebendig werdende Religion!

das ist schließlich Erziehung, das ist schließlich Unterricht. – Wenn man das Unterrichten und das Erziehen in diesem Sinne auffaßt, dann ist man nicht geneigt, leichtfertig Kritik zu üben an demjenigen, was von anderer

Seite her als Prinzipien, als Absichten und Grundsätze für die Erziehungskunst aufgestellt wird. Allein mir scheint nicht, daß jemand in richtiger Art gerade das durchschauen kann, was die Gegenwartskultur der Erziehungskunst, der Unterrichtskunst auferlegt, der nicht gewahr werden kann, wie notwendig ist in unserer Zeit eine vollständige geistige Erneuerung, der nicht durchdringend erkennen kann, wie in der Zukunft einfließen muß in das, was wir als Lehrer und Erzieher tun, ein ganz anderes, als gedeihen kann in der Sphäre gerade desjenigen, was man heute «wissenschaftliche Erziehung» nennt. Wird doch heute der Lehrer, der zukünftig den Menschen bilden soll, eingeführt in die Gesinnung, in die Denkweise der gegenwärtigen Wissenschaft. Nie ist es mir eingefallen, diese gegenwärtige Wissenschaft abzukanzeln in abfälliger Weise. Ich bin durchdrungen von voller Schätzung für alles, was diese gegenwärtige Wissenschaft mit ihrer gerade auf Naturerkenntnis gegründeten Wissenschaftsgesinnung und Wissenschaftsmethode an Triumphen für die Menschheitsentwickelung erreicht hat, und was sie in der Zukunft noch erreichen wird. Aber gerade deshalb, so scheint es mir, wird das, was herausfließt aus der gegenwärtigen Wissenschafts- und Geistesgesinnung, nicht fruchtbar übergehen können in die Erziehungs- und Unterrichtskunst, weil die Größe der gegenwärtigen Wissenschafts- und Geistesgesinnung in etwas anderem liegt als in Menschenbehandlung und in Einsicht in das menschliche Herz, in das menschliche Gemüt. Man kann mit dem, was herausquillt aus der gegenwärtigen Geistesgesinnung, großartige technische Fortschritte machen; man kann damit auch in sozialer Beziehung eine freie Menschheitsgesinnung entwickeln, aber man kann nicht – so grotesk das heute noch der Mehrzahl der Menschen klingen mag – mit einer Wissenschaftsgesinnung, die auf der einen Seite allmählich zur Überzeugung gekommen ist, das menschliche Herz sei eine Pumpe, der menschliche physische Leib sei ein mechanistischer Betrieb, man kann nicht mit den Gefühlen und Empfindungen, die aus dieser Wissenschaft heraus fließen, sich selber so beleben, daß man künstlerischer Erzieher des werdenden Menschen sein kann. Unmöglich ist es, gerade aus dem heraus, was unsere Zeit so groß macht in der Beherrschung der toten Technik, die lebendige Kunst des Erziehens zu entwickeln.

Da, meine sehr verehrten Anwesenden, muß ein neuer Geist in die Menschheitsentwickelung eingreifen, der Geist eben, den wir durch unsere Geisteswissenschaft suchen. Der Geist, der davon hinwegführt, in dem lebendigen Menschen den Träger von Pump- und Sauginstrumenten, einen Mechanismus zu sehen, der nur nach naturwissenschaftlichen Methoden begriffen werden kann. Es muß einziehen in die Geistesgesinnung der Menschheit die Überzeugung, daß Geist in allem Naturdasein lebt, und daß man diesen Geist erkennen könne. Und so haben wir versucht, in dem Kursus, der vorangegangen ist unserer Waldorf-Unternehmung, und der bestimmt war für die Lehrer, eine Anthropologie, eine Erziehungswissenschaft zu begründen, die eine Erziehungskunst, eine Menschheitskunde werden kann, welche aus dem Toten das Lebendige im Menschen wieder erweckt. Das Tote – und das ist das Geheimnis unserer gegenwärtigen absterbenden Kultur –, das Tote, es macht den Menschen wissend, es macht den Menschen einsichtig, wenn er es aufnimmt als Naturgesetz; aber es schwächt sein Gemüt, aus dem die Begeisterung hervorgehen soll gerade im Erziehen. Es schwächt den Willen. Es stellt den Menschen nicht harmonisch in das ganze, gesamte soziale Dasein hinein. Nach einer Wissenschaft suchen wir, die nicht bloß Wissenschaft ist, die Leben und Empfindung selber ist, und die in dem Augenblick, wo sie als Wissen in die Menschenseele einströmt, zu gleicher Zeit die Kraft entwickelt, als Liebe in ihr zu leben, um als werktätiges Wollen, als in Seelenwärme getauchte Arbeit ausströmen zu können; als Arbeit, die insbesondere übergeht auf das Lebendige, auf den werdenden Menschen. Wir brauchen eine neue Wissenschaftsgesinnung. Wir brauchen einen neuen Geist in erster Linie für alle Erziehungs-, für alle Unterrichtskunst.

Meine sehr verehrten Anwesenden, derjenige, der so über die Erziehung der Gegenwart und ihre Notwendigkeiten denkt, kritisiert nicht leichtfertig, was in bester Absicht unternommen worden ist aus allerlei würdigen Impulsen der Gegenwart und der jüngsten Vergangenheit heraus. Welch schöne Impulse liegen zugrunde, da man aus dem Chaos und Ertötenden des Stadtlebens heraus das Erziehungswesen auf das Land, in die Landerziehungsheime hinausverlegen wollte. Man muß anerkennen all den in dieser Richtung waltenden guten Willen. Aber, meine sehr verehrten Anwesenden, wenn in diese Landerziehungsheime nicht der lebendige Geist, der den Menschen dem Menschen begreiflich macht, der den Menschen anweist, den werdenden Menschen zu behandeln, wenn in diese Landerziehungsheime und in all das andere, was heute begründet wird, nicht hineinzieht dieser lebendige Geist, es bleibt auch auf dem Lande tot, was in den Städten tot ist.

Man denkt nach, wie man die Schulverfassung gestalten könne, damit nicht mehr in einer ertötenden Weise die Autorität des Lehrers wirke. Wenn man aber nicht hineingießen kann in jene Schulen, die nach dieser neuen Weise gestaltet sind, den wirklich lebendigen Geist, der den Menschen erst zum Menschen macht, es bleiben trotz aller sozialen Pädagogik die Schul- und Erziehungsstätten etwas Totes, etwas, was die gegenwärtige Generation nicht in der richtigen Weise der Zukunft entgegenführen kann.

Die Überzeugung, daß der Ruf, der aus der Entwickelung der Menschheit heraustönt, für unsere gegenwärtige Zeit einen neuen Geist fordert, und daß wir diesen neuen Geist vor allen Dingen in das Erziehungswesen hineintragen müssen, diese Überzeugung ist es, die den Bestrebungen dieser Waldorfschule, die ein Musterbeispiel sein sollte nach dieser Richtung hin, zugrunde liegt. Und versucht ist worden, zu hören, was unbewußt gerade in den Forderungen der Besten liegt, die sich abgemüht haben in der jüngsten Vergangenheit, für eine Gesundung, für eine Regenerierung der Erziehungs-, der Unterrichtskunst zu wirken. Denken muß ich an solche Darlegungen, wie sie zum Beispiel von dem immerhin sehr gedankenreichen Herbartschüler *Theodor Vogt* oder dessen Nachfolger *Rein*, dem Jenaer Pädagogen, stammen, denn sie scheinen mir zu entspringen einer tieferen Empfindung desjenigen, was in der Gegenwart unserem Erziehungs- und Unterrichtswesen mangelt. Vogt und Rein, sie haben ahnend bemerkt, aber nicht deutlich gesagt: Man möchte so gerne erkennen, um richtig unterrichten und erziehen zu können, wie sich das Kind eigentlich entwickelt in den ersten Jahren, vom Säugling bis zu der Zeit, wo es gegen das siebente Jahr in die Schule kommt; wie es sich entwickelt dann vornehmlich in der Volksschulzeit vom sechsten oder siebenten Jahr bis zu der Zeit, die so mächtig eingreift in alle Entwickelung des werdenden

Menschen, bis zu der Zeit im vierzehnten und fünfzehnten Jahr. Da frägt sich der einsichtige Pädagogiklehrer: Können wir auch verstehen, was da für Kräfte spielen in der Menschennatur, die fast mit jedem Monat, jedenfalls aber mit jedem Jahr uns ein anderes geistig-seelisches-leibliches Antlitz zuwendet? Solange wir keine wirkliche Geschichtswissenschaft haben – so sagen diese Pädagogen –, solange können wir auch nicht wissen, wie der einzelne Mensch sich entwickelt. Denn der einzelne Mensch stellt in sich konzentriert dasjenige dar, was die ganze Menschheit im Laufe ihres geschichtlichen Werdens darstellt.

Solche Leute, wie die genannten, fühlen, daß im Grunde genommen die gegenwärtige Wissenschaft versagt, wenn sie etwas sagen soll über jene großen Gesetze, die durch die Geschichte walten, und wenn man ergreifen sollte im gegenwärtigen Zeitpunkt dasjenige, was für uns herausquillt aus diesen großen, umfassenden geschichtlichen Gesetzen der Menschheitsentwickelung. Würde man den einzelnen Menschen verstehen wollen aus der Beschaffenheit der Nahrungsmittel, die er aufnimmt vom ersten Atemzuge an bis zum Tode hin, so würde man etwas höchst Törichtes anstreben; aber in der Geschichte, in dem Begreifen der ganzen Menschheitsentwickelung hält man es heute im Grunde so. Beim Menschen muß man wissen, wie zum Beispiel eingreift in die Entwickelung solch ein physiologischer Vorgang, wie es der Zahnwechsel ist. Man muß wissen, was da alles leiblich an Geheimnisvollem vorgeht aus einer ganz neuen Physiologie, welche die gegenwärtige Wissenschaft noch nicht hat. Man muß aber auch wissen, was seelisch diesen Umschwung begleitet. Man muß die Metamorphosen der Menschennatur kennen. Da, beim einzelnen Menschen, wird man wenigstens nicht leugnen, wenn man auch ohnmächtig ist, es zu erkennen: daß der Mensch aus seinem innersten Wesen heraus Metamorphosen, Umschwünge erlebt. Im geschichtlichen Werden der ganzen Menschheit gibt man so etwas nicht zu. Dieselben Methoden werden angewendet für das Altertum, für das Mittelalter, für die neuere Zeit. Darauf läßt man sich nicht ein, daß große Sprünge in der geschichtlichen Entwickelung der Menschheit vor sich gehen. Indem wir zurückblicken in das geschichtliche Werden, finden wir einen letzten Sprung im 15. Jahrhundert. Alles, was in der neueren Zeit Empfinden, Vorstellen,

Wollen der Menschheit geworden ist so, wie wir es jetzt kennen, hat erst seinen intimen Charakter angenommen in der zivilisierten Menschheit seit dem 15. Jahrhundert. Und diese zivilisierte Menschheit unterscheidet sich von der des 10. oder 8. Jahrhunderts etwa so, wie sich das Kind als zwölfjähriges unterscheidet von dem Kinde, das noch nicht das siebente Jahr erreicht hat. Und dasjenige, was als ein Umschwung sich vollzogen hat im 15. Jahrhundert: aus dem Innersten des Menschheitswesens ging es hervor, wie hervorgeht aus der innersten Menschennatur die gesetzmäßige Entwickelung des Zahnwechsels. Und alles das, in dem wir heute leben im 20. Jahrhundert – jenes Streben nach Individualität, das Streben nach sozialer Gestaltung, das Streben nach Ausgestaltung der Persönlichkeit –, es ist nur eine Folge desjenigen, was die inneren Kräfte der Geschichte heraufgetragen haben seit dem angedeuteten Zeitpunkt.

Wir können nur verstehen, wie der Mensch sich hineinstellen will in die Gegenwart, wenn wir verstehen den Gang, den die Menschheitsentwickelung in der gekennzeichneten Art genommen hat. Solche Leute wie Vogt und Rein, die über Pädagogik viel nachgedacht haben, die sich auch praktisch mit den Dingen beschäftigt haben, kennen die Ohnmacht der gegenwärtigen Erziehungskunst aus der Ohnmacht der gegenwärtigen geschichtlichen Einsicht heraus. Sowenig man mit jener Naturwissenschaft, der das Herz zur Pumpe wird, den Menschen erziehen kann, sowenig kann man sich als Lehrer hineinstellen in das Erziehungsleben mit einer geschichtlichen Erkenntnis, die nicht aus dem lebendigen Geiste der Menschheit herausschöpft und solche Metamorphosen durchschaut, wie sie sich zugetragen haben vom Mittelalter in die neuere Zeit hinein. Wir stehen noch immer in Auswirkung des da Begonnenen drinnen.

Der Lehrer muß – man mag spotten über Prophetismus in unserer Zeit, trotzdem muß man sagen: der Lehrer muß in einer gewissen Weise ein Prophet sein. Hat er es doch zu tun mit dem, was leben soll in der zukünftigen Generation, nicht in der Gegenwart.

Durchschaut man solche Dinge vom Gesichtspunkte wahren, wirklichen geschichtlichen Geschehens aus, dann, meine sehr verehrten Anwesenden, nehmen sie sich allerdings etwas anders aus als oftmals für den gegenwärtigen menschlichen Beobachter. Dieser faßt in vieler Beziehung dasjenige, was Leben werden sollte in der Erziehungswissenschaft und in der Erziehungskunst, in sehr äußerlicher Weise. Man diskutiert heute über die Frage: Soll man den Menschen mehr erziehen im Sinne dessen, was die Menschennatur selbst fordert, also mehr eine Menschheitserziehung, eine humanistische Erziehung pflegen; oder soll man dem Menschen mehr eine Erziehung angedeihen lassen, die ihn für den künftigen Beruf, für das Staatsgefüge vorbereitet und dergleichen? – Für den, der die Dinge in ihrer Tiefe durchschauen will, sind solche Diskussionen an der Oberfläche verlaufende Wortdialektik. Warum? Wer die werdende Generation durchschaut, der bekommt ein deutliches Gefühl davon: Die Menschen sind mit dem, was sie arbeiten, mit dem, was sie denken und empfinden, mit dem auch, was sie für die Zukunft anstreben als Erwachsene, aus dem Schoße der Geschichte aufgestiegen. Und das, was heute Berufe sind, was heute Staatsgefüge ist, wohin sich heute die Menschen stellen können: das ist ja aus diesen Menschen selbst entsprungen! Das hängt ja nicht als eine Äußerlichkeit diesen Menschen an! Man kann gar nicht fragen: Soll man den Menschen mehr für das Menschenwesen erziehen oder mehr für den äußeren Beruf? Denn richtig angesehen, ist schließlich doch beides ein und dasselbe!

Können wir heute ein lebendiges Verständnis entwickeln von dem, was draußen die Berufe, die Menschen sind, dann entwickeln wir auch das Verständnis für dasjenige, was die vorhergehenden Generationen, die heute noch leben und Berufe haben, aus dem Mutterschoße der Menschheit heraufgetragen haben bis in die Gegenwart herein.

Mit der Trennung von Erziehung zum Menschen und zum Beruf reichen wir nicht aus, wenn wir als Lehrer, als Erzieher wirken sollen. Da muß in uns etwas leben, was äußerlich nicht sichtbar ist, nicht in einem Beruf, nicht in einem Staatsgefüge, nirgends im Äußeren. Da muß in uns dasjenige leben, was erst die nachfolgenden Generationen auf den äußeren Plan des Lebens bringen werden. Da muß in uns ein prophetisch wirkendes Zusammengewachsensein leben mit der kommenden Entwikkelung der Menschheit. Mit diesem Zusammengewachsensein steht und fällt das erzieherisch-künstlerische Fühlen und Denken und Wollen einer Lehrerwelt. Daß fließen kann in die Lehrerwelt dasjenige, was man wissen kann über den werdenden Menschen, wie ein seelisch-geistiges Lebensblut, das, ohne erst Wissen zu sein, Kunst wird, dahin muß eine lebendige Pädagogik und Didaktik der Gegenwart streben. Und von dieser lebendigen Didaktik kann allein dasjenige ausgehen, was in das kindliche Herz, in das kindliche Gemüt, in den kindlichen Intellekt eingehen soll.

Ich kann heute unsere Erziehungsgrundsätze nicht im einzelnen ausführen. Ich wollte nur zeigen, wie sich hineinstellen soll in ein lebendiges, geistiges Auffassen des ganzen Welt- und Menschheitswesens dasjenige, was Erziehungs- und Unterrichtskunst der Gegenwart und Zukunft sein soll.

Wir reden heute viel davon, daß eine sozial gestaltete Zukunft der Menschheit herankommen soll. Warum wird alles so schwer, was wir in der Richtung unternehmen wollen, um eine solche Zukunft herbeizuführen? – Ja, das wird so schwer, weil dem sozialen Streben gerade in unserer Zeit die antisozialsten Triebe und Instinkte in der Menschheitsentwickelung entgegenstehen.

Wenn wir in patriarchalische Zeiten zurückblicken, in Zeiten, in denen die Menschheit instinktiver gelebt hat als in unserem Zivilisationszeitalter, so mag man auf viele Veranlassungen kommen, stolz sein zu können auf die Errungenschaften der Gegenwart: sozialere Triebe aber haben ältere Zeiten gehabt. Antisoziale Triebe beherrschen uns. Antisoziale Triebe müssen aber vor allen Dingen ausgetilgt werden in der Erziehungs- und Unterrichtskunst. Wer genauer beobachten kann, der sieht, wie auch allmählich das Erziehungs- und Unterrichtswesen eingemündet ist in antisoziales Wesen. Nur diejenige Erziehungs- und Unterrichtskunst aber kann fruchtbar sein, durch die der Lehrer von dem Momente an, wo er das Schulzimmer betritt, auf das Kind wirkt wie aus einem einheitlichen Empfinden heraus. Eins muß sein Kindesseele und Lehrerseele durch ein unterbewußtes geheimnisvolles Band, das vom Lehrergeist übergeht in den Kindergeist. Das gibt der Schule ihr soziales Gepräge. Dazu muß der Lehrer fähig sein, in das Kind sich wirklich hineinzuversetzen. Was tun wir heute oftmals? Ja, wir bemühen uns, unser Denken in solche Formen zu bringen, daß wir dem Kinde etwas erklären können. Wir sagen vielleicht dem Kinde: Sieh einmal, hier hast du eine Puppe, aus der wird ein Schmetterling herauskommen. Man zeigt ihm vielleicht den Schmetterling und die Puppe, vielleicht auch, wie das eine sich aus dem anderen entwickelt. Dann sagt man ihm weiter vielleicht: Deine unsterbliche Seele ruht in deinem Leibe wie der Schmetterling in der Puppe. Und so wie der Schmetterling die Puppe verläßt, so wird deine unsterbliche Seele einmal den Leib verlassen, wenn du durch des Todes Pforte gehst. – Man hat sich ein Naturbild ausgedacht, um etwas an diesem Bilde dem Kinde klarzumachen; aber man ist sich bewußt, daß man nur einen Vergleich gebraucht hat, daß man die ganze Sache ja auf eine andere Art weiß. Man hat sich angestrengt, für das Kind etwas zurechtzurichten. Aber es gibt ein geheimnisvolles Gesetz, wonach man, wenn man so die Dinge zurechtrichtet, nichts richtig im Unterricht erreichen kann. Denn man kann wirklich nur das auf das Kind übertragen, woran man selbst glaubt aus tiefster Seele heraus. Erst wenn man sich dazu durchgerungen hat, zu empfinden, daß in dem Bilde von Puppe und Schmetterling nicht ein äußerlich zusammengeschusterter Vergleich gegeben ist, sondern ein solcher, den uns die göttlich-geistige Natur selber hinstellt, in dem Augenblick, wo wir glauben können an die Wahrheit des Bildes, wie das Kind daran glauben soll, in dem Augenblick erst gelingt es uns, lebendigen Geist auf das Kind zu übertragen. Wir müssen sprechen, wir müssen wirken können aus dem Geiste der Wahrheit heraus. Wir dürfen niemals aus dem heraus wirken, was heute in der Kulturentwickelung eine so große Rolle spielt: aus dem Geiste der Phrase heraus. Das können wir nur, wenn wir verbunden sind, innerlichst verbunden sind mit allem Menschlichen; wenn wir aufgehen können, noch wenn wir die allerweißesten Haare schon erlangt haben, in dem, was der werdende Mensch seinem Wesen nach ist. Innerlich müssen wir verstehen können den werdenden Menschen. Können wir das heute noch? Nein, sonst würden wir uns nicht hineinsetzen in Laboratorien und experimentelle Psychologie treiben, um Regeln aufzustellen, wie der menschliche Verstand und das menschliche Gedächtnis arbeiten. Der Lehrer, der als Wesentliches das Durchgehen durch diese äußerlichen Methoden ansieht, um den Menschen kennenzulernen, der ertötet in sich die lebendige intuitive Beziehung, das lebendige intuitive Verhältnis zum Menschen. Ich weiß, nach welcher Richtung ihm Experimentalpädagogik und Experimentalpsychologie nützlich sind. Ich weiß aber, daß sie für das, wofür sie heute am nützlichsten gelten, nur Symptom sind, daß wir den unmittelbaren Seelenweg von Mensch zu Mensch verloren haben und ihn durch äußerliche Anschauung im Laboratorium wieder suchen. Wir sind dem Menschlichen fremd geworden im Inneren und suchen daher dieses Menschliche auf äußerem Wege. Wir müssen aber, wollen wir richtige Erzieher und Lehrer werden, innerlich dem Menschlichen wiederum vereinigt werden. Wir müssen den ganzen Menschen in uns entwickeln, dann wird dieser ganze Mensch verwandt sein mit dem, was wir erzieherisch-künstlerisch an dem Kinde heranzugestalten haben. Was wir als Pädagogen gewinnen aus einer Experimentierkunde und aus der Beobachtung heraus, die heute vielfach als die Grundlage der Erziehungswissenschaft gepflegt wird, das gleicht dem Streben, aus der Nahrungsmittellehre und ihrer Anwendung auf den Menschen erkennen zu wollen, wie man ißt und trinkt. Wir brauchen nicht ein Wissen, wie man ißt und trinkt, wir brauchen eine gesunde Geschmacksentwickelung, gesunde Organe, dann können wir richtig essen und trinken. Wir brauchen nicht eine Pädagogik, die auf Experimentalpsychologie gebaut ist, wir brauchen als Erzieher eine Erweckung der lebendigen Menschennatur, die in sich das ganze Kind wieder erlebt, indem sie mit ihm in geistige Beziehung tritt.

So, meine sehr verehrten Anwesenden, möchten wir aus einem neuen Geiste heraus diese Waldorfschule gestalten. Und Sie werden bemerkt haben auch, was diese Schule nicht werden soll. Jedenfalls soll sie nicht eine Weltanschauungsschule werden. Derjenige, der da sagen wird: die anthroposophisch orientierte Geisteswissenschaft gründe die Waldorfschule und wolle nun ihre Weltanschauung hineintragen in diese Schule – ich sage das jetzt am Eröffnungstage –, der wird nicht die Wahrheit sprechen. Uns liegt gar nichts daran, unsere «Dogmen», unsere Prinzipien, den Inhalt unserer Weltanschauung dem werdenden Menschen beizubringen. Wir streben nicht danach, eine dogmatische Erziehung zu bewirken. Wir streben danach, daß dasjenige, was wir haben gewinnen können durch die Geisteswissenschaft, lebendige Erziehungstat werde. Wir streben an, in unserer Methodik, in unserer Didaktik dasjenige zu haben, was aus der lebendigen Geisteswissenschaft als seelische Menschenbehandlung hervorgehen kann. Aus der toten Wissenschaft kann nur Wissen kommen, aus der lebendigen Geisteswissenschaft wird Methodik, wird Didaktik, wird Handgriffliches im geistig-seelischen Sinne hervorgehen. Daß wir lehren, daß wir erziehen können, das streben wir an. In bezug auf all das sind wir uns gründlich jener Verantwortlichkeit bewußt, von der unser lieber Freund, Herr Molt, vorhin gesprochen hat. Aber ehrlich werden wir einhalten, was wir gelobt haben: daß die verschiedenen religiösen Bekenntnisgesellschaften, die von sich aus den Religionsunterricht erteilen sollen, ihre Weltanschauungsprinzipien in unsere Schule hineintragen können. Wir wollen nur abwarten, ob, ebensowenig wie wir stören werden im geringsten dasjenige, was so als Weltanschauung hereingetragen werden soll in unsere Schule, ob ebensowenig dasjenige gestört wird, was wir, in bescheidenster Weise vorläufig nur, als eine Kunst hineintragen wollen. Denn wir wissen: Früher wird die Menschheit verstehen müssen, daß aus einer geistigen Weltanschauung heraus Erziehungskunst im pädagogischen, methodischen, didaktischen Sinne entstehen kann, bevor sie eine richtige Einsicht in Weltanschauungsfragen und ihre gegenseitigen Beziehungen haben wird. Also eine Weltanschauungsschule werden wir nicht begründen. Eine erziehungs-künstlerische Schule werden wir uns bemühen mit der Waldorfschule zu schaffen.

Ihnen, die Sie die Eltern sind der Kinder, die als erste in diese Schule hineingeschickt werden, Ihnen darf es gesagt werden, daß Sie nicht nur Pioniere sind für eine menschliche persönliche Absicht, sondern für eine Kulturforderung unserer Zeit, und daß Sie das, was jetzt geschehen soll mit Bezug auf die Waldorfschule, nur richtig auffassen werden, wenn Sie sich als solche Pioniere fühlen.

Zu den Kindern kann ich heute noch nicht in einer solchen verständlichen Sprache sprechen wie zu den Eltern, aber geloben wollen wir diesen Kindern, daß dasjenige, was wir den Eltern in Worten mitteilen, zu ihnen durch Taten dringe, die sie wirklich hineinstellen werden ins Leben so, daß sie genügen können den schweren Forderungen der künftigen Generationen. Schwer werden diese Forderungen sein, und was wir heute, insbesondere in Mitteleuropa, als eine große Not empfinden – es ist erst der Anfang von dem, was als die noch größere Not empfunden werden wird. Aber hervorgehen kann aus dieser großen Not, wie aus Leid und Schmerzen immer auch ein Größtes der Menschen hervorgegangen ist, auch das, was wirkliche, auf Wirklichkeit gebaute menschliche Erziehungs- und Unterrichtskunst ist. Indem wir die Grundlage und den Quell für das Erziehungswesen in dem ganzen Menschenwesen suchen und durch das ganze Menschenwesen auszubilden versuchen werden, möchten wir hineinstellen die erzieherische soziale Frage in die gesamte soziale Frage unserer Zeit.

Einheitsschule – so sagt unsere Zeit! An keine andere als eine Einheitsschule wird herantreten diejenige Erziehungs- und Unterrichtskunst, die, so wie es angedeutet wurde, aus dem ganzen Menschenwesen heraus ihr Können schöpfen will. Soll die Menschheit künftig sozial gerecht leben können, dann wird sie zunächst sozial richtig ihre Kinder erziehen müssen. Daß das der Fall sein könne, dazu möchten wir ein Kleines beitragen durch die Waldorfschule.

Möge das, was wir vielleicht nur teilweise erreichen werden, wenn wir auch das beste Wollen haben, seine Kraft nicht schon in unserem schwachen Versuch erschöpfen. Möge es Nachfolge finden. Denn wir hegen die Überzeugung: der schwache Versuch kann vielleicht durch Gegnerschaft und Unverstand scheitern; dasjenige aber, was als Kern in dieser Bestrebung liegt, es muß Nachfolge finden. Denn wenn einzieht in das Bewußtsein der ganzen Menschheit, die tragen soll Lehrerschaft und zu erziehende Kinderschaft, eine echte soziale Erziehungs- und Unterrichtskunst, dann wird im ganzen sozialen Leben die Schule in der richtigen Weise drinnenstehen.

Möge ein Kleines zu diesem großen Ziele die Waldorfschule beitragen können.

ANSPRACHE BEI DER WEIHNACHTSFEIER

21. Dezember 1919

Meine lieben Kinder! Vor einigen Wochen, als wir zum erstenmal alle in diese Schule gingen, da besuchte ich euch öfter. Dann kamen ein paar Wochen, da mußte ich ziemlich weit weg von hier sein. Aber jedesmal, wenn ich morgens aufgestanden war und zu meiner Arbeit ging, da mußte ich denken: Was werden jetzt meine lieben Waldorfkinder und ihre lieben Lehrer machen? Und oft am Tage, da kam mir dieser Gedanke. Und jetzt zur lieben Weihnachtsfeierzeit, da durfte ich euch wiederum besuchen. Da kam ich in alle Klassen hinein, und viele von euch, meine lieben Kinder, fragte ich: Habt ihr eure lieben Lehrer auch lieb? [Ja! – rufen die Kinder.] Und seht ihr, so Ja habt ihr mir herzlich geantwortet. Und da sagte ich euch: Das ist mir ein ganz besonders liebes Weihnachtsgeschenk!

Das ist mir auch ein liebes Weihnachtsgeschenk. Denn seht ihr, ich muß denken, meine lieben Kinder, wie ihr, seit unser lieber Herr Molt uns diese Waldorfschule geschenkt hat, den Tag verbringt. Nachdem ihr geruht habt von dem Abend bis zum Morgen in dem göttlichen Geist, der eure Seele behütet von da, wo ihr eingeschlafen seid, bis da, wo ihr aufgewacht seid, und wenn ihr dann euch gewaschen, angezogen, ordentlich, recht ordentlich gemacht habt, dann geht ihr hier herauf nach diesem schönen Schulhaus. Aber ich glaube, viele von euch, vielleicht alle, freuen sich auf dasjenige, was sie hier in diesem schönen Schulhaus alles haben werden. [Ja! – rufen die Kinder.]

Und, meine lieben Kinder, ihr könnt euch auch freuen. Seht ihr, wie ich oftmals, als ich von euch weg war, an euch hier dachte, und wie ich fragte in Gedanken: Was machen die lieben Waldorfkinder? – da sagte ich mir auch: Diesen lieben Waldorfkindern wird es gut gehen, denn die haben liebe, tüchtige Lehrer, und die lieben, tüchtigen Lehrer, die kommen ihnen entgegen mit rechter Liebe und streben mit großem Fleiß an, daß etwas ganz Tüchtiges aus diesen Kindern werde! – Und da mußte ich denken, wie ihr euch freut, wenn ihr hier heraufgeht, an der Liebe, die euch eure Lehrer entgegenbringen. Diese Lehrer, die müssen viel arbeiten und viel sich anstrengen, damit sie euch all das Gute und Schöne lehren können, das euch zu tüchtigen Menschen macht.

Und sehet ihr, meine lieben Kinder, besonders gefreut hat es mich, als in die einzelnen Klassen, während ich darinnen war, immer ein paar Kinder hereinkamen: Knecht Ruprecht oder so etwas wie Engelchen stellten sie dar, und sie sangen und sprachen von dem heiligen Christus, von dem Jesuskind. Und das ist schön, das ist groß, daß ihr mit solcher Liebe habt sprechen können von dem Christus und mit solcher Liebe habt zuhören können.

Denn wißt ihr, woher eure Lehrer diesc ganze Tüchtigkeit und Kraft haben, daß sie euch einmal zu tüchtigen Menschen im Leben machen können? Die haben sie von dem Christus, an den wir zu Weihnachten denken, wie er in die Welt zur Beglückung aller Menschen hereingekommen ist, und von dem euch heute so schön dargestellt worden ist.

Seht ihr, meine lieben Kinder, es gibt auf der Erde noch andere Wesen als der Mensch ist, zum Beispiel die Tiere, die um ihn herum sind, und man könnte oftmals denken, daß man diese Tiere beneiden soll. Ihr könnt hinaufschauen und könnt sehen, wie die Vöglein fliegen, vielleicht könntet ihr dann sagen: Ja, könnten wir doch auch fliegen, dann würden wir uns in die Lüfte erheben können! – Wir Menschen können nicht so fliegen wie die Vögel, weil wir keine Flügel haben. Aber, meine lieben Kinder, wir können fliegen in das Geistige hinein, wir können fliegen mit zwei Flügeln: ein Flügel links, das ist der Fleiß, der andere Flügel rechts, das ist die Aufmerksamkeit. Diese Flügel kann man nicht sehen, aber diese zwei Flügel – der Fleiß und die Aufmerksamkeit –, die machen, daß wir ins Leben hineinfliegen können und wirklich für das Leben tüchtige Menschen werden. Wenn wir fleißige Kinder sind, wenn wir aufmerksam sind, dann kommt, wenn wir so tüchtige Lehrer haben, wie ihr sie habt, dann kommt das an uns heran, was uns für das Leben geeignet macht; dann können wir hineinfliegen mit Fleiß und Aufmerksamkeit in das Leben, in das uns die Liebe der Lehrer trägt.

Seht ihr, ihr könntet manchmal denken: Ach, es gibt andere Freuden als das Lernen! – O nein, es gibt keine größere Freude als das Lernen!

Denn seht ihr, wenn ihr euch freut an dem, was euch unaufmerksam und unfleißig sein läßt, dann ist die Freude gleich vorbei. Ihr freut euch, und gleich ist die Freude vorbei. Aber wenn ihr euch freut an dem, was ihr lernen könnt, wenn ihr euch freut, wenn ihr fliegt mit dem Fleiß und der Aufmerksamkeit, dann, meine lieben Kinder, dann bleibt etwas in eurer Seele – ihr werdet später wissen, was die Seele ist –, dann bleibt etwas in eurer Seele, und wir können uns immer wieder und wiederum freuen. Haben wir etwas Tüchtiges gelernt, dann kommt es immer wieder und wiederum, und wir freuen uns immer aufs neue, und wir haben eine Freude, die nicht aufhört. Andere Freuden, die nur durch Unaufmerksamkeit und durch Trägheit kommen, hören auf.

Seht ihr, weil viele von euch – und ich möchte glauben alle –, weil ihr fleißig und aufmerksam sein wollt auf dasjenige, was euch eure lieben Lehrer bringen, deshalb habe ich mich, als ich euch wiederum gesehen habe, so gefreut, daß aus euren lieben Augen mir entgegenstrahlte die Liebe zu euren Lehrern. Und damit ihr es ja nicht vergeßt, möchte ich euch auch jetzt wiederum fragen: Habt ihr nicht alle eure Lehrer herzlich lieb? [Doch! – rufen die Kinder.] Seht ihr, das sollt ihr immer sagen. Immer sollt ihr so fühlen und empfinden, denn dann hat auch der Geist, an dessen Erdenleben und dessen Geburt wir uns erinnern zur heiligen Weihnachtszeit, dann hat der Geist, der Christus-Geist, an euch seine Freude.

Nun, meine lieben Kinder, wenn ihr den ganzen Tag hier oben die Liebe eurer Lehrer empfunden habt, dann könnt ihr wiederum nach Hause gehen, könnt euren lieben Eltern erzählen von demjenigen, was ihr gelernt habt, und eure lieben Eltern können eine Freude daran haben und können sich sagen: Unsere Kinder, die werden einmal im Leben tüchtige Menschen sein!

Schreibt euch das recht in eure Seelen, denn jetzt ist dazu eine gute Zeit. Wenn wir des großen Festes gedenken, durch das wir uns erinnern, daß Christus in unsere Welt hereingezogen ist zum Trost und zur Beglückung aller Menschen, die ihr Herz und ihre Seele zu ihm hinwenden, dann dürfen wir uns auch dasjenige in die Seele schreiben, was Vorsatz ist, ein guter Mensch zu werden. Was ihr euch heute in die Seele schreibt, was ihr euch heute richtig vornehmt, das wird euch dadurch, daß euch Christi Kraft beisteht, im Leben werden. Und wenn ich wiederkommen und sehen werde, daß ihr in den Fortschritten es noch weiter gebracht habt, wenn ich wiederkomme und sehe, daß ihr mir wiederum zeigen könnt, daß ihr die Liebe zu euren Lehrern in euer Herz aufgenommen und noch behalten habt, dann werde ich wiederum an euch allen meine innigste Freude haben. Daß diese Liebe in euch immer mehr und mehr erwachse, daß ihr immer mehr und mehr entfalten könnt den linken Flügel der menschlichen Seele: Fleiß; den rechten Flügel: Aufmerksamkeit, das wünsche ich euch heute als einen herzlichen Weihnachtsgruß.

Und jetzt, nachdem ich zu den Kindern gesprochen habe, noch ein paar Worte zu denen, welche die Kinder hierher begleitet haben! Was ich eben zu den Kindern gesagt habe, ist aus der tiefsten Befriedigung meines Herzens geflossen, weil ich wirklich etwas als schönsten Weihnachtsgruß empfangen habe. Was mir entgegenwehte aus dieser Schule, das war, was ich nennen möchte den guten Geist dieser Schule. Ein wirklich guter Geist war es, der hier Lehrer und Kinder vereint, ein guter, ein einheitlicher Geist.

Sehen Sie, Weihnachtsstimmung ruhte in diesen Tagen über dem ganzen ernsten Unterricht, und diese Weihnachtsstimmung, ich möchte sagen, dieses Hereinsprechen der Christus-Offenbarung, das man auf allen Gängen und namentlich in den Schulzimmern so tief befriedigend vernahm, das war nicht etwas wie eine Beigabe zu dem übrigen Unterricht, das war so, daß man empfinden konnte: Unsere Lehrerschaft hat es dazu gebracht, alles, was hier an die Seelen, an die Herzen, an den Verstand der Kinder herangebracht wird, zu durchwärmen, zu durchleuchten von wirklichem, echtem Christus-Geist. Wenn auch dem Gottesgeiste gemäß nicht nach jedem Worte hier ausgesprochen wird der Christusname – denn: «Du sollst den Namen deines Gottes nicht eitel aussprechen!» – so ist es doch so, daß dieser Christus-Geist bei uns in allen einzelnen Lehrfächern, in aller einzelnen Lehrtätigkeit steckt. Das ist es, was man insbesondere in dieser Zeit empfinden konnte, was Sie vielleicht auch heute empfunden haben aus dem, was Ihnen als Weihnachtsfeier entgegenkam.

Und den Kindern, die Sie hierher gesandt haben, an deren Fortschritt

Sie hoffentlich auch Freude haben, diesen Kindern möchte ich noch zum Schlusse als Ergänzung meines Weihnachtsgrußes zurufen:

Kinder, wenn ihr hereintretet in diese Räume und eure Kameraden und Kameradinnen findet, dann denkt daran, daß ihr einander euch herzlich lieben sollt, jeder und jede den anderen. Liebe soll walten unter euch, dann werdet ihr hier unter der Sorgfalt eurer Lehrer gedeihen, und eure Eltern zu Hause werden ohne Sorge und auch mit Liebesgefühlen daran denken, wie ihr hier eure Zeit zubringt.

Denn das dürfen wir heute sagen, meine lieben Anwesenden, und das soll jederzeit als der Geist dieser Schule hinaustönen zu Euch, die Ihr die Kinder hereingeschickt habt, das soll Euch aus jedem Wort und Blick, den Euch die Kinder nach Hause bringen, heraustönen: ein Nachklang dessen, was in alles menschliche Wandeln auf Erden einziehen soll, seitdem sich zugetragen hat das Mysterium von Golgatha, das eindringen soll in alle menschliche Arbeit, in alles menschliche Wirken, insbesondere in jenes Wirken, bei dem der Geist seine Arbeit zu tun hat. Es soll durchweben wie ein wärmender Lufthauch, wie ein leuchtender Sonnenstrahl alles, was, sich selbst verstehend, Menschen tun, das Wort, das uns heute in der Seele klingt:

Offenbarung des Göttlichen aus den himmlischen Höhen,
und Friede den Menschen auf Erden, die eines guten Willens sind!

Daß wir diesen guten Willen in den Kindern der Waldorfschule erziehen, das ist unser großes Ideal. Daß wir das Walten des Geistes der Welt finden in unserer Arbeit, in unserem Wirken, das soll unsere Sorge sein. Das Weihnachtswort: «Offenbarung des Gottesgeistes aus den himmlischen Höhen, und Friede den Menschen auf Erden, die eines guten Willens sind», es träufle hinein auch in alle Arbeit der Waldorfschule! Es durchwalte ihre energische Arbeitksraft sittliche Liebe, und alle Arbeit befeuernder und alle Arbeit tragender Friede! Das, meine lieben Anwesenden, sei mein heutiger Weihnachtsgruß!

ANSPRACHE BEI EINER MONATSFEIER

10. Juni 1920

Meine lieben Kinder! Als ich das letzte Mal hiersein durfte, da erzählte ich euch, wie froh ich bin, wenn unser lieber Freund, Herr Molt, nach Dornach kommt, wo die Schule für die Großen, die Erwachsenen gebaut wird, und mich abholt, um wiederum ein bißchen unter euch zu sein, wiederum zu sehen, was ihr hier macht.

Und warum freue ich mich so sehr, wenn Herr Molt kommt, um mich hierher zu holen? Aus dem Grunde freue ich mich so sehr, weil ich dann immer zunächst denken muß: Jetzt komme ich wiederum in die Schule, welche begründet worden ist für unsere lieben Kinder, die ihr hier seid, aus der Sehnsucht heraus, aus euch tüchtige Menschen für das Leben zu machen.

Ich habe noch nicht viel sehen können, weil ich erst kurze Zeit da bin; nur die ganz kleinen Sputzen der ersten und die letzte Klasse. Aber ich habe eine große Freude gehabt. Ich habe gesehen, mit welcher Geduld und Liebe die Lehrerin der ersten Klasse die Kinder um ein Stück vorwärts gebracht hat, und ich habe gesehen, aus welchem schönen Geiste heraus in der achten Klasse dasjenige den Seelen unserer lieben jungen Freunde überliefert wird, was aus der menschlichen Geschichte heraus spricht, daß die Menschen auf der Erde in einem Fortschritt, in einer Entwickelung leben, daß der Geist diese Entwickelung treibt, daß in der Menschengeschichte dasjenige lebt, was uns die Sehnsucht gibt, auch hineinzuarbeiten in die Zukunft. Es war eine schöne Stunde, die ich mit den Schülern der achten Klasse verleben durfte. Ich freue mich auch so, alle die anderen zu sehen. Ich freue mich auch immer, wenn ich sehe, wie hier dasjenige, was unser Herr Molt pflanzen wollte, anfängt sich zu entwickeln.

Ihr seid hereingezogen, als der Herbst sich nahte. Da haben wir versucht, uns Gedanken zu machen, was wir hier erleben werden, wie wir pflegen wollen: Liebe zueinander, Liebe zu den Lehrern, Liebe zu dem Gott, der aus allem spricht. Jetzt habt ihr erlebt, während ihr euch hier freuen konntet an dem, was euch die Lehrer jeden Morgen entgegenbringen, was aus der Erde herauskommt, was der Frühling herauszieht. Ihr habt die Bäume grünen gesehen. Nun erinnern wir uns auch, was wir hören, wenn wir herausgehen in den Wald. Da hören wir die Singvögelein; da freuen wir uns.

Aber wir haben heute, und ich mit ganz besonderer Dankbarkeit, noch etwas anderes gehört, wie ihr selbst dasjenige, was in eurem Inneren ist, unter Anleitung eurer lieben Lehrer uns vorgebracht habt. Man kann die Vögel draußen im Walde singen hören; man kann aber auch dasjenige hören, was ihr uns hier vorgebracht habt. Da ist ein Unterschied.

Wir freuen uns, wenn wir die Vögelein hören. Aber wir sagen uns: Wenn wir das hören, was ihr uns vorgeführt habt, da ist etwas anderes darin. Da ist dasjenige darin, was wir Menschenseele nennen. Da sprechen eure Menschenseelen zu uns, da singen sie zu uns. Das ist dasjenige, was der Mensch aus dem macht, was draußen in der Natur zu ihm spricht. Die Vöglein, die hören wir im Walde; manches andere hört ihr, das wirkt aus der Menschenseele uns entgegen, wenn es von euch gesungen wird.

Aber es gibt noch anderes draußen in der Natur. Ihr seht, wie die Pflanzen wachsen, wie die Bäume grünen. Das alles wird hervorgerufen durch das Licht. Das Licht durchflutet das ganze Weltall. Das Licht und die Wärme sind es, die alles aus der Erde hervorrufen, was eure Augen erfreut und euer Herz entzückt. Was an eure Ohren tönt, herangebracht durch die Geduld und Ausdauer eurer lieben Lehrer, was als Licht durch die ganze Welt geht, was in eure Augen dringt, das tönt uns auch aus euch entgegen, nicht nur wenn ihr singt und tanzt, sondern wenn ihr alles dasjenige, was ihr euch errechnet, was ihr erlent von allem Menschlichen, wenn ihr das wiedergebt. In euren Seelen wird es Licht. Und denkt nur daran, was wären die Pflanzen, wenn die Sonne nicht da wäre. Sie könnten nicht herauskommen aus dem Boden. Sie blieben immer Wurzeln, die könnten keine Blüten entwickeln, und es wäre finster. So wäre es für euch, wenn ihr in der Welt herumgehen würdet, und ihr würdet nicht eine Schule finden, wo ihr etwas lernen könntet. So wäre es euch wie der Pflanze, die keine Sonne findet. Die Seele findet ihre Sonne bei den Menschen, bei denen sie etwas lernen kann.

Deshalb freuen wir uns so, daß durch Herrn Molts Einsicht eine solche Schule gegründet worden ist, und deshalb freut man sich so, in einer solchen Schule sein zu können, der man seine Liebe zuwendet. Sucht das Licht der Seele, wie die Pflanzen das Licht der Sonne und die Wärme der Sonne suchen!

Ich möchte euch nicht immer dasselbe sagen, weil ich auch nicht immer dasselbe hören will, wenn ich komme, aber eines möchte ich immer wieder von euch hören, das müßt ihr beantworten, das ist dasjenige, wo ich am allerneugierigsten bin, wenn ich euch frage: Liebt ihr eure Lehrer, meine Kinder, noch immer? [Ja! – rufen die Kinder.] Das ist dasjenige, was ich von euch in der Mehrzahl hören möchte. Das ist dasjenige, was ihr in eure Seelen aufnehmen sollt: Die Liebe zu euren Lehrern wird euch hinaustragen ins Leben! – Immer wiederum, wenn ich herkomme, möchte ich erleben, daß ihr weiter fortgeschritten seid, aber ich möchte auch erleben, daß ihr wiederum zeigt, wie ihr die Liebe zu euren Lehrern bewahrt habt. Dessen könnt ihr versichert sein, wenn wir bei dem großen Bau, der für die Großen in Dornach errichtet wird, wo die großen Leute etwas lernen sollen, wenn wir da an die liebe Waldorfschule hier denken, dann denken wir mit Liebe und Fröhlichkeit, und viele Leute denken heute mit Liebe an die Waldorfschule: Wie tüchtig werden die Leute dadurch, daß sie als Kinder mit Liebe erfüllt sind zu ihren Lehrern!

Jetzt möchte ich euch noch etwas ausrichten: Frau Dr. Steiner läßt euch grüßen, sie kann heute nicht dasein.

Ein Geist soll immer hier walten, der Geist, den eure Lehrer hereintragen. Aus dem Geiste des Alls lernen eure Lehrer diesen Geist hereintragen. So ist es, daß sie in ihre ganze Seele aufnehmen, was Paulus gesagt hat. Der Christus-Geist durchwaltet unsere Schule; ob wir rechnen, ob wir lesen, ob wir schreiben, alles dajenige, was wir treiben, ist so, daß wir es in der Gesinnung treiben, die der Christus erweckt hat:

«Ich bin bei euch alle Tage bis an das Ende der Welt.»

Dieser Geist soll walten; walten wird er durch dasjenige, was in Liebe, Geduld und Ausdauer eure Lehrer euch entgegenbringen. Walten soll er auch durch das, was in euren Seelen lebt!

Seid mit diesem Geist in der Klasse; denkt daran, wenn ihr die Klasse verlaßt. Freut euch in der Seele, daß ihr wieder in die Waldorfschule kommt, wo euch die Sonne angezündet wird, die der Mensch für das Leben braucht!

Wenn einer unter euch nicht aufmerksam sein sollte, so soll sich ein anderer von euch finden, in Liebe zu ihm, und soll sagen: Du, es geht hinauf in Fleiß und Aufmerksamkeit auf den Berg des Lebens. Frisch auf, Kamerad! Du sollst immer auf den Berg des Lebens hinaufgehen! – So soll jeder dem Kameraden aufhelfen, der etwas wankt. Alle für jeden anderen, alle für einen; einer liebend für alle. Liebe soll sein unter euch, Liebe zu den Lehrern. Das wollen wir pflegen als etwas von dem guten Geist der Waldorfschule.

DIE SCHULGEWOHNHEITEN DER NIEDERGEHENDEN ZEIT UND DIE SCHULPRAXIS DES KOMMENDEN TAGES

VORTRAG, GEHALTEN AM ELTERNABEND

11. Juni 1920

Meine sehr verehrten Anwesenden! Ich darf Sie herzlich willkommen heißen hier in diesem Raume, in dem wir uns ja zum zweiten Male versammeln, um Fühlung zu nehmen in wichtigen Fragen, die das Leben unserer Waldorfschule betreffen. Es freut uns ganz besonders, daß Sie so zahlreich erschienen sind. Als Thema des heutigen Vortrages habe ich gewählt: Die Schulgewohnheiten der niedergehenden Zeit und die Schulpraxis des kommenden Tages.

Meine sehr verehrten Anwesenden! Mir schien es, daß ein solches Thema um so mehr gewählt werden dürfte, als es für Sie alle, nachdem unsere Waldorfschule ins Leben trat, mehr als ein bloßes Denkproblem geworden ist. Was in einer solchen Fassung meiner heutigen Ausführungen wie einleitend dastehen soll, ist für Sie nicht bloß ein Denkproblem, sondern eine Frage, in der Sie ernstliche Möglichkeiten der Auseinandersetzung mit der heutigen Zeit finden. Und Sie haben, nachdem Sie in dieser Auseinandersetzung zum Entschluß kamen, Ihre Kinder in die Waldorfschule zu schicken, bewiesen, daß Sie Vertrauen haben können zu dem, was in dieser Schule als Neues versucht werden will. Aus dem Empfinden dieses Vertrauens möchte ich versuchen, zu einer Art von Urteil dadurch zu kommen, daß ich alles dasjenige zu beleuchten unternehme, was als Zurückbleibendes, Absterbendes hinter uns liegt, und daß ich ins Auge zu fassen versuche, was uns jetzt schon aus der bisherigen Arbeit unserer Schule wie eine Ermutigung entgegentreten konnte.

Wenn wir diese Frage betrachten wollen, so wird es dienlich sein, einmal ins Auge zu fassen, was eigentlich jener Moment, den man den Augenblick des Schuleintrittes beim Kinde nennt, innerhalb der heutigen Verhältnisse bedeutet. Die Verhältnisse sind so geworden, daß man sagen dürfte, was heute im Elternhaus an Frische und Unmittelbarkeit freigemacht wird für die heranwachsenden Zöglinge, hat sich herausgerettet aus den Einschachtelungen und Abschrankungen, wie sie unser soziales Leben bezeichnen. Es ist gerade die Möglichkeit, in der Kinderstube, im Heim einmal sich rein menschlich ausleben zu können. Nicht viele Kinder unserer Gegenwart haben überhaupt noch die Möglichkeit, ihre Kräfte so spielen zu lassen, wie es dem tiefen Drange ihrer eigenen Willensnatur entsprechen würde. Und daß sie dies nimmer vermögen, das hat sich in der Zeit der letzten zwei Jahrhunderte herausgebildet.

Werden nun aus dieser Umgebung Kinder in die Schule hineingeschickt, da vollzieht sich etwas höchst Bedeutsames, sehr Folgenschweres in der heutigen Zeit. Soviel man auch noch vor der Kinderstube hat zurückhalten können von dem bezeichneten eingeschachtelten Leben, alles das lauert auf den herankommenden jungen Menschen, das wird von dem ersten Schultag an wirksam, das wird vom Augenblick des Schuleintrittes an aktuell. Es wird so wirksam, daß man ohne Übertreibung von einer bedeutsamen Krisis im Leben des Kindes sprechen kann.

Diese Krisis besteht darin, daß das Kind sich gegenübergestellt sieht einem fertigen System innerhalb der alten Schulgewohnheiten, die etwas haben, was an die Kinder herangebracht wird in Form eines ausgearbeiteten Lehrplanes; sie haben etwas, was feststeht als eine überlieferte umfassende Methode, und sie haben im Zusammenhang mit diesen Lehrzielen auch eine ganz bestimmte Art, besonders die Disziplin in der Schule auszuüben.

Und alles dieses ist so ausgestaltet worden, daß man leider nicht sagen kann, die eigentlich treibenden Kräfte der Gegenwart, namentlich die tieferen Strömungen des sozialen Werdens der unmittelbaren Vergangenheit und Gegenwart, wären in diese Gestaltungen ausgeflossen. Was den Lehrplan betrifft, war es bis vor wenigen Jahren im allgemeinen so, daß diejenige Aufstellung galt, die vor fünfzig Jahren gemacht worden war. Das trug dazu bei, die schlechten Folgen zu mindern, die vom Lehrplan ausgehen konnten. Das wird später gestreift werden.

Etwas derartig Fertiges lag vor, etwas, das so gemacht worden war, daß man nicht sagen konnte, die tätige Schulerfahrung ist da hineingeflossen, denn jene Menschen, die diese Feststellung von Amts wegen zu machen hatten, hatten vielleicht in der ersten Zeit ihrer Entwickelung eine gewisse Beziehung zur Schule gehabt. Sehr bald war diese Beziehung gelöst worden, nicht vielleicht vermöge ihrer hervorragenden Lehrerqualität, sondern vermöge der Tatsache, daß sie sehr geschickt sich erweisen konnten, sich ins ganze Verwaltungssystem des Schulwesens als Hoffnung erweckende angehende Beamte hineinzustellen. Diese Beamten verwalteten dasjenige, was man Aufstellung des Lehrplanes nennt, abgeschnitten von der eigentlichen Schulentwickelung, wenn man auch von einer solchen kaum eigentlich sprechen darf, wenn man nicht eher zu sprechen hätte von den hintangehaltenen Entwickelungskräften, die ein aufmerksamer Beobachter hätte sehen müssen.

Diesem Lehrplan sah sich das Kind vom ersten Tag an bereits gegenübergestellt: etwas Fremdes, Kaltes, was mit unerbittlicher Strenge alles zu bestimmen haben wird, was seelisch-geistiges Leben des Kindes bedeutet, von dem ersten Tage ab. Nicht nur das ganze Ziel des Lehrens war festgesetzt, sondern es war namentlich in den letzten Jahrzehnten bestimmt worden, von Klasse zu Klasse, von Woche zu Woche, an welcher Stelle der Unterricht zu stehen hat an dem und dem Datum.

Und es wurde die Erreichung des Zieles bis ins einzelste hinein vorgeschrieben durch das, was man die staatlich approbierte Methode nennen könnte. Diese Methode war von einer solchen Art, daß es dem einzelnen Lehrer nicht möglich gewesen wäre, in Freiheit von ihr abzusehen. Es wäre ihm nur kurze Zeit möglich geworden, dann hätte er sich in Konflikt befunden mit den Beamten, die das zu verwalten hatten.

Diese Methode, wie wirkt sie hinein? Diese Methode stammt aus Lebensvoraussetzungen der Menschheit, die im Grunde genommen längst überholt waren. Die Schule entwickelte sich im Mittelalter unter der Oberhoheit der Kirche. Dann übernahmen die Staaten alles das, was das Schulwesen der Kirche gewesen war. Es wurde die staatliche Schule ausgebaut, von der man sagen kann: je mehr ihre Grundlage im einzelnen bestimmt wurde, um so weniger konnte noch eine Entwickelungsmöglichkeit bleiben; je mehr man nach außen paradieren konnte, namentlich mit dem, was moderne Volksschule war, um so größer wurde die gähnende Öde innerhalb des Schulwesens selbst. Diese Öde mußte so groß werden, weil die Methode aus der alten Kirchenschule,

Lateinschule stammt, sei es, daß man sie in das moderne neuzeitliche Gymnasium direkt verpflanzte, sei es, daß man sonst mit ihr arbeitet. Es war die alte unterrichtliche, juristisch-lateinische Methode in den Schulen aller Gattungen. Wenn dagegen angegangen wurde, wenn Teilreformen versucht wurden, so mag das eine historische Bedeutung haben, umgestaltende Kräfte sind nicht entfesselt worden von den Teilreformen.

Wir haben nun die Lehrplanüberlieferung, wir haben die Methode. In welcher Weise wurde nun beides ans Kind herangetragen? War es so, daß auch andere Voraussetzungen als diejenigen der rein lehrmäßigen Art auf das kindliche Leben eine schicksalbeeinflussende Bedeutung haben? Wir haben überall die Schule, die sich auf Standesgliederung aufbaut. Über die Einheitsschule hat man viel gesprochen. Zur wirklichen Tat ist man nicht gekommen, bis wir die Waldorfschule gründeten. Dieses tat man aus der Erkenntnis, eine große soziale Mission übernehmen zu sollen.

Sowie das Kind am ersten Schultag in die Stunde kam, erlebte es nicht nur die Krisis, die wir als die seelisch-geistige bezeichnen, sondern es erlebte auch eine soziale Krisis. An diesem Tage, als das Kind zum erstenmal aus der Volksschule oder aus dem Gymnasium heimkam und seinem Spielgenossen begegnete, da mußte ihm zum Bewußtsein kommen, was man die Standesunterschiede nennt. Vom ersten Tage ab wurde ihm jenes Gift, das die Spaltung der einzelnen Gesellschaftsschichten gemacht hat, eingeträufelt. Eine solche Krise im Empfinden sozialer Art, im Empfinden des gesamten kindlichen Seelenlebens trat ans Kind heran am ersten Tag.

Wie muß sich ein derartiges ausleben? Das werden wir wissen können, so wie es uns die Geisteswissenschaft heute herausgearbeitet hat. Wir können sehen: das, was gestaltende Kraft wird im Unterricht vom siebenten Lebensjahre ab, kann deswegen gestaltend wirken, kann sich deswegen bestimmte Aufgaben stellen, weil im Kinde durch eine bereits vollzogene organische Entwickelung gewisse Kräfte frei geworden sind. Mit diesen Kräften kann man arbeiten. Man kann so arbeiten, daß sie das bewirken, was man die innere Ausbildung des Menschen nennt, daß sie sich ausprägen im Verlaufe der weiteren organischen Fortentwickelung.

Das ist eine Grundanschauung, wie sie uns von der Geisteswissenschaft, deren Methode wir hineinzuarbeiten bemüht sind, geschenkt worden ist.

Stellt man dem gegenüber die Gewohnheit der alten Schule, so muß man sagen, die alte Schule hat keinerlei Beziehung zu jenen organisch freigewordenen Kräften gehabt, die in Betracht kommen während dieser Altersstufe, und hat gesündigt gegen die Anerkennung einer derartigen Anschauung, die hätte gefunden werden müssen aus der gesunden Unterrichtspraxis. Indem sie einerseits die freiwerdenden Kräfte nicht zur Gestaltung zu führen vermochte, begannen jene Kräfte zu wuchern, so daß sich Triebe entwickeln und nicht in den Strom der Entwickelung geführt werden, die vorgezeichnet ist. Andrerseits nahmen sie diejenigen organischen Kräfte schon vom ersten Schultage ab in Anspruch, die sehr viel später erst frei werden sollten und frei werden wollten, wenn man die kindliche Natur versteht.

Dadurch wurde bewirkt, was Sie im Knochensystem beobachten können. Der innere Halt, das Skelett wurde geschwächt. Es wurden gewisse Möglichkeiten des Aufrechtstehens im Leben dem Kinde dadurch genommen, daß man vom allerersten Schultage an eine reine Kopfbildung ans Kind heranbringen wollte, daß man nur zu seinem Verstand sprach, gar nicht tiefer herandringen wollte oder konnte.

Solche Tatsachen spiegeln sich oft in kleinen Symptomen. So war es interessant, in dem Buche von *Haug* den Satz zu finden, daß man den Unterricht der französischen Sprache, von der Sie wissen, daß wir sie von der allerersten Schulstufe ab unterrichten, nicht pflegen dürfe auf jener Stufe, weil die Sprache irrational sei.

Was offenbart sich in einem derartigen Merkmal? Ganz deutlich sehen wir hier, wie vor dem Kinde nicht der lebendige Mensch steht, sondern ein dickes Buch, das für uns alle Schicksalsbedeutung gehabt hat, das «Grammatik» heißt. Die Grammatik kann man auf dieser Stufe nicht an die Kinder heranbringen; das war identisch für die Menschen der alten Schulgewohnheiten mit der Unmöglichkeit, die lebendige Kraft der Sprache hineinspielen zu lassen in die kindliche Entwickelung. – So wie Sie in den Gymnasien das Buch stehen haben, so haben Sie in den Volksschulen anderes anstelle der lebendigen Persönlichkeit stehen, die eigentlich ans Kind die Inhalte des Lebens heranbringen muß. Von dem

Buch ist man abgekommen, dafür finden Sie jetzt um so mehr Karten, Schemen, Tabellen. Alles das soll ans Kind herangebracht werden, damit es urteilen lerne.

Aber man wird zugestehen müssen, wenn man die kindliche Natur richtig kennt, daß die Unaufmerksamkeit des Kindes gerade gegenüber einer derartigen Unterrichtsart ihre feineren Gründe hat. Es strebt zurück von dem Buche, von der intellektualisierenden Anschauung, durch die Kraft der Weisheit, die das Kind vor Schädigung bewahren will. Es ist eine Selbsthilfe des Kindes, was als Unaufmerksamkeit eintritt. Das Kind entzieht sich den nivellierenden Einflüssen eines derartigen Unterrichts. Unterrichtet man von der ersten Stunde bis zur letzten in der geschilderten Art, dann wird der Versuch gemacht, durch Unaufmerksamkeit sich einem derartigen Unterricht zu entziehen.

Wie soll nun aber dieser Versuch gelingen innerhalb einer Schule, die auch eine Art Disziplin hatte! Nicht nur, daß in der eben angedeuteten Art und Weise der Lehrstoff herangebracht wurde; dem Kinde wurde auch zugemutet, daß es innerhalb eines Vormittages drei- bis viermal sich umstellen mußte in bezug auf den Lehrstoff, so daß es gestürzt wurde von der einen Stufe in die andere hinein. Wer deutlich die Entwickelung zu verfolgen wußte, der konnte erkennen, wie in der letzten Zeit das Streben vorhanden war, die Stunden noch weiter zu kürzen, auf 45 Minuten, kinematographisch den ganzen Unterrichtsstoff vorbeiziehen zu lassen. Die Gliederung übertrug sich noch auf die einzelnen Stunden. Und in welcher Art? Als Meisterwerk der modernen Didaktik, so stehen die Formalstufen da, von *Ziller* begründet, heute übernommen im ganzen Volksschulunterricht.

Lassen Sie sich klarmachen, was ein solcher Lehrer innerhalb einer einzigen Unterrichtsstunde von 45 Minuten zu leisten hat. Der Stoff soll an das Kind herangebracht werden in sechs Phasen: Erstens: Anknüpfung; zweitens: Vertiefung, und nach der Vertiefung kommt die Beseelung des Stoffes; dann weiter nach der Beseelung kommt die Stufe der Verfügbarkeit des Stoffes. Sie schließt wenig in sich. Dann kommt die Stufe der Stoffbemeisterung, Stoffverwertung innerhalb der Stunde selbst. Aber das wiederholt sich ja viermal noch am selben Vormittag innerhalb der verschiedenen Gebiete. – Sie werden mir zugestehen, wenn ich sagen muß, *unsere* Kinder können nach einer derartigen Methode, die die Kinder mißhandelt, nicht behandelt werden. – Wenn sich solche mißhandelten Kinder den Wirkungen des Unterrichts, des Lehrplanes, der verlangt, am Dienstag, den 11. Mai, muß in allen Klassen dies und dieses Ziel erreicht werden, entziehen wollten, was geschah da?

Dann trat die Disziplin in Kraft. Sie arbeitete von der allerersten Schulstunde mit Mitteln, die in tiefer Weise das ganze moralische Leben des Kindes verseuchen mußten. Das Kind, das gewohnt war, sich natürlicherweise zu äußern, sah sich auf Schritt und Tritt dem Lob oder Tadel gegenüber. Schematisierung trat ein. Die Kinder stellten sich von vorneherein auf die Möglichkeit ein, gefragt zu werden, so daß sie nur in gewissen Fällen mit der Aufmerksamkeit beim Unterricht dabei waren. Wenn das Kind bis dahin gewohnt war, sich frei zu äußern, und es das in der Schule ebenso tun wollte, so erlebte es, daß es abgeschnitten wurde durch jene Rüge, die es immer erfuhr, wenn es in solcher Weise an den Lehrer herantreten wollte; es hatte Strafe zu gewärtigen, die die allergrößten Bedenken ins kindliche Seelenleben senken mußte. Die Kinder mußten dann besondere Schulaufgaben machen, anstatt daß ihnen von vorneherein die Anschauung wachgerufen worden wäre, es sei eine Freude, in der Schule arbeiten zu dürfen. So wurde die Schulaufgabe zur Strafe gestempelt. Das Kind bekam eine eigenartige Auffassung vom Unterricht solcher Art. Der ganze Unterricht hat etwas mit einem Strafsystem zu tun. Es äußert sich in jenen organischen Beeinträchtigungen, die das kindliche Wachstum hemmen, daß im Kinde verschiedenes zur Wucherung kam, was sonst sich gesund entfaltet hätte.

Ich möchte darauf hinweisen, daß eine ganz bestimmte Erscheinung der späteren Schulstufe damit zusammenhängt. Unsere Schüler stehen ironisch gegenüber dem gesamten Schulwesen, und das durchsetzt das ganze Verhalten des Schülers zu seinem Lehrer, zu seiner Schule. Sie wissen alle aus ihrer Schulzeit her, wie es Vergnügen bereitet hat, über die Lehrer zu urteilen. Dann die Erscheinung der Schülerselbstmorde; immer mehr treten diese drohenden Erscheinungen hervor, und immer ratloser sieht sich die Verwaltung gegenüber diesen Erscheinungen. Wirkliche Lebenskräfte, die sich betätigen wollen in einem naturgemäßen Unterricht, sind zurückgedämmt worden. Alles was so zurückgestaut wird, das bewirkt jene Nervosität, die wir eine Zeitkrankheit nennen, die sich auf dem Gebiete des Schulwesens offenbart.

Nun fragen wir uns, was wurde erreicht und bis zu einem bestimmten Abschluß gebracht, wenn man von der untersten Schulstufe bis zur letzten Stufe geht? Unsere Volksschüler verlassen die Schule mit dem fünfzehnten Jahr. Menschen, die viel mit Proletariern zu tun hatten und die häufig den arbeitenden Menschen ins Gesicht gesehen haben, werden die Erscheinung bemerken, daß etwas wie eine gewisse Herbheit sich ausprägt im Antlitz dieser Menschen. Es ist viel darüber gesprochen worden, wenig gedacht. Aber man hat nicht beobachtet, daß dies ja gar nicht anders sein könne, daß dies eine naturnotwendige Folge davon ist, daß mit dem vierzehnten Jahre im Menschen das Empfindungsleben frei wird, und von diesem Zeitpunkt ab war für die Mehrzahl unserer Volksgenossen die Bildung abgeschnitten. Wie kann es anders sein, wenn Empfindungsfähigkeiten nicht zu bildenden Kräften zu werden vermögen im Schicksal dieser Menschen?

Die anderen, die nun weiter fortgeführt wurden, die wurden erst recht hineingeführt in jene alte, lateinische Methode, von der ich eingangs sprach. Das Studium der klassischen Sprachen trat mehr in den Vordergrund, oder das Studium der Naturwissenschaften, die im Aufbau auch nur das Erbe des Römischen Reiches und Rechtes angetreten haben. Die Folge davon war, daß wenn aus der Volksschule notwendig in ihrer Entwickelung zurückgehaltene Menschen austraten, so traten von dem humanistischen Gymnasium Menschen heraus, die später die Vertreter des humanistischen Bildungsideals werden sollten. Es wurde dies als eine Errungenschaft dargestellt, daß man Sprachen treiben könne, die man um ihrer selbst willen treibe. Man bemerkte aber nicht, daß die Beschäftigung mit derartigen Sprachen zurückstrahlt auf den ganzen Menschen, daß die Menschen, die sich in vielen Stunden in die griechische Sprache versenkt hatten, unfähig wurden, die deutsche Sprache und die Sprache der Tatsachen zu verstehen. Jene Menschen, die von der Realschule ins Leben traten, die gaben ab die späteren Realpolitiker, die immer pochen auf Tatsachen, pochen auf Gesetze aller Art, die aber nicht sehen, wie die Wirklichkeit beeinflußt wird von ganz anderen Strömungen als denjenigen, die sie ihre Gesetze nennen.

Alle diese drei Schulaustritte dürfen wir so ins Auge fassen, daß wir die verhängnisvolle Wirkung so arbeiten sehen, daß die Kräfte hintangehalten werden, die organbildend sein können und Bildung beeinflussend im tiefsten Sinne des Wortes, daß andererseits die Kräfte, die nicht einströmen konnten, wuchern mußten. Dort, wo ein Gefühlsleben nicht gepflegt wird, hat es die Neigung, zur Sentimentalität zu gelangen auf Schritt und Tritt.

Der Wille, was wurde aus dem? Entweder er wurde so gebrochen, daß wir jene Ruinen von Menschen haben, die heute auf verantwortungsvollen Posten stehen, oder auf der anderen Seite jene brutalen Gewaltmenschen, die in die Welt so hineintreten, daß sie alles unter ihren Füßen zusammenstampfen, eine Folge davon, daß der Wille gar nicht zu einer Pflege kommen konnte.

Diese Erscheinungen sind häufig zusammengefaßt worden. Kritik ist in Hülle und Fülle ausgeübt worden. – Als sich der Vorgang der Weltrevolution abspielte, da war die Meinung entstanden: Jetzt wird aus dem Brodem der kochenden neuen Kräfte etwas hineinfließen können, etwas wie eine neue Lebensströmung in das Schulwesen selbst; man wird dazu kommen, die Kritik aufzupeitschen zu einer gestaltenden Tat. – Seit jenen Tagen ist man nicht müde geworden, immer wieder das Wort «Einheitsschule» zu gebrauchen als einen Titel für die Bestrebungen, die meinten, sich mit der Zeit in Verbindung zu setzen. Aber wenn wir die Auslassungen der Gesetzgebung beobachten, so werden wir nicht umhin können zu sehen, was wie eine schwarze Gefahr uns gegenübertritt. Wir sehen, daß zwar jene Gliederung der Schule, wie sie althergebracht war, äußerlich verändert worden ist, daß aber, weil das, was man Schulkonzession nennt, viel ausgiebiger als sonst noch zur Geltung kommen möchte, die Gefahr als drohend bezeichnet werden muß. Wir sehen, daß die Volksschule zu einer Konfessionsschule, einer Parteischule und Schule von bestimmten wirtschaftlichen Gruppen werden kann, daß man noch weniger als früher bedacht ist, auf das allgemein Menschliche Rücksicht zu nehmen, jetzt mit aller Eindringlichkeit des juristisch arbeitenden Beamtenapparates.

Sie werden finden, daß der Beamte innerhalb der neuen Zustände nicht seine Bedeutung verloren hat, daß er viel mehr wirken kann, daß er viel mehr zersetzen kann, als innerhalb des alten Systems. Beachten Sie, mit welcher Eifersucht gewacht wird, daß alle Verfügungen beachtet werden. Gegenüber diesem brutalen Willen wird man nicht umhin können zuzugeben, daß es nicht leicht möglich werden wird, jenes Bildungsideal durchzuführen. Wir werden gewärtig sein müssen, daß mehr als früher bestimmt werden wird, was als Unterricht ans Kind herangebracht werden soll, namentlich im Geschichtsunterricht.

Was wird die Folge weiter sein? Die Folge wird sein, daß der Beamtencharakter des Lehrers sich noch mehr ausprägen wird.

Alledem gegenüber steht unsere Welt von heute, die Not der Zeit, die noch nach ganz anderem verlangt als demjenigen, was man als einen schwachen Zukunftsschimmer ausgießen möchte über das Schulwesen und darüber hinaus. Warum können die Neuerungen nicht zu jenem Ziele führen? Wir kommen zu einem eigenartigen Gesetz: Wenn irgendwo etwas gedacht wird, und es sich nicht auszugießen vermag, weil es nicht durchdrungen ist von der ganzen Energie des Menschenwesens, so wirkt es so, daß dies nicht eine Verminderung des Negativen ist, sondern sich verbindet mit den negativen Zuständen. Es fließt unterirdisch da hinüber. So hat es *Lichtwark* ausgedrückt: Teilreformen bewirken nur eine Verstärkung der bereits bestehenden Tendenzen. – Alles andere ist zu erwarten als eine Neugestaltung. Wir können nur eine weitere Verstärkung der schon vorhandenen Bestrebungen erwarten.

Nun, dieses Bild habe ich vor Ihnen aufgerollt, um Ihnen deutlich werden zu lassen an dem, was mir nicht übertrieben scheint, was aus dem persönlichen Leben vieler Lehrender schicksalmäßig beseitigt werden möchte, weil wir, wenn wir jenes Bestreben unserer Freien Schule richtig ins soziale Leben der Zeit hineinfließen lassen wollen, wissen müssen, welche Gefahr uns von dem alten Schulwesen droht. Es kann nicht die Aufgabe meiner jetzigen Ausführungen sein, unsere Bestrebungen noch einmal zu wiederholen.

Wenn in unserer Schule jene Bestimmungen fehlen, die das alte Schulleben gesetzmäßig regeln, so bedeutet das nicht, daß wir uns unsere Aufgabe leicht gemacht haben. Wir haben uns unsere Aufgabe schwerer gemacht. Die Zeit muß fordern, daß man schwere Lasten auf sich nimmt, um derjenigen Entwickelung willen, von der wir eine Zukunft erwarten dürfen. Wenn wir aber die schweren Lasten auf uns genommen haben, so können wir sie nur tragen, wenn alle diejenigen mittragen helfen, die uns Vertrauen geschenkt haben, wenn sie darauf bedacht sind, daß die kleinsten Wirkungen von Bedeutung sind, und hierbei auf das Ernsteste das Schulleben verfolgen; keine Unterrichtsstunde, keine andere Unternehmung, die im Verlaufe des Schulwesens sich ergibt, ist so gedacht, wie sie sich innerhalb der alten Schulgewohnheiten ergibt.

Was hier geleistet wird, ist Lebenskraft unseres Volkes selbst, sind Kräfte, deren Auswirkungen wir brauchen. Unsere Zeit lechzt nach ihnen. Wenn nun das Elternhaus der Schule so gegenübersteht, wie es innerhalb der alten Schulgewohnheit der Fall ist, so muß vieles von dem ganz anders verwirklicht werden. Entweder es bestand ein Kampf, oder es bestand dies, was man nennen kann ein Hinundherwerfen zwischen Elternhaus und Schule. Denn wie häufig treten Sie der Meinung gegenüber, daß die Eltern froh sind, sobald die Kinder in der Schule sind. Sie möchten sie den ganzen Tag in der Schule haben und sind sehr aufgebracht über alle Zumutungen, die gemacht werden, daß sie die Tätigkeit der Schule unterstützen sollen. Das Kind übernimmt alle Nuancen, die in seiner Umgebung angeschlagen werden, in feiner Weise. Wenn das Kind beobachten kann: Was mir in der Schule gesagt wird, das wird zu Hause anders betrachtet! – dann kommt das Kind in einen Zwiespalt, und diejenigen Wirkungen, die auf das Kind ausgehen sollen, können nicht ausgehen.

Nachdem wir unsere Schule ins Leben gerufen haben, nachdem wir mit allen Kräften danach ringen, einen Teil zu erfüllen, da sind die alten Schulgewohnheiten lebendig geblieben, so daß Menschen, die innerhalb dieser Gewohnheiten groß geworden sind, die Voraussetzungen aus einem Alten ins Neue hineintragen. Sie möchten das Ganze nach jenem Einschachtelungsmuster beurteilen. Es kann vorkommen, daß Menschen besorgt sind, wenn man nicht nachweisen kann in unserer Schule, die *alle* Kräfte entwickeln will: warum hat das Kind das oder das noch nicht gelernt und so weiter? Man ist in großen Sorgen. Man sollte berücksichtigen, daß diese Sorgen ungerechtfertigt sind, daß wir dann nicht sprechen dürfen von einer neuen Schule, sondern daß wir die alten Schulgewohnheiten in irgendeiner umgeschachtelten Form in die Schule aufgenommen hätten. Dasjenige, was in der Waldorfschule abweichend gemacht wird von den alten Schulgewohnheiten, wird so gemacht aus einer Praxis, die nicht aus einer verstandesmäßig erklügelten Anschauung erfließt, sondern aus jenen Kräften, die sich auf die Werdekräfte der jungen Menschen und des Volkes selbst beziehen. Indem wir Ihnen diese Zusicherung geben, dürfen Sie sich mit Ihren Vertrauenskräften genug verbunden fühlen. Sie werden die Geduld haben müssen, wenn Sie abwarten wollen das, was da reift.

Nehmen Sie doch als ein Zeichen der beginnenden Reife die Stimmung, die unsere Kinder überall beseelt und belebt, die die Kinder in die Schule hineintragen, wenn sie sich sagen: das Lernen ist hier keine Strafe. Nehmen Sie jene Stimmung, die sich sogar an frisch geröteten Wangen mancher unserer Zöglinge offenbart, nehmen Sie sie als Wahrzeichen dafür, daß Dinge in der Reife sind. Lassen Sie sich nicht einschüchtern durch die Gespenster, die in unsere niedergehende Zeit hineinbrechen möchten. Sagen Sie sich: Das Kind, das hier heranwachsen soll, das soll nur mit sich selbst einmal verglichen werden können, wenn es als reifer Mensch ins Leben herausgetreten sein wird.

Wenn wir eine derartige Anschauung an die Schule heranbringen, dann wird die Schaffensfreude, die uns belebt, Früchte tragen, daß wir sehen, das heutige Leben wird mit der Schule zu rechnen haben. Schöpferkräfte können nur aus solchen Schulen kommen, wo Schöpferkräfte nicht zurückgestaut werden, sondern wo sie entwickelt werden, so daß der erste Tag in der Schule nicht eine Krisis bedeutet, sondern das Kind so hineinführt, daß es aufgeschlossen wird für das Leben später; so daß es die Schule verläßt, nicht als Gewaltmensch, nicht als bloß mit Kopfwissen beladener Mensch, sondern als Mensch, der eine neue Bildung zu vertreten vermag, die wahre Menschenbildung der neuen Zeit. In der wahren Erkenntnis des Menschenwesens liegt das Unterpfand für die Entwickelung unseres Volkes in der Zukunft.

Auch diese Aufgabe ist groß, aber es ist ein Zeichen unserer Zeit, daß sie herb ist. Man will vor dem Antlitz unserer Zeit nicht so klaren Blickes stehen, daß man die verbitterten Züge sehen will. Man will Schleier über Schleier vor dieses Antlitz ziehen und will sich seinen Anblick deswegen fernhalten, weil man die Sprache fürchtet, die aus dem

Antlitz redet. Herb und groß sind die Aufgaben, die wir übernommen haben. Aber wir glauben, daß es Menschen geben kann, die die Aufgaben doppelt zu lieben vermögen, weil sie herb und groß sind. Wir vereinigen uns mit Ihnen in der Hoffnung, daß Sie sie lieben lernen werden, weil es eine herbe Aufgabe ist. Aus der Herbheit wird die Frische entspringen können.

Herb und scharf ist das, was wir zu vertreten haben; aber diese Herbheit wird uns die Kraft geben, hier von der Freien Waldorfschule aus der niedergehenden Zeit ein Flammenzeichen auf die Stirne zu schreiben. Sie möge, während sie dahinlebt im Phrasentum, die Kraft finden, einen kräftigen Tod zu sterben, daß darauf fallen möge die Sonne des kommenden Tages.

ANSPRACHE BEI DER FEIER ZUM ABSCHLUSS DES ERSTEN SCHULJAHRES

24. Juli 1920

Meine lieben Kinder! Heute, wo wir am Ende unseres ersten Schuljahres der lieben Waldorfschule stehen, wollen wir einiges uns in die Seele schreiben von demjenigen, warum wir eigentlich in dieser Waldorfschule sind, welches der ganze Sinn davon ist, daß unser lieber Herr Molt im Verein mit der lieben Frau Molt diese Waldorfschule für euch, meine lieben Kinder, und für die Menschheit gegründet haben, und welches der ganze Sinn davon ist, daß ihr jeden Morgen hierherkommt, etwas Tüchtiges lernen sollt, und daß ihr vor allen Dingen hier durch Menschen, die sich für euch unendliche Mühe geben, als tüchtige Menschen selber ins Leben eingeführt werden sollt.

Seht ihr, meine lieben Kinder, wenn ich öfters während dieses Schuljahres hierhergekommen bin, dann habe ich in den einzelnen Klassen, ihr wißt es, immer eine Frage gestellt an euch, eine Frage so recht aus dem Herzen heraus, ich habe euch gefragt oftmals: Liebt ihr eure Lehrer? [Ja! – rufen die Kinder.] Seht ihr, und ihr habt mir immer so herzhaft geantwortet wie eben heute.

Jetzt kommen Wochen, wo ihr eure Lehrer eine Weile nicht sehen werdet; jetzt möchte ich euch etwas anderes sagen. Und ich hoffe, eure Herzen werden oftmals gerade auf diese Frage während dieser Ferien antworten. Ich möchte euch sagen: Lernt jetzt gerade, wo ihr eure Lehrer nicht sehen werdet, gegen eure Lehrer dankbar sein. Wie ihr gelernt habt, wie ihr euch bemüht habt, zu lernen eure Lehrer zu lieben, so lernt jetzt recht fest in eurem Herzen euren Lehrern dankbar zu sein, damit, wenn ihr euch selber fragt: Bin ich meinen Lehrern dankbar? – ihr dann aufrichtig und herzhaft antworten könnt: Ja, ich bin dankbar.

Nun möchte ich euch noch etwas sagen. Seht ihr, meine lieben Kinder, es soll bei uns hier nicht so sein, daß man sich als Kind der Waldorfschule sagt: Na, jetzt ist die Schule aus, wir gehen in die Ferien. Wenn wir in der Schule sind, dann müssen wir fleißig sein, dann müssen wir lernen; aber jetzt dürfen wir einmal faulenzen, brauchen nichts zu tun. Wir freuen uns, daß wir faulenzen dürfen. – Seht ihr, so wollen wir bei uns nicht sagen. Wir sollen ganz anders sagen; wir sollen uns sagen: Ja, der Tag ist schön, am Tag erlebt man vieles recht Schönes neben manchem Traurigen und Schmerzhaften; aber was wäre der Mensch, wenn er nicht durch die Sinne alles dasjenige erleben könnte, was die göttliche Geistigkeit so Großes und Schönes und Wahres in die Welt hereingestellt hat.

Aber wir könnten nicht richtig alles das mit unseren Augen sehen und unseren Ohren hören, was die göttliche Geistigkeit so schön ins Leben hereingestellt hat, wenn wir nicht auch schlafen könnten, ruhen könnten. Bedenkt, ihr müßt, wenn ihr den Tag genossen habt, in der Nacht ausruhen, dann seid ihr am Morgen wiederum gestärkt. Eure Augen sehen besser und eure Ohren hören besser. Wenn ihr immer wachen müßtet, dann würdet ihr durchaus das Leben nicht in seiner ganzen Wahrheit und Schönheit, wie es die göttliche Geistigkeit gemacht hat, genießen und euch erarbeiten können.

So ist es auch im ganzen Leben. Ihr sollt nicht denken: Wir werden jetzt in den Ferien faul sein können –, sondern ihr sollt denken: wir haben alles dasjenige, was wir von unseren lieben Lehrern bekommen haben, was die Menschheit erarbeitet hat, damit die Menschen es wissen können, wir haben das empfangen, und wir brauchen jetzt ein wenig Ruhe, damit, wenn wir diese Ruhe gehabt haben, wir um so frischer und lebendiger wiederum kommen können in unsere Klassen, ein jeder sogar in eine höhere Klasse, und dann mit neuen Kräften dasjenige wiederum in unsere Herzen hinein empfangen können, was von unseren Lehrern in Liebe und harter Arbeit uns gegeben wird, was die Menschheit zum Dienst an der Menschheit sich erarbeitet hat. Also wir fassen das so auf, daß wir während dieser Ferienzeit gerade ausruhen, um wiederum kräftig zu werden für das ganze neue Schuljahr.

Dann, meine lieben Kinder, möchte ich euch ein wenig sprechen von dem ganzen Sinn dieser unserer Waldorfschule und dem Sinn unseres Daseins in dieser Schule. Seht ihr, der Mensch, zu dem ihr eigentlich erst so recht heranwachsen sollt, der Mensch hat einen leiblichen Körper, der Mensch hat eine Seele und hat einen Geist. Ihr alle habt Leib, Seele und

Geist. Und alles das, was Leib, Seele und Geist ist, das kommt eigentlich, wenn der Mensch in die Welt hereinkommt, so ganz klein hereinkommt, recht unvollkommen heraus. Bei euch ist es auch noch recht unvollkommen. Es soll aber vollkommener werden. Hier in der Waldorfschule soll euer Leib gestaltet werden, damit er geschickt wird für alles, was der Mensch zu tun hat im Leben. Und eure Lehrer haben sich für euch bemüht, denkt nur, es ist euch zum Beispiel die Eurythmie herangebracht worden, die darauf hinarbeitet, daß der Körper recht geschickt wird im Leben, und manches andere ist an euch herangebracht worden, damit ihr an eurem Leibe geschickte, tüchtige, kraftvolle Menschen werdet. Wenn man klein ist, ist man ziemlich ungeschickt. Man muß erst geschickter werden. Ebenso ist es mit der Seele. Sie steckt in euch allen drinnen. Aber sie muß herausentwickelt werden, so daß sie überall hin Fäden spinnen kann nach dem Leben. Wie bei einem Knäuelchen, wie man da die Fäden herauswickelt, so müssen aus der Seele die Fäden fürs Leben herausgewunden werden. So wird die Seele entwickelt, und das geschieht für euch, damit ihr tüchtig werdet in bezug auf die Lebenskräfte. Aus eurer Seele sollen tüchtige Lebenskräfte herausgeholt werden. Und euer Geist – ja, meine lieben Kinder, wenn wir diesen nicht schulen, nicht unterrichten würden, dann wären wir überhaupt keine Menschen. Der Geist muß unterrichtet werden, damit wir ganz tüchtige Menschen werden.

Nun seht ihr, wenn der Mensch den Tag über gearbeitet hat, wenn das Kind gespielt und brav gelernt hat und dann schläft, dann kommen manchmal aus dem Schlafe heraus Träume – die meisten von euch werden ja schon geträumt haben. Das sind manchmal sehr schöne Träume, manchmal auch häßliche Träume. Und jetzt werdet ihr zur Ruhe gehen in den Ferien. Da soll auch so etwas kommen, was man mit den Träumen vergleichen kann. Seht ihr, wenn ihr da während der Ferienzeit an die Schule zurückdenkt, dann kann es sein, daß ihr denkt: Ach, ich habe liebe Lehrer gehabt, habe schön gelernt, habe mich gefreut, wenn ich in die Schule gehen durfte. Und seht ihr, wenn ihr das denkt, dann habt ihr schöne Träume während der Ferien. Und wenn ihr denkt: Ach, ich hätte eigentlich weniger faul sein sollen, ich bin nicht gerne zur Schule gegangen – und so weiter, dann habt ihr schlechte

Träume während der Ferien. Deshalb denkt oftmals während dieser Ferienzeit an diese Schule zurück und denkt zum Beispiel: Zur Waldorfschule ziehen meine Gedanken. Dort wird mein Körper gestaltet zu geschickter Tätigkeit, dort wird meine Seele entwickelt zu tüchtiger Lebenskraft, dort wird mein Geist entwickelt zu rechtem Menschentum. – Wenn ihr dieses öfters denkt, wie euer Leib gestaltet, eure Seele entwickelt, euer Geist herangebildet wird, dann werdet ihr einen guten Traum hineinschicken in eure Ruhe, und dann wird auch die Ferienzeit etwas dazu beitragen, daß ihr tüchtige Menschen im Leben werdet.

Seht ihr, wie ich heute hereingekommen bin, hat mir euer lieber Mitschüler, der kleine, gute Häfele, etwas gegeben: wir wollen schauen, was es ist. Seht ihr, das ist mir gegeben worden – ein Waschlappen und Blümchen! Nun, ich denke mir, daß ich mich waschen und mir die Hände abtrocknen soll, und daß die Blümchen vielleicht ausdrücken sollen, daß Unterricht so etwas ist, was so schön blüht wie diese netten kleinen, weißen Blümchen. [R. Steiner zeigt den Waschlappen]: Das könnte uns daran erinnern, daß das, was wir hier lernen, auch etwas ist, womit wir in der Seele alles dasjenige wegwaschen können, was unvollkommen ist, was schlechte Gedanken und Empfindungen sind, was uns zur Faulheit, zum Unfleiß, zur Unaufmerksamkeit anspornt. Jedem möchte ich so einen geistigen Lappen in die Hand geben, damit er wegwasche, was Faulheit, Unfleiß, Unaufmerksamkeit und so weiter ist. Ich bin daher recht dankbar, daß ihr mir dieses Symbölchen gegeben habt und ich euch zeigen kann, wie wir es halten wollen, also: Recht viel wegwaschen von dem, was nicht drinnen sein soll in der Seele. – Seht einmal diese Blümchen! Ihr habt doch mannigfaltiges hier gelernt, und das ist notwendig gewesen für euch; denn was ihr gelernt habt, sind lauter solche Blümchen in eurer Seele. Denkt daran, wenn ihr euch sagt: Meine Gedanken eilen zurück zur Waldorfschule hin, dort wird mein Körper ausgebildet zur Geschicklichkeit, meine Seele entwickelt zu starker Lebenskraft und mein Geist entfaltet zu tüchtigem Menschentum – denkt daran, wie in eurer Seele Tag für Tag solche Blümchen gepflegt worden sind und wie ihr dankbar dafür sein sollt. Alles, was im Leben ist, kann uns dienen, damit wir so über das Rechte nachdenken. Das, liebe Kinder, wollte ich euch sagen.

Denkt auch aneinander! Ihr habt euch kennen und hoffentlich auch lieben gelernt. Denkt oft, recht oft aneinander und denkt, daß es gut war, daß ihr zusammengekommen seid, damit ihr von euren Lehrern zu tüchtigen Menschen gemacht werdet. Denkt nicht: Wir dürfen jetzt faul sein, sondern denkt: Ruhe ist uns notwendig, und nach der Ruhe werden wir wiederum hierher kommen und dann mit Frische das entgegennehmen, was uns unsere lieben Lehrer entgegenbringen.

Und jetzt möchte ich in eurer Gegenwart, damit ihr es hört, obwohl ihr es noch nicht verstehen könnt, ein paar Worte auch an eure lieben Lehrer richten, die hinter sich die ganze fleißige Arbeit der Waldorfschule haben, ich möchte ihnen die Hände drücken. Ich möchte zunächst die Hände drücken Herrn und Frau Molt dafür, daß sie uns diese Waldorfschule geschaffen haben, daß wir versuchen können, für die so geplagte Menschheit etwas zu tun. Meine Lieben – wie gesagt, ich rede zu den Lehrern, aber ihr, liebe Kinder, könnt es hören und könnt euch später daran erinnern –, wir haben bittere Jahre der Menschheit hinter uns, Jahre, in denen sich die Menschen blutig geschlagen und geschossen haben. Wir haben noch manches Bittere vor uns; denn es sieht noch sehr schlecht aus. Da waren es die Waldorflehrer, welche zuerst den Mut gefunden haben, hier zu erscheinen und dasjenige in ihren Glauben aufzunehmen, wovon ich überzeugt bin, daß es vor allen Dingen heute in den Glauben der Menschen aufgenommen werden muß; da sind die Waldorfschullehrer herangekommen und haben gesagt: Ja, es muß an den Kindern gearbeitet werden, damit, wenn wir alte Leute sind, durch unsere Arbeit das an den Kindern geschehen ist, was verhindern kann jenes Unglück und jene Bitterkeit, die über die Menschen gekommen sind. – Es gehört ein gewisser Mut und Arbeitsfleiß dazu; aber es gehört vor allen Dingen das dazu – und deshalb möchte ich Euch, meine lieben Waldorfschullehrer, so herzlich die Hand drücken –, was im Menschenherzen die Möglichkeit hervorruft, nicht zu schlafen, sondern zu wachen. Würde das, was von Euch da als Entschluß gefaßt worden ist, heute von vielen Menschen nicht verschlafen, sondern wachend angeschaut, würde das, was hier geschieht, Nachfolge finden, dann würdet Ihr Euch sagen können: wir haben als die ersten mitgearbeitet an dem, was für die Zukunft der Menschen so notwendig ist.

Meine lieben Kinder, wenn die Lehrer des Morgens in die Schule hereingegangen sind, so waren sie solche Leute, welche die Aufgabe der Zeit wirklich begriffen haben und in fleißiger Hingabe sich dem gewidmet haben, was von ihnen verlangt worden ist. Und es war mir immer eine herzliche Angelegenheit, wenn ich euch gefragt habe: Liebt ihr eure Lehrer? – und ihr so herzhaft ja gesagt habt, und ich werde auch in den Ferien mich fragen: Sind die Kinder dankbar gegen ihre Lehrer? – Euch aber, Ihr lieben Waldorfschullehrer, drücke ich herzlich die Hand. Ich danke Euch im Namen des Geistes der Menschheit, den wir versuchen zu pflegen in unserer ganzen geistigen Bewegung; ich drücke Euch in diesem Geiste die Hand für alles dasjenige, was Ihr geleistet habt für die Zukunftsideale der Menschheit. Es ist heute der Tag, wo wir uns an diese Dinge erinnern können, und es ist der Tag, wo ihr Kinder fühlen sollt, wie ihr dankbar sein sollt diesen euren Lehrern.

Noch etwas möchte ich heute sagen. Neben demjenigen, was wir hier gelernt haben – das haben ja die einzelnen Lehrer so schön schon hervorgehoben –, neben dem, was wir so vieles gelernt haben, liegt noch etwas anderes. Das ist dasjenige, was ich nennen möchte: Der Geist der Waldorfschule! Er soll wieder zur echten Frömmigkeit ausbilden. Es ist im Grunde genommen der Geist des Christentums, der durch unsere Räume weht, der, von jedem Lehrer ausgehend, zu jedem Kinde hingeht, auch wenn etwas scheinbar von der Religion Fernstehendes gelehrt wird, wie zum Beispiel Rechnen. Hier ist es immer der Geist des Christus, der, von dem Lehrer ausgehend, in die Herzen der Kinder einziehen soll, dieser Geist, der von Liebe, von wahrer Menschenliebe durchweht ist. Darum möchte ich, daß ihr Kinder empfindet, wie ihr nicht nur etwas gelernt habt, sondern auch nach und nach hier empfinden gelernt habt, was die Liebe des einen zum anderen ist. Und so möchte ich, daß, wenn ihr jetzt in die Ferien geht, ihr daran denkt: allen Mitschülern gegenüber empfinde ich im Herzen das eine Wort: Auf herzliches Wiedersehen! Denkt aneinander mit diesem schönen Wort: Auf herzliches Wiedersehen dann, wenn wir gestärkt wiederum hier hereinkommen in diese Räume, wenn wir wiederum mit unseren Lehrern zusammenarbeiten können an dem, daß wir tüchtige Menschen werden.

Seht, liebe Kinder, ihr müßt beachten, wie dieses Schulleben zusammenhängt mit dem ganzen Menschenleben. Wenn der Mensch alt wird, wird er siebzig, achtzig Jahre alt. Das Leben bringt Glück und Unglück, Schönes und Häßliches. Wenn wir alt werden, werden wir, wie gesagt, siebzig, achtzig Jahre alt. Man kann das Leben vergleichen mit einem Tag zu vierundzwanzig Stunden. Wenn uns der Tag das Leben versinnlichen würde, dann wäre ein Jahr, das wir zubringen in diesem Tag des Lebens, etwa zwanzig Minuten, und eure achtjährige Volksschulzeit wäre etwa so etwas wie zwei bis drei Stunden im ganzen Leben. So ist die Lebenszeit, die ihr in der Waldorfschule zubringt, so etwas wie zwei bis drei Stunden aus dem ganzen Leben. Und wenn wir die übrigen zwanzig Stunden, die wir zu leben haben, wo wir zu arbeiten haben, wo wir unter den anderen Menschen wirken sollen, damit Tüchtiges in der Welt geschehe, wo wir uns des Geistes bewußt werden sollen, wenn wir dieses andere durchleben, dann ist es für uns ein richtiger Herzenstrost, eine richtige Lebenskraft, wenn wir uns sagen können: Ja, die zwei bis drei Lebensstunden, die wir in der Volksschule verbracht haben, die haben uns etwas gegeben von Kraft und Geist und Arbeitstüchtigkeit für das ganze Leben.

Das, meine lieben Kinder, wollen wir uns gerade jetzt am letzten Tage unseres ersten Schuljahres an der Waldorfschule sagen, wollen uns aber während der Ferien immer wiederum daran erinnern – ich möchte es in eure Seelen schreiben, so in eure Seelen schreiben, daß es blüht darinnen wie diese lieben Blümchen hier, damit ihr es oft und oft denkt: Meine Gedanken sollen hineilen zu der lieben Waldorfschule; dort wird mein Körper gestaltet zu rechter Tüchtigkeit und Arbeit, dort wird meine Seele entwickelt zu starker Lebenskraft, dort wird mein Geist erweckt zu wahrem, tüchtigem Menschentum. – Solche tüchtige Menschen möchten wir einmal aus euch allen haben, wenn ihr draußen stehen werdet im Leben und groß sein werdet.

Heute wollte ich, daß dies mein Herz zu eurem Herzen spricht. Ich möchte es in Liebe zu euch gesprochen haben, und ich sage es euch, damit ihr es euch merken könnt. Noch einmal, denkt daran: Meine Gedanken sollen hineilen zu der lieben Waldorfschule. Dort wird mein Körper gestaltet zu tüchtiger Lebensarbeit, dort wird meine Seele entwickelt zu starker Lebenskraft, dort wird mein Geist erweckt zu wirklichem echtem Menschentum. So soll es sein. – So wollen wir auseinandergehen, und wenn wir wiederkommen, dann wollen wir es weiter so halten, wie wir es gehalten haben.

Nachher bekommt ihr das Zeugnis; wer ein gutes Zeugnis bekommt, soll es nicht etwa als ein Anweisung zum Faulenzen betrachten, und wer ein schlechteres Zeugnis hat, braucht nicht gleich zu weinen, sondern soll denken: Ich werde mich im nächsten Jahre noch besser anstrengen.

Aus dem Geist der Waldorfschule sagt ihr euch heute und drückt den Lehrern die Hand, sagend: Wir wollen uns finden wiederum im Herbst, zu lernen Tüchtigkeit zur Arbeit, zu entwickeln die Seele zu starker Lebenskraft und aufzuwecken den Geist zu rechtem Menschentum.

So auf Wiedersehen!

ANSPRACHE BEI EINER MONATSFEIER

23. November 1920

Nun komme ich wieder aus dem Lande der hohen Berge zu euch; Herr Molt holte mich aus Dornach, wo unser Bau aufgeführt wird, ab, und da komme ich denn auch zu euch.

Wir haben in der Schweiz viel Arbeit und haben dort nicht Zeit dazu, auf die schönen Berge hinaufzusteigen, die euch eure lieben Lehrer so schön beschrieben haben, und von dort aus die Sonne anzuschauen. Aber es ist auch so etwas wie Sonnenlicht, wenn wir ab und zu hierher nach Stuttgart fahren können, denn wir lieben den Berg, der hier ist. Er ist zwar physisch leichter zu besteigen als die Schweizer Berge, aber es gibt vor allen Dingen geistige Freude, wenn man diesen Berg besteigt, den Berg, auf dem unsere liebe Waldorfschule ist. Die geistige Freude empfängt man, denn hier sollen liebe Kinder, wie ihr seid als Kinder der Waldorfschule, hier sollen sie zu tüchtigen Menschen im Leben gemacht werden.

Nun war es mir immer eine Herzensfreude, recht viel Zeit in Stuttgart zuzubringen an der lieben Waldorfschule. Es tut mir leid, daß es dieses Mal weniger möglich gewesen ist, weil andere Arbeiten mich davon abgehalten haben. Ich hoffe aber, in den nächsten Tagen bei euch sein zu können, wenn auch nur für kurze Zeit. Ich habe euch heute herzlich begrüßen wollen, da ihr euer Schulfest feiert, da dieses Fest in die Zeit des Advents und des lieben Christenfestes hineinfällt.

Ich möchte wieder eure lieben Lehrer begrüßen, die ja zunächst mit euch viel Sorgen haben, Sorgen haben darüber, wie sie aus euch tüchtige Menschen machen können. Aber wenn ihr fleißig seid, wenn ihr alles in Liebe zu euren Lehrern gut befolgt, dann fallen auch diese Sorgen von den Herzen eurer lieben Lehrer, und Freude zieht in die Herzen dieser Lehrer ein, Freude darüber: Wir machen aus den Kindern, die uns aus der geistigen Welt zugeschickt worden sind, recht viele tüchtige Menschen für die Zukunft!

Nun, nachdem ich eure Lehrer habe begrüßen können, möchte ich euch auch begrüßen. Ich empfing den ersten Eindruck von euch, der bestand darin, daß ihr tüchtig schreit und Lärm macht. Ich dachte mir, ein bißchen weniger Lärm könnten sie schon machen. Die Dinge muß man von der besten Seite nehmen: Während sie so lärmen, gibt es keine nichtsnutzigen Gedanken. Ihr sollt auch sonst nicht nichtsnutzige Gedanken ausbrüten. Ich hoffe, euch in den Klassen zu sehen, da hoffe ich aber, daß ihr nicht so schreit. Es gibt auch Zeiten, in denen die Kinder sich anders benehmen müssen, als daß sie nur Vogelgezwitscher von sich hören lassen.

Nun muß ich euch immer eines sagen: Ihr sollt tüchtige Menschen werden. Ihr könnt aber nur tüchtige Menschen werden, wenn ihr drei Eigenschaften in euch ausbilden wollt, und immer wieder daran denkt. Es muß euch dasjenige für das Leben bleiben, was ihr hier in der Schule aufnehmt; aber in eurem Gedächtnis, in eurer ganzen Lebenskraft wird das, was ihr hier aufnehmt, nur bleiben können, wenn ihr in den Klassen bei den Lehrern, bei euren lieben Lehrern und Lehrerinnen aufmerksam seid. Diese Aufmerksamkeit trägt aus euren Kinderjahren dasjenige, was ihr euch erarbeitet, in eure späteren Lebensjahre hinein. Es muß auch dasjenige, was eure Lehrer sprechen aus einem ungeheuren Fleiß, aus der hingebungsvollen Kraft, aus Liebe zu euch, das muß aus dieser Liebe auch zu euch kommen können, und deshalb muß ich euch immer wiederum dasselbe sagen: Liebet eure Lehrer, denn diese Liebe wird das aus den Herzen der Lehrer in eure Herzen hineintragen, wird es in eure Köpfe hineintragen; durch die Liebe fließt am besten dasjenige, was der Lehrer gibt, in den Schüler über. Deshalb frage ich euch wieder heute: Liebt ihr eure Lehrer? Liebt ihr sie immer? [Die Kinder rufen: Ja!] Das ist das zweite: Liebe zu den Lehrern. Drittens: Fleiß. Ohne Fleiß läßt sich nichts erreichen. Ihr müßt fleißig sein, dann wird dasjenige, was ihr in Liebe zu euren Lehrern erlernt habt, dann wird es in euch eine richtige Lebenskraft werden.

Wenn ihr diese drei Eigenschaften ausbilden wollt, dann müßt ihr das richtige Gefühl entwickeln. Jetzt lebt ihr der Zeit entgegen, in der der Geist aus fernen Welten gekommen ist, welcher der Geist der Liebe geworden ist. Indem das Christfest herannaht, denkt daran, daß der Christus viele schöne Worte gesprochen hat. Ein solches schönes Wort ist auch dies:

«Ich bleibe bei euch alle Tage, bis die Erde nicht mehr sein wird.»

So ist auch der Christus-Geist immer bei uns. Jede Weihnacht und jede Ostern zeigt uns, wie wir hindenken wollen daran, wie der Christus-Geist bei uns ist. Dieser Christus-Geist ist auch der große Lehrer eurer Lehrer. Durch eure Lehrer wirkt der Christus-Geist in eure Herzen hinein.

Pflegt alle dasjenige, was eure lieben Lehrer durch ihre Arbeit leisten, was sie in Sorgen in euch hineinbringen, durch die drei Eigenschaften: durch Aufmerksamkeit, durch Liebe zu euren Lehrern, durch Fleiß, und ihr werdet aus euren jungen Jahren in eure späteren Jahre das hineintragen, was die Menschheit braucht: menschliche Arbeitskraft. Ihr werdet tüchtige Menschen werden, und das sollt ihr durch die Waldorfschule werden. Werdet es durch Aufmerksamkeit, durch Liebe zu euren Lehrern, durch Fleiß!

ANSPRACHE AM ELTERNABEND

13. Januar 1921

Meine lieben Freunde, sehr verehrte Anwesende! Die Waldorfschule, die jetzt schon mehr als ein Jahr besteht, haben Sie gewählt, um ihr Ihre Kinder zur Erziehung zu übergeben. Wenn wir uns in wenigen Andeutungen – mehr kann es ja nicht sein in dieser kurzen Zeit – über die Methoden und die Unterrichtsweise, die Erziehungsart in der Waldorfschule verständigen wollen, werden wir am besten davon ausgehen, das zu erwähnen, was wir in der Waldorfschule viel mehr brauchen als in einer anderen Schule. Wir brauchen in dieser Schule, wenn wir in der richtigen Weise vorwärtskommen wollen, mehr als in einer anderen ein vertrauensvolles Zusammenwirken mit den Eltern. Unsere Lehrer sind durchaus darauf angewiesen, dieses vertrauensvolle Zusammenwirken mit den Eltern der Kinder zu finden. Denn unsere Schule ist durch und durch auf geistige Freiheit gebaut – womit ich natürlich nicht irgendeine phantastische geistige Freiheit der Kinder meine. Unsere Schule stellt sich in das allgemeine Kulturleben hinein als eine im besten Sinne des Wortes freie Schule. Bedenken Sie doch nur, wie sonst das Schulleben heute in die Öffentlichkeit hineingestellt ist durch den Zwang, durch die öffentliche Autorität. Es ist ganz aus den Einrichtungen des Staates heraus gedacht, es soll nur den Einrichtungen des Staates dienen, soll vor allen Dingen dem Staate solche Menschen liefern, wie er sie braucht. Daß dies nicht zugleich im Interesse einer wirklich gesunden menschlichen Entwickelung liegt, das ist die Erkenntnis, aus der heraus die Waldorfschule gegründet ist. Sie soll vor allem einer gesunden menschlichen Entwickelung dienen. Auf die gesunde menschliche Entwickelung soll aller Unterricht und alle Erziehung in der Waldorfschule aufgebaut sein.

Sehen Sie, die Menschen sagen heute sehr oft, man solle in der Schule die Individualität des Kindes entwickeln, man solle nichts in das Kind hineintrichtern, sondern man solle dasjenige, was in dem Kinde liegt, aus diesem herausholen. – Das ist ein sehr schöner Grundsatz. Solche schönen Grundsätze hat man überhaupt sehr viele in der pädagogischen Literatur des 19. und 20. Jahrhunderts. Denn diese pädagogische Literatur, aus der die Lehrer das Lehren lernen sollen, ist in abstrakter Beziehung gar nicht schlecht. Es ist außerordentlich viel Gutes über das Erziehungswesen gesagt worden von allerlei sehr menschenfreundlichen Leuten; aber man kann nicht sagen, daß diesen guten Absichten auch überall dasjenige entspricht, was man Lehrpraxis und Erziehungspraxis nennen kann. Und das ist es eigentlich, worauf es bei uns in der Waldorfschule ankommt, heranzubilden eine echte, wahre Erziehungspraxis und Unterrichtspraxis. Und ich glaube in der Tat, durch diejenige Pflege des geistigen Lebens, die gerade in unseren Kreisen stattfindet, herausfinden zu können eine wahre Erziehungspraxis und Unterrichtspraxis. Denn diese Pflege des geistigen Lebens soll ja besonders dazu befähigen, den Menschen besser kennenzulernen als irgendeine andere Art der Pflege des geistigen Lebens. Und das soll sich nicht nur auf den erwachsenen Menschen, sondern auch den werdenden Menschen, das Kind, beziehen.

Diesen werdenden Menschen, man glaubt ja oftmals, ihn in der richtigen Weise zu kennen. Gewiß, es gibt ein menschliches Verhältnis, in dem wenigstens in der Regel, ja vielmehr, als man oftmals bei denjenigen denkt, denen das Kindliche nicht nahetritt, eine recht gute Erkenntnis des werdenden Menschen, des Kindes vorhanden ist, das ist das Verhältnis des Vaters, der Mutter zu dem Kinde. Das Verhältnis des Vaters und der Mutter zu dem Kinde ist ein naturgemäßes. Es ist ein solches, beim dem man hineinwächst in das Zusammenleben mit dem Kinde. Da tut man aus einem gewissen Gefühl heraus das Richtige. Man tut gewiß manchmal auch etwas Unrichtiges; aber das liegt dann mehr oder weniger in unnatürlichen Verhältnissen, in einer unnatürlichen Entwickelung des richtigen Vater- und Muttergefühls.

Wenn aber dann das Kind hineinwächst in die Zeit, in der der Zahnwechsel beginnt, dann geht es nicht mehr ab mit demjenigen, was das Elternhaus dem Kinde sein kann; denn sonst würde man ja nicht genötigt sein, Schulen zu haben. Dann muß das Kind in die Schule. Und dann handelt es sich darum, daß das Kind in eine solche Erziehung kommt und an einen solchen Unterricht herantreten kann, in denen bewußt aus der Erkenntnis des kindlichen Wesens heraus der Mensch, der werdende Mensch, dem Leben entgegengeführt werden kann. Damit aber das stattfinden kann, muß im Lehrer, im Erzieher eine wirkliche Erkenntnis des Menschen leben. Und eine wirkliche Erkenntnis des Menschen erfordert tatsächlich ein Leben in der edelsten Wissenschaftlichkeit, in der Wissenschaftlichkeit des Seelischen. Ein wirkliches Erkennen des Menschen fordert einen freien, eindringlichen Blick in die ganze Welt. Denn der Mensch ist herausgestaltet aus der ganzen Welt. Und wer nicht mit einem warmen Interesse an Welterkenntnis hängen kann, der kann auch nicht hineinschauen in das menschliche Gemüt, insbesondere nicht in das menschliche Gemüt, das im Kinde erst heranreifen soll zum ganzen Menschen. Und wer nicht fühlen kann alles dasjenige, was an Physischem in der Welt existiert, was an Seelischem die Welt durchwaltet, was die Welt an Geistigem enthält, der kann nicht das Wesen des Kindes erkennen; denn in dem Kinde ist noch etwas drinnen von dem geheimnisvollen Walten desjenigen, was der Mensch sich mitbringt, wenn er aus ganz anderen Welten, aus geistigen Welten herunterkommt zu seinen Eltern und von ihnen einen Körper annimmt.

Wenn man das Kind in den ersten Lebensjahren betrachtet, von Woche zu Woche, von Monat zu Monat – so ergibt sich ja wirklich das Wunderbarste im ganzen Weltenwerden; wenn man betrachtet, wie ein zunächst Unbestimmtes geistig herauswächst durch die Körperlichkeit des Kindes, wie die unbestimmten Züge, die noch etwas von bloß Naturhaftem an sich tragen, durch das innere Geistig-Seelische gestaltet werden; wie die Seele allmählich herausdringt durch das Auge, das immer verständiger und verständiger in das Leben hineinblickt, so enthüllen sich die wunderbarsten Weltgeheimnisse. Es ist dann etwas ganz Wunderbares, zu sehen, wie das Kind mit seiner Umgebung zusammenwächst, wie es in demjenigen, was es in noch ungeschickter Weise ausführt, fast ganz nachmacht dasjenige, was es in seiner Umgebung sieht; wie es endlich zusammenwächst mit seiner Umgebung im Sprechenlernen. Die ersten sieben Lebensjahre des Kindes, sie sind ja ganz und gar diesem seinem Zusammenwachsen mit der Umgebung gewidmet. Und dann, wenn das Kind ungefähr zu der Zeit, in der der Zahnwechsel herannaht, von der Schule übernommen wird, dann muß man jedes einzelne, was man mit dem Kinde vollbringt, begründen auf diese Menschenkenntnis. Aber man muß es noch auf anderes begründen.

Man kann glauben, man kenne das Wesen des werdenden Menschen. Aber man muß aus diesem Wesen des werdenden Menschen herausholen dasjenige, was dann das Kind zum Lesen, zum Schreiben, zum Rechnen bringt. Man merkt da bald, welch kompliziertes Ding echte Menschenkenntnis ist. Man kann das Lesenlehren, das Schreibenlehren und so weiter gut methodisch gelernt haben in den pädagogischen Vorbereitungsanstalten für den Lehrer und die Lehrerin. Man kann sich dann bemühen, dasjenige, was man da gelernt hat, anzuwenden, und man kann das sogar bis zu einem gewissen Grade in verständiger Weise sehr gut machen; und doch: man erzielt nichts im Unterricht und in der Erziehung in der Schule, wenn nicht zwischen dem Lehrer und dem Kinde ein ganz bestimmtes Verhältnis ist, das Verhältnis wirklicher Liebe des Lehrers zum Kinde und des Kindes zum Lehrer. Das ist dasjenige, was wir wirklich in unserer Waldorfschule pflegen wollen; pflegen wollen als etwas pädagogisch und didaktisch ebenso Notwendiges, wie bloße äußere Geschicklichkeit. Wir möchten, daß eine Atmosphäre von Liebe lebt in jeder Klasse, und daß aus dieser Atmosphäre von Liebe heraus der Unterricht gegeben werde.

Aber diese Liebe, sie läßt sich nicht diktieren. Es ist nicht damit getan, daß man in den Präparandenanstalten, den Vorbereitungsanstalten für den Lehrerberuf, über diese Liebe Predigten hält. Man kann die Liebe nicht so ohne weiteres lehren. Aber man braucht als Lehrer tatsächlich mehr Liebe, als man für das andere Leben braucht. Sehen Sie, die Menge von Liebe, die sonst die Menschen aufbringen für ihre Kinder, und wenn es eine noch so große Schar ist, ist gering gegen die für den Lehrer nötige; so viele Kinder hat man doch nicht, als der Lehrer gewöhnlich in der Klasse unterrichten muß. Dann, im späteren Leben, bringt man auf die Liebe des Mannes zur Frau, der Frau zum Mann, und das ist auch etwas, was in engerem Kreise gehalten werden soll, denn da ist es ja auch nicht gut, wenn sich diese Liebe zu sehr zwischen vielen Persönlichkeiten teilt, da ist immer dasjenige, was als Liebe vom Menschen in das Leben ausströmen soll, auf verhältnismäßig wenige Menschen verteilt. Gewiß, man kann, man soll alle Menschen lieben; aber das bleibt doch eben innerhalb gewisser Grenzen. Man kann nur bis zu einem gewissen Grade dem Wort dienen: Seid umschlungen, Millionen!

Aber denselben Grad von Liebe, wenn auch vielleicht in einer etwas anderen Art, wie sie die Eltern für die Kinder haben, der Mann für die geliebte Frau, die Frau für den geliebten Mann –, dieselbe Liebe, ebenso intensiv muß sie der Lehrer oder die Lehrerin für die Kinder unbedingt haben; mehr ins Seelische, mehr ins Geistige übersetzt, aber sie muß da sein. Diese Liebe hat man nicht angeboren, sondern die muß man aus etwas ganz anderem heraus haben. Man muß sie aus einer Wissenschaft, aus einer Erkenntnis haben; aber aus einer Wissenschaft, die nicht so trocken, nicht so abstrakt ist, wie heute die Naturwissenschaft oder irgendeine andere Wissenschaft, wie überhaupt das ganze wissenschaftliche Leben ist, das von seiner Trockenheit, seiner Nüchternheit auf die Pädagogik abfärbt. Diese Liebe kann man nur aus einer Wissenschaft heraus haben, die wirklich vom Geiste handelt, die den Geist offenbart. Denn wo eine Wissenschaft den Geist gibt, da gibt sie auch Liebe. Und so gibt diejenige Pflege des Geistigen, diejenige geistige Wissenschaft, die zur Begründung der Waldorfschule geführt hat, den Lehrern und Lehrerinnen diese wirkliche Liebe. Und die braucht man, auf die muß alles begründet sein. Gerade die naturgemäßesten Methoden in der Schule müssen auf diese Liebe begründet sein. Es ist der Geist des Weltverstehens und dieser Geist der Liebe, die vor allen Dingen drinnen sein wollen in dem Unterricht, den wir in der Waldorfschule pflegen, in der Erziehung, die wir in der Waldorfschule geben wollen. Und das läßt sich nicht machen mit allgemeinen Phrasen, das läßt sich nur machen, wenn man dasjenige, was man von der Entwickelung des Kindes kennt, von Monat zu Monat, von Jahr zu Jahr im einzelnen immer wiederum anzuwenden weiß.

Im gewöhnlichen Unterricht beginnt man heute gleich damit, an das Kind etwas heranzubringen, was die ganze gesunde Entwickelung des Menschen lähmt. Sehen Sie einmal zurück in der Menschheitsentwickelung. Es hat Zeiten gegeben – und man darf nicht so hochmütig sein, die Menschen in diesen Zeiten nur für dumm und kindisch zu halten –, da haben die Menschen noch nicht in dem heutigen Sinne lesen und schreiben gelernt, höchstens ein primitives Rechnen. Heute lernen wir lesen und schreiben, aber wir lernen auch nicht dasjenige Lesen und Schreiben, das sich zuerst herausentwickelt hat aus dem Nichtlesen und Nichtschreiben; sondern heute lernen wir etwas, was schon sehr verstandesmäßig und konventionell geworden ist. Im Grunde genommen wird das Kind in ganz künstlicher Weise in etwas ihm Fremdes hineingeführt, wenn man es ohne weiteres das Lesen und Schreiben lehrt, das heute im menschlichen Verkehr üblich ist. Wenn man das Kind im ersten Schuljahr bekommt, dann muß man bedacht sein, ihm nicht in gewaltsamer Weise dasjenige einzutrichtern, was nun die Großen können sollen. Und da komme ich gleich auf etwas zu sprechen, auf das ja schon unser verehrter Herr Molt hingedeutet hat, daß in der Waldorfschule die Kinder etwas später lesen und schreiben lernen als in anderen Schulen. Das hat seine guten Gründe. Das frühe Lesen- und Schreibenlernen in anderen Schulen ist in vieler Beziehung ein Fehler. Denn nicht darum handelt es sich, daß man die Kinder so schnell wie möglich zu gewissen Fertigkeiten bringt, sondern darum, daß man sie dazu bringt, daß sie einmal im späteren Leben tüchtige Menschen werden, die sich das Dasein nicht selber versauern, es sich nicht selber schwierig machen. Die äußeren Verhältnisse können das Leben schon schwer genug für viele Menschen machen, es braucht nicht noch das innere Schwächegefühl, das innere Unfähigkeitsgefühl aufzutauchen, um das Leben erst recht sauer zu machen. Es muß eine Methode gefunden werden, um in ganz sorgfältiger Weise aus den natürlichen Neigungen und Geschicklichkeiten der Kinder lesen und schreiben zu lehren.

Wir gehen – ich will das nur erwähnen – davon aus, daß wir das Kind zuerst gewisse Formen zeichnen lassen, damit sich aus diesen Formen diejenigen entwickeln, die in den Buchstaben liegen. Wir lassen das Kind vom Schreiben ausgehen, um ins Lesen hineinzukommen. Denn je mehr man ausgeht von dem, was im ganzen Menschen begründet ist, desto besser ist es für die Entwickelung des Kindes. Das Lesen und Schreiben, wie wir es als erwachsene Menschen zu unserem menschlichen Verkehr oder zur Aufnahme von irgendwelchen Dingen des geistigen und sonstigen Lebens gebrauchen, ist ja so beschaffen, daß im Lesen die Zeichen, die unsere Worte zusammensetzen, die Zeichen für unsere Buchstaben, schon etwas ganz Konventionelles geworden sind. Ältere Völker haben noch eine Bilderschrift gehabt; in dieser Bilderschrift lag etwas Anschauliches. Da war noch eine Beziehung zwischen dem, wodurch man schreibend etwas ausdrückte, und demjenigen, was ausgedrückt werden sollte. In unseren Buchstaben ist nichts mehr zu erkennen von dem, was ausgedrückt werden soll. Wenn man daher die Buchstaben so einfach den Kindern lehrt, wie sie ja in langer Entwickelung erst geworden sind, dann zwingt man das Kind an etwas ihm Fremdes heran. Von dem, was das Kind gerne hinzeichnet, was es aus seinem ganzen Wesen heraus macht, muß man es vernünftig, verständig hinüberführen zu den Buchstabenformen. Dann erst kann man das Lesen daraus entwickeln.

An diesem Beispiel wollte ich Ihnen nur zeigen, worauf unsere pädagogische Kunst hinaus will: wirklich dem werdenden Menschen abzulesen, was man mit ihm machen soll. Derjenige, der die Menschennatur kennt, der weiß ganz gut, wie die Dinge im Leben zusammenhängen. Das, was da das Allerwichtigste ist, das beobachtet man im Leben oftmals wirklich recht wenig. Man findet im Leben oftmals Menschen, und heute sind diese wirklich zahlreicher als man glaubt, die an nichts recht Freude haben, die furchtbar leicht ermüden, die früh altern, wenigstens innerlich seelisch altern und so weiter. Man macht sich nicht klar, wovon so etwas herrührt. Es rührt davon her, daß nicht in der richtigen Weise das Kind im sechsten, siebenten, achten Jahr im Schreiben und Lesen unterrichtet worden ist. Derjenige, der die Menschennatur kennt, weiß, daß ein Kind, das in der richtigen Weise lesen gelernt hat, dem es nicht eingepaukt, eingetrichtert worden ist bis zum siebenten, achten Jahr, sondern das in richtiger, naturgemäßer Weise lesen und schreiben gelernt hat und es daher vielleicht ein bißchen später fertiggekriegt hat, dafür das, was es vom Lesen- und Schreibenlernen hat, als eine wirklich gute Gabe für das ganze Leben hat.

Man kann durch alle möglichen künstlichen Einpaukereien, die über alle Neigungen und Entwickelungsmöglichkeiten des Kindes hinwegsehen, erreichen, daß das Kind mit siebeneinhalb Jahren lesen und schreiben kann; aber ein solches Kind hat man in vieler Beziehung seelisch für das ganze Leben gelähmt. Wenn man dagegen in der richtigen Weise vorgegangen ist, dann hat das Kind erst mit acht Jahren lesen und schreiben gelernt, aber so, daß im Lernen Lebenskräfte in ihm entstanden sind. Und das wollen wir. Wir wollen, daß das Kind Lebenskraft aus der Schule heraus erlangt, die immer wieder und wiederum in dem Kinde das ganze Leben hindurch nachwirkt.

Wir stehen heute – das braucht man ja besonders den Bewohnern Mitteleuropas nicht zu sagen – in einer furchtbaren Zeitlage drinnen. Not und Elend, sie werden ja wahrhaftig nicht kleiner, sondern fast mit jedem Tag größer. Und man kann schon sagen: Vieles von dem rührt einfach davon her, daß sich die Menschen nicht mehr ins Leben richtig hineinfinden können, sich nicht ans Leben anpassen können. Nun ist die allerwichtigste Zeit, in der der Mensch sich ins Leben hineinfinden soll, allerdings nicht die Schulzeit, sondern eine viel spätere Zeit; es ist die Zeit der Zwanzigerjahre, zwischen zwanzig und dreißig. Es ist diejenige Zeit, die die älteren Epochen – die wir nicht zurückwünschen wollen und können – den Übergang von der Lehrzeit zur Meisterschaftszeit genannt haben. In solchen Übergangsbenennungen liegt manchmal etwas außerordentlich Vernünftiges. – In dieser Zeit wächst der Mensch ja eigentlich erst ganz aus. Da muß er den Weg finden, um im Leben geschickt zu werden. Da tritt etwas ein, das ich mit folgendem vergleichen möchte. Ich möchte Sie da erinnern an ein Bild, das ich aus der Natur nehme. Es gibt gewisse Flüsse in Kärnten und Krain; ein solcher Fluß, der beginnt von seiner Quelle an zu fließen, er heißt zuerst Poik. Dann verschwindet er in ein Loch hinein, ist nicht mehr sichtbar. Nach einiger Zeit kommt er wieder hervor. Es ist derselbe Fluß, er ist nur unter der Erde weitergeflossen. Dann, in seinem weiteren Lauf, heißt er Unz. Dann verschwindet er wieder, fließt wiederum unterirdisch, kommt wieder hervor, und dann hat der den Namen Laibach. Er kommt immer wieder heraus; es ist dasselbe Wasser, nur daß es zuweilen unter der Erde fließt. So ist es mit dem Menschenleben. Es gibt etwas im menschlichen Leben im zweiten, dritten, vierten, fünften, sechsten, siebenten Lebensjahr und auch während der Schulzeit, das ist die Spielneigung des Kindes. Alles was zum Spiel des Kindes gehört, ist besonders lebhaft in diesem Lebensalter. Dann geht es so wie dieser Fluß in die Untergründe des menschlichen Lebens hinunter. Man sieht dann, wenn die Geschlechtsreife kommt, wenn andere Dinge kommen, diesen Spieltrieb nicht mehr in der gleichen Art wirksam. Aber dann, wenn die

Zwanzigerjahre kommen, dann kommt dasselbe, was im Spiel wirksam war, wiederum heraus. Es ist aber jetzt nicht mehr als Spieltrieb wirksam; es ist jetzt etwas anderes. Es ist jetzt die Art und Weise geworden, wie der Mensch sich ins Leben hineinfinden kann. Und in der Tat ist es so: wenn man das Kind in der richtigen Weise nach seinen besonderen Anlagen spielen läßt, wenn man ihm die richtigen Spiele beibringt, dann wird das Kind sich in der richtigen Weise dem Leben anpassen können. Wenn man etwas verfehlt mit Bezug auf die Natur des Kindes in den Spielen, die man an das Kind heranbringt, so wird das Kind auch ungeschickt sein, sich in das Leben hineinzustellen. – So hängen die Sachen zusammen: Dasjenige, was Spieltrieb ist, die besondere Art, wie das Kind spielt, die verschwindet, versickert im Leben. Dann tritt sie wieder an die Oberfläche, sie ist aber jetzt etwas anderes, sie ist jetzt Lebensgeschicklichkeit, Anpassungsfähigkeit an das Leben. Das Leben hängt durchaus durch alle Lebensalter in sich zusammen. Dieses muß man wissen, damit man das Kind in der richtigen Weise unterrichtet und erzieht.

Da ist zum Beispiel ein ganz wichtiger Zeitpunkt im Leben des Kindes, bald liegt er ein bißchen früher, bald liegt er ein bißchen später, aber immer ungefähr zwischen dem neunten und zehnten Lebensjahr. In diesem Lebenspunkt, da kommt viel, viel darauf an, daß ein richtiges Achtungsgefühl, ein richtiges Verehrungsgefühl zu dem Lehrer vorhanden ist. Das soll sonst natürlich auch vorhanden sein, aber in diesem Lebenspunkte entscheidet sich für das Kind etwas ganz wesentliches. Es ist das wirklich von einer außerordentlich großen Bedeutung. Deshalb ist ja pädagogische Kunst etwas sehr schwer zu Erringendes, sie beruht auf einer gründlichen Menschenkenntnis. Vieles, was beim Menschen auftritt in viel späteren Lebensaltern, wodurch der Mensch oft ganz unglücklich wird, wodurch er sich nicht hineinfinden kann ins Leben, untüchtig zur Arbeit wird, ja sogar auch Neigungen zu physischen Krankheiten entwickeln kann – man glaubt das heute nicht, es ist aber so –, das rührt alles davon her, daß das Kind nicht richtig zwischen dem neunten und zehnten Jahr behandelt worden ist. Bis zu diesem neunten bis zehnten Jahr muß man versuchen, das Kind möglichst mit solchem Unterrichtsstoff zu beschäftigen, der es nicht dazu zwingt, viel über sich nachzudenken, sondern über die Dinge, die draußen im Leben sind. Und zwischen dem neunten und zehnten Jahr muß man anfangen, ihm Begriffe, Vorstellungen beizubringen von Pflanzen und Tieren so, daß es von einem solchen Nachdenken über die Welt den Übergang findet zu einem Nachdenken über sich selber. Daraufhin muß aller Unterricht gestaltet werden, daß man richtig in den betreffenden Zeitpunkten, in denen gewissermaßen die innere Natur des Kindes es fordert, mit einer Sache einsetzt.

Ich deute Ihnen das jetzt nur mit ein paar Worten an, was tatsächlich eine ausgebildete Menschenkenntnis ist, die aus der Geisteswissenschaft folgt, und die eigentlich erst möglich macht, eine wirkliche pädagogische Kunst zu entfalten. Diese auf wirkliche geisteswissenschaftliche Menschenerkenntnis aufgebaute pädagogische Kunst soll die ganze Waldorfschule beherrschen; sie soll der Geist sein, der in der Waldorfschule waltet. Und wir glauben in der Tat, daß vieles von dem, was so schmerzlich ist in der Gegenwart, danach schreit, die nächste Generation durch eine solche Erziehung tüchtig zu machen. Und wir glauben, daß diejenigen Eltern wirklich verstehen, was die heutige Zeit fordert, die verständnisvoll ihre Kinder einer solchen Schule anvertrauen, die aus wirklicher, gründlicher Menschenkenntnis heraus eingerichtet ist. Und aus einem solchen Verhältnis der Eltern zur Schule, das zu unserem ganzen Wirken dazugehört, entsteht dasjenige, was wir in der Schule brauchen. Wenn das Kind des Morgens in die Schule hineinkommt so, daß die Eltern, die selbst aus diesem Verständnis heraus die richtige Liebe zur Schule haben, das Kind entlassen in dieser Liebe, dann wird es auch dasjenige in der rechten Weise erleben können, was ihm vor allen Dingen entgegengebracht werden soll, wenn es die Schultüre aufmacht und den Lehrer, die Lehrerin trifft mit jener Liebe, aus der doch allein dasjenige entspringen kann, was ein wirklich richtiger Unterricht und eine richtige Erziehung ist.

Indem man einsetzt im richtigen Moment mit dem, was gerade in den Fähigkeiten, den Anlagen des Kindes liegt, bringt man dieses dazu, daß dasjenige, was da eingesetzt hat, dem Kinde für das ganze Leben hindurch ein Erfrischungsquell ist. Und wenn die Eltern unserer Kinder das einsehen, daß wir ja eigentlich arbeiten wollen, um in den nächsten

Jahrzehnten Menschen hinzustellen, die für das immer schwerer werdende Leben tüchtig sind, die aber auch noch Fragen haben können an das Leben, dann stehen die Eltern in der richtigen Weise zu unserer Schule. Denn wir müssen auf diesem Verständnis der Eltern aufbauen. Wir können nicht in derselben Weise wie andere Schulen, geschützt durch den Staat und durch alle möglichen Autoritäten, wirken. Wir können allein wirken, wenn wir einer verständnisvollen Elterngemeinschaft gegenüberstehen. Wenn wir in dem Bewußtsein desjenigen, was wir an den Kindern in der Schule haben, die wir aus echter Menschenkenntnis heraus unterrichten wollen und aus einem Verständnis desjenigen, was vom Unterrichtsstoff gerade verwendet werden kann in irgendeiner Zeit, immer versuchen, diesen Kindern das Beste zu geben, das ihnen gegeben werden soll, dann brauchen wir diese Schule umwallt von dem Elternverständnis wie von den Mauern einer Festung. In dem Bewußtsein können unsere Lehrer am besten unterrichten. Wir hier lieben unsere Kinder, wir unterrichten aus Menschenverständnis und Kinderliebe heraus, und um uns herum baut sich auf eine andere Liebe, die Liebe der Eltern zu diesem unserem Schulwesen. In dieser Gemeinschaft nur können wir gegenüber dem, was heute an Unverstand und auch an bedenklicher Sittenentfaltung vorhanden ist, wirklich weiter arbeiten zu einer gedeihlichen Menschenzukunft.

Denn dasjenige, was gearbeitet werden soll in diesem Sinne, es mag heute mit einer kleinen Gemeinde sein; aber es kann viel werden aus dieser kleinen Gemeinde, wenn sie gerade immer mit richtigem Verständnis dieser Schule gegenübersteht.

Unsere Lehrer brauchen solch ein Bewußtsein, weil sie ja nicht irgendwie im Hintergrund haben all diejenigen Zwangsmaßregeln, die die Lehrer anderer Schulen haben. Aber aus dem Zwang heraus wird niemals im menschlichen Leben etwas Vernünftiges gewirkt. Damit wir in Freiheit wirken können, brauchen wir ein Verständnis des freien Wirkens bei der Elternschaft. Und indem sich wirklich jetzt schon eine recht stattliche Anzahl von Menschen gefunden haben, die ihre Kinder in die Waldorfschule schicken, zeigt sich eben, daß ein solches Verständnis wenigstens seinen Anfang genommen hat. Man möchte allerdings, daß es sich immer weiter und weiter verbreitete, daß immer mehr und mehr Menschen einsehen würden, daß etwas Tüchtiges doch nur erreicht werden kann durch eine echte, wahre Erziehungskunst. Aber wir wollen insbesondere an solchen Abenden wie dem heutigen immerhin froh sein, daß wir uns so zusammenfinden können in dem Geiste, in dem wir uns sagen: Wir wollen eine bessere Menschheitszukunft dadurch herbeiführen, daß wir mit denen zusammenarbeiten, die die kommenden Generationen im Sinne echter Menschenkenntnis und Menschenliebe erziehen und unterrichten wollen.

Es kann selbstverständlich nicht gleich im ersten Anhub dasjenige erreicht werden, auch beim besten Willen nicht, was uns als Ideal vorschwebt; allein immerhin ist einiges erreicht worden. Auch das Verständnis wird nicht gleich anfangs ein ganz durchdringendes sein können. Manches wird leicht mißverstanden werden können. Man wird unter Umständen sagen können: Ja, in dieser Schule wird manches Kind zu wenig geprügelt, denn manchem Kind sind schon entweder wirkliche oder figürliche Prügel durchaus notwendig. – Ja, man sagt so etwas manchmal eben nicht aus gründlicher Menschenkenntnis und Menschenliebe heraus; denn es gibt Methoden, die, wenn sie auch manchmal langsamer wirken, doch sicherer das Gute im Menschen entwickeln als irgendwelche unnatürlichen Zwangsmaßregeln. Und für manches muß eben nach und nach erst ein Verständnis errungen werden.

Sehen Sie, mir wurde neulich gesagt, daß ein Junge, der zu uns in die Schule gekommen ist und recht nachgedacht hat und auch wirklich bei uns etwas Gründliches lernt, gesagt hat: Ich weiß gar nicht, ich war früher in einer anderen Schule – er ist erst vor kurzem eingetreten –, da hat man Rechnen, Mathematik, Geometrie und alles mögliche gelernt; und nun soll ich doch ein tüchtiger Mensch werden; aber in dieser Schule lerne ich ja gar keine Mathematik; was soll denn aus mir werden, wenn ich gar keine Mathematik lerne? – Woher war das gekommen, daß der Junge geglaubt hat, er lerne keine Mathematik? Sehen Sie, wir möchten es dahin bringen, natürliche Verhältnisse in bezug auf dasjenige heranzubilden, was in anderen Schulen der sogenannte Stundenplan erreichen soll. Da wird das Kind von Schulgegenstand zu Schulgegenstand getrieben; es kommt überhaupt nicht zu irgendeinem Konzentrieren. Wir lehren, damit das Kind sich ganz hineinfindet, Wochen hindurch denselben Gegenstand durch die ganze Hauptschulzeit, je zwei Stunden vormittags; wir gehen nicht von Stunde zu Stunde immer von Gegenstand zu Gegenstand; wir wechseln erst nach einiger Zeit mit dem Gegenstand. Nun ist der Junge gerade in einer Zeit gekommen, wo die Mathematik nicht dran war. Da hat er geglaubt, er würde überhaupt keine Mathematik lernen. Später merkt er natürlich, daß er Mathematik konzentriert lernt, indem nicht gehetzt wird von Stunde zu Stunde zu etwas anderem, so daß er nun die Mathematik um so gründlicher lernt. Solche Mißverständnisse können leicht vorkommen, auch wenn sie nicht, wie in diesem Fall, auf der flachen Hand liegen. Da muß man sagen: Wenn manches natürlich in der Waldorfschule anders ausschaut, als man es gewöhnt ist von früher her, so soll man nicht allzu schnell urteilen.

Die Dinge, die bei uns gepflegt werden, sind wirklich aus dem herausgeholt, was ich Menschenkenntnis genannt habe. Und das ist eben gerade das Charakteristische unserer Schule. Deshalb ist es ja auch, daß im Grunde genommen, soviel wir sehen können, die Kinder außerordentlich gern in die Schule kommen. Ich komme ja immer von Zeit zu Zeit in die Schule und nehme am Unterricht teil. Wir streben an, so aus der Natur des Kindes heraus zu arbeiten, daß das Kind gewissermaßen das Gefühl erhält: Ich möchte ja das wissen, das können, was ich da wissen und können soll – und daß es nicht das Gefühl hat, es werde ihm etwas aufgezwungen. Das muß man natürlich für jeden Schulgegenstand, weil ja jeder anders ist, wiederum in einer besonderen Weise herausbilden.

Und dann muß der ganze Unterricht durchdrungen sein von einem gewissen Erziehungsprinzip. Das läßt sich nur dadurch gewinnen, daß der Lehrer selber ganz im geistigen Leben drinnen steht. Das kann er nicht, wenn er nicht auch die Verantwortlichkeit kennt gegenüber dem geistigen Leben. Aber, meine sehr verehrten Anwesenden, die große Verantwortlichkeit gegenüber dem geistigen Leben, die hat man nur dann, wenn sie einem nicht ersetzt werden soll durch ein bloß äußerliches Verantwortlichkeitsgefühl. Wenn man sich bloß richtet nach dem, was Verordnung ist für jedes Schuljahr, dann glaubt man sich auch frei von der Notwendigkeit, von Woche zu Woche erlebend darüber nachzuforschen, was man mit Bezug auf den einzelnen Gegenstand in der

Schule vorzunehmen hat, und wie man es vorzunehmen hat. Dieses immer fort und fort aus dem lebendigen geistigen Quell Herausschöpfen, das ist das, was unseren Lehrern eigen sein soll. Da muß man sich dem geistigen Leben gegenüber verantwortlich fühlen. Dann muß man das geistige Leben frei wissen, dann muß die Schule Selbstverwaltung haben, dann darf nicht der Lehrer ein Beamter sein; er muß vollständig sein eigener Herr sein; denn er erkennt einen erhabeneren Herren an als eine äußere Instanz, das geistige Leben selber, zu dem er in einer unmittelbaren Beziehung steht, nicht durch Schulbehörden, durch Rektoren oder Schulinspektoren oder Oberschulräte, Studienräte und so weiter hindurch. Ein wirklich freies Schulleben hat dieses direkte Inbeziehungstehen zu den Quellen des geistigen Lebens notwendig. Denn nur wenn man dieses in sich hat, kann man auch den geistigen Quell im Schulzimmer den Kindern vermitteln. Das streben wir immer mehr und mehr an, das wollen wir. Und wir haben selbst in der Zeit, in der wir gewirkt haben, von Monat zu Monat sorgfältig geprüft, wie unsere Grundsätze, unsere Kunstregeln bei den Kindern wirken. Und in den folgenden Jahren wird manches schon unter anderen Gesichtspunkten, unter vollkommeneren Gesichtspunkten sich vollziehen als im vorhergehenden. Und so möchten wir gerade aus einem unmittelbaren Leben, wie das nicht anders sein kann, wenn es aus geistigen Untergründen heraus fließt, diese Schule leiten.

Fürchten Sie durchaus nicht, daß wir aus dieser Schule eine Weltanschauungsschule machen wollen und etwa anthroposophische oder andere Dogmen den Kindern eintrichtern wollen. Das fällt uns nicht ein. Wer so etwas sagen würde, daß wir den Kindern gewisse Dinge, die gerade anthroposophische Überzeugungen sind, beibringen wollen, der würde nicht die Wahrheit sagen. Wir wollen vielmehr gerade aus dem, was uns Anthroposophie ist, eine pädagogische Kunst entwickeln. Das «Wie» im Unterricht, das ist es, was wir gewinnen wollen aus unserer geistigen Erkenntnis. Nicht wollen wir den Kindern dasjenige eintrichtern, was wir meinen, sondern wir glauben eben, daß sich Geisteswissenschaft von jeder anderen Wissenschaftsart dadurch unterscheidet, daß sie den ganzen Menschen ausfüllt, ihn auf allen Gebieten geschickt macht, vor allen Dingen in bezug auf die Behandlung von Menschen. Auf dieses

«Wie» wollen wir sehen, nicht auf das «Was». Das «Was» ergibt sich aus den sozialen Notwendigkeiten; das muß man mit vollem Interesse ablesen an dem, was der Mensch wissen und können soll, wenn er sich als tüchtiger Mensch in die Zeit hineinstellen soll. Aber das «Wie», wie den Kindern etwas beizubringen ist, das ergibt sich nur aus einer gründlichen, tiefen und liebevollen Menschenerkenntnis. Die soll walten und wirken in unserer Waldorfschule.

Das ist es, was ich heute gerne sagen wollte, meine lieben Freunde, um darauf hinzuweisen, wie wir auf der einen Seite in den Eltern unserer Kinder wirklich herzliche Freunde unserer Schule brauchen. Je mehr wir denken können, daß diese Eltern herzliche Freunde unserer Schule sind, desto besser, desto kraftvoller wird dasjenige geleistet werden können, was wir in dieser Schule leisten wollen. – Wir brauchen in unserer Lehrerschaft und in all denjenigen, die mit unserem Unterrichten verbunden sind, ein fortwährendes Leben in Liebe zum Lehren, in Liebe zur Kinderbehandlung. Es wird diese dadurch erreicht, daß hinter unserer Lehrerschaft und hinter allen denen, die mit unserer Schule zu tun haben, ein wirkliches, geistiges Leben steht, ein geistiges Leben, das es ehrlich und aufrichtig mit dem geistigen, dem wirtschaftlichen, dem staatlichen Aufschwung und Fortschritt der Menschheit meint. Es wird dadurch erreicht, daß diese Gesinnung des Unterrichtens, daß die Geschicklichkeit in der Unterrichtskunst, wie sie in unserer Schule wirken sollen, umgeben sind von dem Wall, den verständnisvoll uns entgegenkommende, unserer Schule in herzlicher Freundschaft zugetane Eltern bilden. Haben wir diese, dann, meine lieben Freunde, wird das Werk unserer Schule gelingen, und wir können überzeugt sein, meine lieben, verehrten Anwesenden, daß, indem wir Gutes tun an unserer Schule, an Ihren Kindern, wir auch zu gleicher Zeit ein Gutes tun an der ganzen Menschheit, wie sie sich in die Zukunft hinein entwickeln soll. Denn ein richtiges Erziehungswerk, ein richtiges Schulwerk tun, heißt zu gleicher Zeit ein ernstes, wahres Werk des Menschenfortschritts tun.

Herr Molt dankt Herrn Dr. *Steiner* für seinen Vortrag und fordert die Eltern auf, Fragen und Wünsche vorzubringen.

Es wurde nun darüber geklagt, daß die Kinder in der zweiten Klasse noch nicht so gut lesen können wie in der Volksschule, und daß die Kinder durch den epochenweisen Unterricht immer wieder den Zusammenhang mit dem Durchgenommenen verlieren.

Dr. Steiner erwidert:

Was das Lesen und Schreiben zur rechten Zeit anbetrifft, so möchte ich noch folgendes sagen: Es ist ja gewiß nach den Gewohnheiten, die man heute hat, etwas deprimierend, wenn man sieht, daß ein Kind schon in die zweite Klasse geht und noch nicht richtig abplappern kann dasjenige, was da in kleinen Gespenstern auf dem Papier steht. Aber dem steht manche Erfahrung gegenüber, die besseres lehrt. – Es ist ja nicht notwendig, daß man das Leben nur nach ganz kurzen Zeiträumen beurteilt. Ich habe Menschen kennengelernt, die haben etwa im achtzehnten, neunzehnten Jahr außerordentlich gut ihr Lesen und Schreiben verwendet in geschickter Anwendung, weil sie zum Beispiel gezwungen waren, früh einen Beruf zu ergreifen; das bringt das Leben ja manchmal mit sich. Ich habe solche Menschen beobachtet, die sich geschickt früh in einen Beruf eingeordnet haben, und ich habe solche kennengelernt, die sich ungeschickt in einen Beruf eingeordnet haben. Nun forschen Sie nach bei denjenigen, die sich, durch das Leben gezwungen, irgendwie in einen Beruf hineinstellen müssen, ob die im achtzehnten, neunzehnten Jahr Geschickten nun diejenigen sind, die ganz früh, viel zu früh herplappern gelernt haben das, was in kleinen Gespenstern auf dem Papier steht, oder ob es diejenigen sind, die das etwas später gelernt haben. Es handelt sich doch darum, daß für das Leben in der richtigen Weise die Sachen gelernt werden. Und das ist dasjenige, was gerade bei unserer Methode sorgfältig eingehalten wird. Ich möchte, daß Sie darauf aufmerksam würden, daß man überhaupt manchmal die Dinge nicht im richtigen Lebenszusammenhang beobachtet. Ich habe Menschen kennengelernt, die einen sehr, sehr guten Stil hatten, die gute Briefe schrieben. Da konnte man dann nachforschen: Welchem Umstande verdanken sie das? Und ich muß Ihnen ganz offen gestehen, daß sich mir ergeben hat: es waren meistens solche Menschen, die im achten, neunten Jahr noch die gräßlichsten Fehler gemacht haben. Sie haben dann im zehnten, elften Jahr erst gelernt, diese Fehler abzulegen. Dadurch sind sie gerade zu einer ganz besonderen Tüchtigkeit gekommen. Diese Dinge sind eben kompliziert, und man muß schon darauf sehen, wie unsere Unterrichtsmethode eben aus einer durchgreifenden Menschenkenntnis hervorgeht. Dann wird man sich daran gewöhnen, daß manches an die Kinder zu anderen Zeiten herantritt, als man es sonst gewöhnt ist. Nicht wahr, wenn es immer so gewesen wäre, daß man als strenge Regel aufgestellt hätte: Es ist schädlich, daß ein Kind vor dem achten Jahr schon lesen kann, dann würden heute die Leute sich nicht darüber wundern, daß es noch nicht lesen kann. Jetzt findet man es schlimm. Aber da liegt ja eben das, was Sie eben selbst gesagt haben: Die Waldorfschule soll eben zum Richtigen hinführen und nicht mit dem Falschen Kompromisse schließen.

Was nun darüber gesagt worden ist, daß das Kind erst wiederum mit Mühe an einen Lehrgegenstand herangebracht werden muß, nachdem es etwas aus der Sache herausgekommen ist, da handelt es sich darum, daß man nicht gerade nach der nächstliegenden Schulzeit den Erfolg der Schule beurteilen soll. Es ist im geistigen Leben auch etwas Ähnliches notwendig wie im natürlichen Leben. Da kann man auch nicht immer wach sein, da muß man schlafen. Und wenn man nicht schläft, so kann man auch auf die Dauer nicht ordentlich wachen. Wenn ein Kind ein paar Jahre nach dieser Unterrichtsmethode – nach der also nicht immer in gleichmäßiger Weise fortgemacht wird, sondern wo die Dinge auch wiederum ein bißchen aus dem Gesichtskreis herausrücken – erzogen wird, dann werden Sie sich überzeugen können, mit welcher Gründlichkeit die Dinge angeeignet werden. Sie werden nach ein paar Jahren wahrscheinlich ein anderes Urteil bekommen, als nach dem unmittelbaren Eindruck jetzt. Wir sind ja natürlich dem ausgesetzt, daß wir in manchem jetzt mißverstanden werden; aber es wird gerade das vielleicht, was man jetzt etwas befremdlich findet, was man schwierig findet für manche Kinder, sich im Lauf der Jahre bewähren. Darauf müssen wir sehen.

Zwei weitere Fragen gingen dahin, ob die Schüler in der Waldorfschule das Abitur machen können und ob nicht doch Hausarbeiten aufgegeben werden könnten.

Dr. Steiner erwiderte darauf:

Wir haben ja durchaus das Prinzip, den Kindern nicht etwa die Möglichkeit zu nehmen, sich in das Leben, wie es heute einmal ist, hineinzustellen. Daher ist von mir selbst der Grundsatz aufgestellt worden, und der wird ja durchgeführt, insbesondere in den wichtigsten Punkten so gut es nur eben geht: Dasjenige was wir tun müssen von pädagogischen und didaktischen Gesichtpunkten aus, das muß damit vereinigt werden, daß das Kind auch so ins Leben hineingeführt wird, daß ihm äußerlich keine Schwierigkeiten erwachsen. Daher ist von mir ausgearbeitet worden eine Art von Lehrverfassung, die diesen beiden Dingen Rechnung trägt. Wir unterrichten ohne Rücksicht darauf, welche Lehrziele für die einzelnen Klassen in den anderen Schulen zunächst für die Kinder bis zum neunten Lebensjahr, bis zum Absolvieren der dritten Klasse aufgestellt sind. Nicht wahr, man muß einen gewissen Spielraum haben, damit man in ihm das, was aus einer wirklichen Erkenntnis der Bedürfnisse des Kindes folgt, und was eine wirkliche Pädagogik fordern muß, erfüllen kann. Dann, nach diesem Spielraum, kann man dem Rechnung tragen, was nun heute einmal aus allerlei Untergründen und Gesetzen heraus gefordert wird. Also im neunten Lebensjahr wollen wir das Kind soweit haben, daß es in jede andere Schule übertreten kann. Dann wiederum lassen wir uns Spielraum bis zum zwölften Jahr, damit wir für diese Zeit ordentlich Pädagogik treiben können. Im zwölften Jahr kann also wieder jedes Kind in eine andere Schule übertreten. Und so soll es auch wiederum sein nach dem fünfzehnten Lebensjahr und auch weiterhin bis zum Abitur. Wenn wir so glücklich sind, immer wieder eine Klasse auf die Schule aufsetzen zu können, und die Kinder bis zu dem Abitur zu bringen, so werden sie in dem Alter, wo sie sonst das Abitur machen, so weit sein, daß sie dieses Examen werden machen können. Es kann ja natürlich sein, daß irgendwo ein Examinator sitzt, der sagt: Die jungen Leute aus der Waldorfschule können selbstverständlich nichts. – Man kann jemand immer durchfallen lassen, wenn man will; man kann dem Dümmsten ein ausgezeichnetes Zeugnis geben und den Gescheiten durchfallen lassen. Für solche Fälle kann nicht gesorgt werden. Aber im Prinzip muß das statthaben, daß wir dasjenige, was wir besser machen können als draußen, besser machen, trotzdem wir keine Steine dem Kinde in den Weg legen in bezug auf die äußeren Lebensforderungen. Es ist dies allerdings doch ein Surrogat – besser wäre es, wenn wir auch Hochschulen einrichten könnten. Das kann eben nicht sein, daher müssen wir uns auf diesem Gebiete mit einem Surrogat begnügen.

Man sollte nie außer acht lassen, was es für eine wirkliche Erziehungskunst bedeutet, wenn Kinder etwas aufgetragen bekommen, was dann nicht zu erzwingen ist. Es ist viel, viel besser, wenn man mit Zwangshausaufgaben haushält, so daß man darauf rechnen kann, daß dasjenige, was die Kinder zu tun haben, wirklich auch mit Lust und aus Überzeugung heraus getan wird, als wenn man fortwährend Aufgaben gibt, und dann Kinder darunter sind, die die Aufgaben doch nicht machen. Es ist das allerschädlichste in der Erziehung, wenn immerfort Aufträge erteilt werden, die nicht ausgeführt werden. Das demoralisiert die Kinder in furchtbarer Weise. Und diese feineren Erziehungsgrundsätze sollte man besonders beachten. – Kinder, die arbeiten wollen, die haben genügend zu tun; aber man sollte nicht versuchen, nach dieser Richtung irgendeinen Zwang auszuüben von seiten der Schule. Man sollte sich vielmehr bemühen, das Kind anzuhalten zum freiwilligen Arbeiten, wenn man durchaus will, daß die Kinder zu Hause arbeiten. Es wird genügend da sein, was das Kind arbeiten kann. Aber es sollte nicht die Tendenz dahingehen, die Grundsätze einer wirklich sachgemäßen Erziehungskunst dadurch zu durchkreuzen, daß man doch wieder auf den Zwang hinarbeiten möchte.

ANSPRACHE BEI DER FEIER ZUM ABSCHLUSS DES ZWEITEN SCHULJAHRES

11. Juni 1921

Meine lieben Kinder! Zu euch habe ich zuerst zu sprechen. Ihr habt ein Schuljahr hinter euch. Als ihr in die Klassen, in denen ihr jetzt seid, eintratet, da wart ihr ein Jahr jünger, jetzt seid ihr ein Jahr älter geworden. Das kann euch daran erinnern, wie ihr immer älter werdet, und das wird euch darauf bringen, daß ihr einmal aus Kindern große Menschen werdet, Menschen, die in der Welt werden tüchtig sein müssen, damit sie arbeiten können, damit sie dasjenige, was die Welt und was andere Menschen von ihnen verlangen, wirklich auch ausführen können.

Nun erinnert euch daran, wie ihr ganz klein wart. Ihr wart alle einmal ganz kleine Babys, erinnert euch daran, die nicht haben sprechen können. Ihr habt sprechen gelernt, ihr habt manches andere gelernt. Als ihr schon manches gelernt hattet, da kamt ihr zu uns in die Schule. Eure Eltern haben euch zu uns in die Schule getan. Denkt an diese eure Eltern, sie haben an euch gedacht. Als ihr Babys wart, als ihr ganz kleine Kinder wart, da haben die Eltern sich gesorgt darüber: Was wird aus meinem Knaben, oder was wird aus meinem Mädchen werden? Werden sie einmal tüchtige Menschen werden, so daß ich selbst – so sagte der Vater, und so sagte die Mutter –, wenn ich einmal alt sein werde, mit Zuversicht hinblicken kann auf meine Kinder? – Und seht, ihr lieben Kinder, damit ihr solche Menschen werdet, haben euch eure Eltern hierhergebracht; ihr wart das Allerliebste, das eure Eltern gehabt haben. Eure Eltern haben sich gesorgt: Wird mein Kind ein tüchtiger Mensch werden? – Und weil sie geglaubt haben, daß in der Waldorfschule solche Lehrer sind, die aus den Kindern tüchtige Menschen machen können, haben euch eure Eltern hierhergebracht in diese Waldorfschule.

Denkt daran, daß ihr lernen müßt! Eure Eltern haben euch hierhergebracht, haben euch zu euren lieben Lehrern gegeben. Ihr aber müßt euren Eltern jeden Tag und namentlich am Ende eines jeden Jahres ein

Geschenk nach Hause bringen, ein Geschenk, das eure Eltern so sehr lieben, wenn es ein gutes Geschenk sein wird, so daß sie sagen können: Mein Bub oder mein Mädchen hat etwas Ordentliches gelernt. – Das müßt ihr als etwas recht Schönes betrachten, wenn ihr am Ende des Schuljahres nach Hause gehen könnt und sagen könnt: Vater und Mutter, ich habe mich recht angestrengt, um etwas recht Gutes zu lernen. – Dann, meine lieben Kinder, dann habt ihr euren Eltern eine große Sorge abgenommen und eine große Freude gemacht. Daran wollen wir heute ganz besonders denken. Wir wollen daran denken, daß wir hier als Kinder in der Schule sind, damit wir unseren Eltern dasjenige erfüllen, was sie sich vorgenommen haben, was sie vorausgesetzt haben, als sie uns hierher gebracht haben.

Dann wollen wir daran denken, daß wir mit jedem Jahre älter werden, daß wir einmal erwachsene Menschen sein werden. Und da kommt das Leben mit seinen Schmerzen, mit seinem Schicksal, mit seiner Freude, da kommt aber auch das Leben mit seiner Arbeit. Das Leben, meine lieben Kinder, wird viel von euch verlangen. Das Leben wird für euch ganz besondere Voraussetzungen haben. Nun, meine lieben Kinder, eines wird euch immer Kraft geben, eines wird euch immer Sonne geben: wenn ihr euch erinnern könnt, wie ihr hier in der Schule wart, wie ihr eure Lehrer allmählich lieber und lieber gewonnen habt. Ihr habt doch eure Lehrer sehr lieb? [Ja! – antworten die Kinder.] Wenn ihr später zurückdenken könnt: Da habe ich etwas gelernt, da war einmal ein schöner Tag, da hat der Lehrer lieb zu mir gesprochen, da habe ich in der Schule eine rechte Freude gehabt – da werdet ihr wirklich eine Sonne haben, die ins Leben hineinstrahlt. Wenn ihr einmal ganz alt seid und graue Haare habt, könnt ihr euch zurückerinnern, wie ihr etwas Schönes erlernt habt. Wenn ihr euch recht erinnert, wie ihr in der Schule wart, werdet ihr sehen: das gibt Kraft, davon hat man etwas bis zu seinem Tode.

Es gibt etwas, das die Erinnerung nicht lieb macht, das die Erinnerung trübt, wenn wir denken müssen: Ach, da war ich ein fauler Kerl! – Das ist nicht gut im späteren Leben, wenn man daran denken muß, wie man ein fauler Kerl war, das wirkt sehr schlimm im Leben, wenn man sich daran erinnern muß, daß man nicht den Lehrer, die Lehrerin geliebt hat, daß man nicht den Gegenstand oder das, was auf der Tafel stand, was gesagt wurde und was vorgelesen worden ist, geliebt hat. Es ist immer wunderschön, wenn man sich später erinnern kann, wie man fleißig war, wie man den Lehrer oder die Lehrerin geliebt hat. Es ist etwas Schmerzliches, wenn man sich sagen muß: Da war ich ein fauler Junge. Wenn ich nicht ein fauler Junge gewesen wäre, so wäre ich jetzt ein geschickter Mensch. – Die Faulheit hat euch vielleicht Vergnügen gemacht; später werdet ihr es bitter bereuen, wenn ihr faul gewesen seid. Ebenso werdet ihr nichts verstehen vom Leben, wenn ihr unaufmerksam gewesen seid; das ganze Leben wird euch dann sein wie eine Sonne, vor der eine gelbe Wolke steht, die alle Welt mit Hagel bedeckt. So wird das sein, wenn ihr euch erinnern müßt: Ihr habt die Lehrer nicht geliebt oder dasjenige, was euch gelehrt worden ist. Wenn ihr das bedenkt, dann wird das ein guter Gedanke sein, wenn ihr an Fleiß und Aufmerksamkeit und Liebe denkt.

Das ist dasjenige, weswegen ihr hier seid. Ihr seid hier, um tüchtige, kraftvolle Menschen im Leben zu werden; das könnt ihr nur werden, wenn ihr euch so erinnert an eure Kindheit, daß ihr euch sagen könnt: Ich habe mich angestrengt, aufmerksam zu sein und liebevoll zu sein zu meinen Lehrgegenständen und zu meinen Lehrern. – Das ist dasjenige, was ihr in jeder Stunde fühlen sollt. Wenn ihr des Morgens in die Schule hereinkommt, wenn ihr den Morgenspruch sagt, dann sollt ihr euch erinnern: Ich bin da, um ein tüchtiger Mensch zu werden. – Wenn ihr aus der Schule nach Hause geht, dann sollt ihr daran denken: Jede Minute ist verloren, in der ich nicht fleißig, aufmerksam und liebevoll gewesen bin, weil ich meinen Eltern schwere Sorge bereite. – Das Beste, was ihr euren Eltern mitbringen könnt, ist, daß eure Eltern, wenn sie euch zurückkommen sehen, sich sagen: Ich sehe es meinem Kinde an, daß es heute etwas Ordentliches aus der Schule mitbringt. – Denkt daran, daß ihr so aus der Schule zu euren Eltern nach Hause kommt, daß sie sich sagen: Das werden einmal tüchtige Menschen sein. – Das möchte ich zu euch, meine lieben Kinder, sagen, weil jedes Schuljahr uns älter macht, und wir uns erinnern, wie wir älter werden.

Nachdem ich zu den Kindern gesprochen habe, möchte ich ein kurzes Wort über die Köpfe der Kinder hinweg zu den lieben Eltern der Kinder sprechen. Dasjenige, was uns hier in der Schule als Lehrerschaft vereint, ist die Erkenntnis, daß durch alles menschliche Wirken ein Göttlich-

Geistiges durchgeht, daß der Mensch sich diesem Göttlich-Geistigen hingeben kann, sich besonders hingeben muß bei einer solchen Aufgabe, wie sie dem Lehrer erwächst. Unsere Lehrer müssen sich immer bewußt sein, daß ihre Aufgabe ein Herabrufen des Geistes der Welt in die Schule hinein ist, und sie müssen in diesem Bewußtsein leben. Dies Bewußtsein, meine sehr verehrten Anwesenden, begründet in unserer Lehrerschaft am besten jenes notwendige Verhältnis zu den Eltern der Schulkinder. Dies Verhältnis soll so sein, daß wir wirklich als Lehrer mit den Eltern recht zusammen denken, harmonisch zusammen empfinden, daß wir dasjenige in der Schule wollen, was die Eltern selbst mit ihren verkörperten Idealen, mit ihren lieben Kindern wollen. Das insbesondere hämmert unseren Lehrern ihre Weltanschauung jeden Morgen ins Herz und in die Seele hinein. Unsere Lehrer lernen, indem sie auf die Seelen der Kinder hinsehen, den Wert der Menschenseele am Kinde erkennen. Daher wissen sie es, was Ihr ihnen gebracht habt, indem Ihr Eure Kinder gebracht habt und damit die Gabe ins Schulhaus getragen habt, um den Geist in Menschenseelen einführen zu können. In diesem tiefen, dankbaren, wohlwollenden Gefühl empfangen unsere Lehrer dasjenige, was Ihr als Euer Liebstes ins Schulhaus hineinbringt. Daraus entspringt das Bestreben dieser Lehrer, in Dankbarkeit und Liebe Euch nach ihren Kräften zurückzugeben, was Ihr selbst gegeben habt, in den Seelen, die Ihr wiederum schaut, wenn Eure Kinder zu Euch nach Hause kommen, oder wenn sie ins Leben hinaus entlassen werden sollen. In diesem menschlichen Entwickelungsglauben empfangen unsere Lehrer eine Gabe von Euch. Eine Gegengabe möchten sie geben, indem sie Eure Kinder zu guten Menschen machen. Dazu bedarf es des vollen Einverständnisses mit Euch. Daher können die verehrten Anwesenden überzeugt sein, daß, wenn Sie als Eltern nach diesem Einverständnis streben, wenn Sie es in der rechten Weise harmonisch zusammenfühlend zum Ausdruck bringen, wie es jüngst geschehen ist, daß dann unsere Lehrer fühlen – was auch sonst wirken möge an Gegnerschaft und Feindseligkeit: sie haben sicheren Boden unter den Füßen. In diesem Einklang mit den Eltern mögen die Lehrer den Impuls des Wirkens suchen.

Ein drittes Wort möchte ich an Euch, meine lieben Lehrer, richten. Ihr seid vereinigt mit dem Geist einer Geistesweltanschauung. Ihr versucht nach den besten Kräften, die in Euch wurzeln, im Sinne nicht einer Weltanschauungsschule, im Sinne der Durchdringung alles Erziehungswesens mit einer durchgeistigten Gesinnung, die Seelen der werdenden Menschen zu erkennen, an diesen Seelen der werdenden Menschen zu arbeiten. Dabei lernt man am besten zwei Dinge kennen, meine lieben Freunde und Freundinnen.

Das erste ist dasjenige, was in menschlicher Freiheit aus der schöpferischen Kraft, aus dem Inneren herausquillt. Wir lernen allmählich erkennen, wie wir selbst fortwährend von den Kindern lernen müssen, was ihnen frommt. Wir lernen erkennen, daß nur dasjenige, was wir aus der Freiheit erschaffen, was als unser Bestes ersteht im Umgange mit den Kindern, hineinwirkt in die Seele des Kindes. Unsere Schöpferkraft kann uns im besten Sinne des Wortes selbst dazu heranentwickeln; das betrachten wir als unser Bestes in unserer ganzen Arbeit.

Der andere Punkt ist der, daß wir gerade aus unserer Weltanschauung heraus eine tiefere Beziehung zur Schicksalsidee gebildet haben. Wir arbeiten künstlerisch an den Seelen der Kinder. Das, woran wir künstlerisch arbeiten, ist nicht so wie das äußere Kunstwerk in Marmor oder Holz, es ist etwas, was sich schicksalsmäßig mit uns verbindet. Wenn wir so am Tage vor unseren Kindern stehen, wenn wir ihnen dasjenige einzuverleiben, einzuseelen, einzugeistigen versuchen, was als rechte Einsicht im Hintergrunde dasteht, verbinden wir uns für eine Ewigkeit schicksalsmäßig mit diesen Seelen, so daß uns im Reiche der Ewigkeit an dem, was wir gebildet haben in den verschiedenen Metamorphosen, die Art, wie wir es gemacht haben, entgegentreten wird. Aus dem Freiheits- und Schicksalsgefühl quillt in einer Weltauffassung, wie wir sie hier haben, die wahre Lehrerverantwortlichkeit. Aus dem Geiste dieser Lehrerverantwortlichkeit heraus haben unsere Freunde und Freundinnen gesprochen vorhin; sie haben zu den Kindern gesprochen und über die Köpfe der Kinder hinweg zu den Eltern. Ich wollte diesen Worten nur einen zusammenfassenden Ausdruck verleihen.

Noch einmal sei es euch Kindern gesagt: Kommt mit derselben Liebe und mit derselben Lust zur Aufmerksamkeit im nächsten Schuljahr in die Schule hinein; lernt noch mehr, als ihr es bis jetzt getan habt, eure Lehrer lieben; denkt daran, daß das Sinnen eurer Lehrer Tag und Nacht darauf gerichtet ist, euch zu tüchtigen Menschen zu machen. Eure Lehrer lieben euch, indem sie dadurch, daß sie eure Seelen, eure Geister, eure Leiber bilden, euch zu tüchtigen Menschen machen. Das wollen wir uns recht tief einprägen, indem wir aus diesem Schuljahr hinausgehen. Wir wollen mit der entsprechenden Kraft das nächste Schuljahr recht gut beginnen. Nehmt es euch vor: Ich will fleißig und aufmerksam sein, ich will liebevoll zu den Gegenständen und zu den Lehrern und Lehrerinnen werden. – Es wird gehen, es wird noch besser gehen, als es dieses Jahr gegangen ist.

ANSPRACHE AN DER ERSTEN MITGLIEDERVERSAMMLUNG DES VEREINS «FREIE WALDORFSCHULE»

17. Juni 1921

Meine sehr verehrten Anwesenden! Ich eröffne die erste ordentliche Mitgliederversammlung des Vereins «Freie Waldorfschule». Ehe ich auf das Programm eingehe, gestatten Sie, daß ich Sie im Namen des Vorstandes auf das allerherzlichste begrüße. Es ist nur eine kleine Anzahl der Mitglieder des Vereins heute naturgemäß erschienen, aber um so herzlicher soll die Begrüßung für die kleine Anzahl sein; wir haben 1400 Mitglieder, so viel sind lange nicht da. Um so erfreulicher ist es, daß eine stattliche Anzahl erschienen ist. Was zunächst, meine sehr verehrten Anwesenden, zu sagen ist in bezug auf die bisherige Entwickelung der Waldorfschule, ist das Folgende: Wir haben zwei Schuljahre hinter uns, wir haben, wie Ihnen wohl aus den verschiedenen Veröffentlichungen, die schon erschienen sind, bekannt sein dürfte, mit dieser Waldorfschule, die von Emil Molt gegründet worden ist, etwas angestrebt, das aus neuen pädagogisch-didaktischen Gesichtspunkten und aus Gesichtspunkten einer allgemeinen humanitären Denkweise heraus wirklich nach den verschiedenen Richtungen hin etwas Neues schaffen kann, daß neue Kräfte entfesselt werden, die auf dem Gebiete des Unterrichts und der Erziehung notwendig sind, um gegenüber den Verfallskräften, gegenüber den Niedergangskräften, die in unserer Zeit sehr deutlich zu sehen sind, das Nötige zu tun. Es ist begreiflich, daß ein Wichtiges in der Gegenwart getan werden muß auf dem Gebiete des Unterrichts- und Erziehungswesens. Eine solche Aufgabe war nicht leicht; es handelte sich darum, in der Auswahl der Lehrer so vorzugehen, daß nun wirklich bei denjenigen, die Lehrende und Erziehende sein sollten, der Geist von all dem lebt, was wir eine notwendige neue pädagogisch-didaktische Denkweise nennen können.

Wir mußten außerdem uns innerhalb der Lehrerschaft erst verständigen über dasjenige, was da ins einzelne des pädagogisch-didaktischen

Wirkens hinein unsere Aufgabe wird werden müssen. Dazu ist ja zunächst ein pädagogisch-didaktischer Kurs vor der Eröffnung der Schule für das Lehrerkollegium in seiner ersten Zusammensetzung gehalten worden, auf Grundlage dessen dann der Unterricht und die Erziehung versucht worden sind. Zu diesem etwas längeren pädagogischen Kurs, der der Eröffnung voranging, kam dann ein kürzerer Ergänzungskurs vor dem Beginn des zweiten Jahres, und ein zweiter Ergänzungskurs wird jetzt eben gehalten vor dem Beginn des dritten Schuljahres. Bei den verschiedenen Besuchen, die mir als pädagogischem Leiter der Waldorfschule möglich waren im Laufe der zwei Jahre, hat sich allerdings dasjenige ergeben, das darf nach einer gewissenhaften Prüfung gesagt werden, daß es – trotz aller Schwierigkeiten, die ja der einzelne Lehrer und Erzieher zum Teil aus äußeren Umständen und zum Teil, weil die Aufgabe schwierig ist, bei sich selbst zu überwinden hat – möglich geworden ist, daß der Geist, der in unserer Schule waltet, immer intensiver das Lehrerkollegium ergriffen hat. Wir haben es mit einer aufsteigenden Entwickelung zu tun gehabt; und die Art, wie sich mehr und mehr eingelebt hat dieser Geist der Waldorfschule, läßt uns hoffen, daß wir auch im folgenden Schuljahre eine steigende Entwickelung des Waldorfschulgeistes werden zu verzeichnen haben. Es hat sich herausgestellt, daß die Lehrkräfte, die zu den alten hinzugekommen sind, weil die Vergrößerung der Schule es nötig machte, sich wirklich mit erstaunlicher Schnelligkeit in den Geist der Waldorfschule einleben, so daß man in dieser Beziehung sagen kann: Dieser Geist der Waldorfschule ist immer mehr und mehr etwas Lebendiges geworden, etwas, das man findet, von dem man berührt wird, wenn man in die Waldorfschule hineinkommt.

In dieser Beziehung dürfen wir aus einem sachgemäßen Beurteilen sagen, wir können nur Gutes verzeichnen; wir können hoffen, daß wir durch die Ausbildung des angestrebten Geistes allmählich dahin kommen, einen deutlichen Beweis liefern zu können, daß die Waldorfschule ihr Ziel wird erreichen können. Das ist zu sagen über den Geist, der waltet in der Schule, in den Lehrerkonferenzen, über den Geist, der in der Denkweise, in der Gesinnung des Lehrerkollegiums für mich, der ich das zu prüfen hatte, zu bemerken war. Das Lehrerkollegium besteht aus dem Begründer der Schule, Herrn Emil Molt, und seiner Gattin, die gewissermaßen die Stelle der Patrone innehaben, und aus den Ihnen bekannten Persönlichkeiten; die pädagogische Leitung ist durch die Natur der Sache mir zugefallen, und ich darf sagen: In den Lehrerkonferenzen, die in meiner Anwesenheit gehalten worden sind, und auch bei meinem Dabeisein während des Unterrichtes, was ja auch öfters im Laufe der zwei Jahre stattgefunden hat, ist durchaus das zutage getreten, was ich jetzt auseinandergesetzt habe. Das wäre in aller Kürze dasjenige, was von der einen Seite gesagt werden muß; dem muß allerdings von der anderen Seite etwas gegenübergestellt werden. Das ist das, was ja, wie ich glaube, mit voller Berechtigung von mir vor der Eröffnung der Schule in allerlei Ansprachen und auch bei der Eröffnung gesagt worden ist, daß eigentlich die Aufgabe der Waldorfschule nur dann voll erfüllt ist, wenn zu ihr sehr rasch sich andere solche Schulgründungen finden. Denn mit einer einzelnen Schule kann selbstverständlich nichts anderes geliefert werden als ein Musterbeispiel, das wir in bezug auf Pädagogisch-Didaktisches hingestellt haben. Das glaube ich in dieser berechtigten Weise vor Ihnen sagen zu können. Ein solches Musterbeispiel wird man konstruieren können. Allein mit einem solchen Musterbeispiel ist ja natürlich in unserer Zeit, in der es notwendig ist, den Geist, der hier gemeint ist, ins ganze Unterrichtswesen hineinzutragen im Sinne der Dreigliederung des sozialen Organismus, die ein wirklich freies Geistesleben in bezug auf Erziehung und Unterricht fordert, nur ein Anfang gemacht. Es ist der Geist, der gemeint ist, nur dadurch zu erreichen, daß die Waldorfschul-Idee die weiteste Verbreitung findet. Die Waldorfschule müßte Nachfolge erfahren; und das hängt natürlich davon ab, daß in weitesten Kreisen Interesse dieser Waldorfschule entgegengebracht wird. Wir dürfen allerdings sagen: Die Mitglieder des Waldorfschul-Vereins haben wirklich durch ihr tätiges Mitwirken ein anerkennenswertes Interesse gezeigt und ebenso die Elternschaft. Leider aber hat sich das Interesse der weitesten Kreise gegenüber der Waldorfschul-Idee nicht geregt; es ist noch außerordentlich gering. Außer einem Versuch, der in dankenswerter Weise im Kleinen unternommen worden ist innerhalb Mitteleuropas, hat die Waldorfschule keine Nachfolgerschaft gefunden. Es sind auch recht wenig Bestrebungen hervorgetreten für eine solche Nachfolgerschaft. Auch kann man sagen, daß sich nach einer anderen

Seite hin das Interesse durchaus nicht in der Weise gezeigt hat, wie es eigentlich zu erwarten gewesen wäre: Man braucht Geld, selbst wenn nur *eine* Schule als Musterbeispiel gedeihen soll. Wir müssen die Sache so einrichten, daß wir mit jedem Jahr eine Klasse anfügen. Wir haben, nachdem wir die Schule achtklassig gegründet haben, im vorigen Jahr die neunte Klasse angefügt; wir werden mit der Eröffnung des dritten Schuljahres, die morgen stattfindet, die zehnte Klasse anzufügen haben. Wir werden damit unsere Schule nach oben in jedem Jahre weiter ausbauen, so daß sich unseren letzten Schuljahren die verschiedenen Hochschulen anschließen können und wir tatsächlich unsere Schüler so weit bringen, daß sie beim Abgang aus unserer Schule das Abiturientenexamen ablegen können. Wir haben noch Zeit dazu, aber in dieser Weise soll diese Schule ausgebaut werden. Das fordert natürlich eine fortwährende bauliche Erweiterung der Schule. Außerdem hat sich herausgestellt, daß die Idee, die ursprünglich zugrunde lag, die Schule der Hauptsache nach zu begründen für die Kinder der Angehörigen der Waldorf-Astoria-Fabrik, ins Breite gewachsen ist. Es kamen immer mehr Anmeldungen aus weitesten Kreisen; und nach dieser Richtung hin ist durchaus ein gewisses Interesse vorhanden. Für die Vergrößerung der Schule, für die Erweiterung der einen Schule, für ihren Geist ist durchaus ein Interesse schon vorhanden. Das zeigt sich darin, daß wir von allen Seiten Schüleranmeldungen haben, daß die meisten Klassen mit Parallelklassen arbeiten müssen.

Daß Schwierigkeiten bestehen in bezug auf den Ausbau der Schule, das wird im Vorstandsbericht gesagt werden. Jedenfalls sieht man daraus, daß es notwendig ist, daß man der Schule in finanzieller Beziehung Interesse entgegenbringe. Man kann wirklich nicht sagen, daß die Schule in finanzieller Beziehung dieses Interesse gefunden hat. Wir stehen jedesmal, wenn eine Erweiterung notwendig ist, vor neuen finanziellen Sorgen. Daher muß schon heute der Vorstand vor dieser ordentlichen Mitgliederversammlung in den Bericht etwas über seine Sorgen hineintragen. Wenn wir auf der einen Seite berichten dürfen über die Befriedigung, die man haben kann über den geistigen Fortgang, so muß dem entgegengesetzt werden, daß wir berichten müssen von den Sorgen, die wir haben und die sich insbesondere im Verlaufe der nächsten Wochen sehr vergrößern werden. Diese Sorgen kann natürlich das Lehrerkollegium nicht bewältigen; das hat schon sehr viel zu tun mit der Bewältigung des geistigen Fortschrittes. Das ist etwas, was in geeigneter Weise in der nächsten Zeit in die weitere Öffentlichkeit hineingetragen werden müßte. Wir brauchen einfach die Erweckung des Interesses in bezug auf die finanzielle Stützung der Waldorfschule, sonst würde selbst dieses eine Beispiel, das mit der einen Schule gegeben worden ist, nicht in der entsprechenden Weise ausgebaut werden können. Es steht zu hoffen, daß, wenn es gelingt, allmählich das Interesse der breitesten Öffentlichkeit für den Geist der Waldorfschule, für deren Ergebnisse zu erregen, auch das andere Notwendige nachfolgen wird: die Erweiterung der Waldorfschul-Idee dadurch, daß diese eine Schule Nachfolge findet, daß solche Schulen weiter begründet werden. Geschieht das nicht, so bleibt es bei einer Art Musterbeispiel. Damit wäre der Idee der Waldorfschul-Bewegung durchaus nicht Rechnung getragen. Das ist dasjenige, was ich als Vorsitzender des Waldorfschul-Vereins vorbringen wollte.

E. Molt: Es scheint eine der schönsten Aufgaben zu sein, Herrn Dr. Steiner den tiefgefühlten Dank zum Ausdruck zu bringen für seine liebevolle Führung der Schule. Wir wissen, daß wir ihm die gedeihliche Entwickelung der Schule zu verdanken haben.

Dr. Steiner: Meine sehr verehrten Anwesenden! Ich danke Herrn Molt für seine lieben Worte, und ich danke allen für ihre Zustimmung zu seinen lieben Worten. Ich glaube diesen Dank auch aussprechen zu dürfen im Namen des gesamten Lehrerkollegiums unserer Waldorfschule. Es wird ja kein Zweifel darüber bestehen können, daß dasjenige, was einigermaßen gelungen sein kann diesem Lehrerkollegium, was möglich war für es, für die Entwickelung der Waldorfschule zu leisten, daß das nur hat geleistet werden können aus dem Grunde, weil das gesamte Lehrerkollegium durchaus tief durchdrungen ist von der Notwendigkeit der Waldorfschul-Idee, weil jeder einzelne dieses Lehrerkollegiums mit Begeisterung an dieser Waldorfschul-Idee hängt, und aus dieser Begeisterung kommt die Kraft zu dem Wirken für eine im wesentlichen doch neue Sache. Wir dürfen annehmen, daß trotz mancher Schwierigkeit uns, die wir für die Waldorfschule und ihren geistigen Fortgang zu sorgen haben, diese Begeisterung bleibt und infolgedessen auch die Kraft zum Wirken bleibt. Und in diesem Sinne, weil Sie vielleicht doch glauben können, daß wir aus reiner Begeisterung für die Waldorfschul-Idee in dieser Schule wirken, werden Sie auch das Versprechen entgegennehmen können, das ich in meinem Namen und in meiner lieben Freunde Namen vom Kollegium abgeben möchte. Sie werden das Versprechen entgegennehmen, daß wir auch in der Zukunft in der Weise wirken werden, wie Sie es sehen, die Sie Ihr tiefstes Interesse für die Wadlorfschule bezeigt haben, wie es Sie wird befriedigen können.

Es wird der Wunsch ausgesprochen nach einer Gelegenheit, die Waldorfschule zu besichtigen.

Dr. Steiner: Ich glaube, daß man nicht außerordentlich viel haben wird von einer Besichtigung in der Waldorfschule selbst, und daß die

Lehrerschaft am morgigen Vormittag verhindert wäre zu führen. Es wäre vielleicht möglich, Ihren Wunsch dahin zu modifizieren, daß Sie morgen um halb zehn Uhr im hiesigen Stadtgartensaal an der Eröffnungsfeier teilnehmen, wenn es nicht allzu viele sind. Darf ich die verehrten Anwesenden bitten – es ist auch wohl von seiten der Lehrer nichts einzuwenden –, wenn es Ihnen möglich erscheint, diesen Wunsch dahin zu modifizieren, daß Sie morgen an der Eröffnungsfeier teilnehmen. Sollte Ihr Wunsch sein, gegen Abend nach sechs Uhr einen Spaziergang machen zu wollen, so werden sich die Mitglieder des Kollegiums freuen, morgen nach Feierabend das Gebäude zu zeigen.

Ein Mitglied: Vielleicht kann man Leute an einem bestimmten Tag die Schule besuchen lassen? Etwa die Eurythmiestunden?

Dr. Steiner: Die Eurythmie gehört zum Unterricht; es würde für die Eurythmie dasselbe in Betracht kommen, was für den übrigen Unterricht in Betracht kommt. Da möchte ich bemerken, daß es sich höchstens darum handeln kann, daß vielleicht der Beschluß gefaßt würde, daß die von den Kindern und Lehrern leere Schule besucht würde. Von einer Besichtigung der Schule während des Unterrichts könnte nicht die Rede sein. Denn solch eine Besichtigung sollte nur stattfinden nach vorheriger genauer Erwägung, nach vorherigem Verhandeln mit denen, die durch die Besichtigung der Schule etwas lernen wollen. Es kann sich etwa handeln um die, die aus dem Grunde etwas sehen wollen von der Schule, weil sie irgendwo eine solche Schule begründen wollen, weil sie selbst irgend etwas in sachgemäßer Weise für die Verbreitung der Waldorfschul-Idee tun wollen. Es kann sich im Grunde nur um derartige seltene Fälle handeln, wenn es sich um die Besichtigung des Betriebes der Schule handelt. Wir sind natürlich nach dieser Richtung hin schon reichlich aufgefordert worden, aber irgendwie weitergehend könnte das nicht geschehen. Das kann aus rein pädagogisch-didaktischen Gründen nicht sein. Auch das berechtigte Besuchen der Schule während des Unterrichts bedeutet doch immer eine Störung, eine vor der Pädagogik nicht zu rechtfertigende Störung des Unterrichtes. Wer auch immer das Schulzimmer betritt, stört den Unterricht. Es kann begründet sein, daß zu einem höheren Ziele der Unterricht gestört wird. Dann muß man solche

Gründe gelten lassen. Man sollte doch ein Herz dafür haben, daß der Unterricht etwas ist, was der Sammlung bedarf, was daher unter keinen Umständen, wenn es nicht dringend notwendig ist, der Besichtigung des Besuches ausgesetzt werden sollte.

Ich glaube, daß es auch die Ansicht der übrigen Mitglieder des Kollegiums ist, daß wir daher höchstens könnten – das wäre eine Belastung, die jetzt auch kaum zuzumuten ist –, daß wir höchstens könnten die Schulräume sehen lassen. Nun kann ich Ihnen die Versicherung geben, daß die dann etwas Sehenswertes darstellen werden, wenn wir recht viel finanzielle Mittel bekommen werden. Aber wahrscheinlich mit Bezug auf dasjenige, was von Dotierungen herrührt, was die Ausstattung betrifft, die auf Dotierungen begründet ist, werden die Leute viel eher auf die Rechnung kommen, wenn sie andere Schulen anschauen. Wir könnten uns höchstens der Gefahr aussetzen, daß sie uns sagen werden, wir haben nichts gesehen, und Lehrmittel, die durchaus nicht etwa reichlich sind. Gebt uns unser Geld zurück!

Bezüglich der Eurythmie ist festzuhalten, daß wir das Tunlichste gemacht haben, um zu zeigen, wie es mit der Eurythmie steht. Wir haben Veranstaltungen gemacht, in denen man sehen kann, wie die Waldorfschulkinder eurythmisch sich betätigen. Solche Veranstaltungen werden hoffentlich auch weiter gemacht werden. Das kann die Gelegenheit sein, bei der man sich überzeugen muß, was in der Eurythmie durch die Waldorfschulkinder geleistet werden kann. Es erscheint mir aus pädagogischen Gründen tatsächlich untunlich, daß in bezug auf die Eurythmie irgendeine Ausnahme gemacht würde für dasjenige, was dem Unterricht gegenüber überhaupt gilt.

Es ist bisher in der weitgehendsten Weise jedem berechtigten Wunsch entgegengekommen worden, sich zu informieren über das, was in der Waldorfschule vorgeht. Es ist in der weitgehendsten Weise auch ein nicht immer wünschenswerter Gebrauch gemacht worden von der Möglichkeit, die Waldorfschule zu besichtigen.

Es kann im Grunde genommen in bezug auf diese Sache etwas Gesundes nicht herauskommen, wenn bezüglich der Handhabung des Verkehrs mit der Außenwelt und der Besichtigung irgendwie eine andere Weisung möglich ist als diejenige, die durch die Leitung der Waldorfschule und das Lehrerkollegium möglich ist. Mir scheint es unmöglich zu sein, daß die Leitung der Schule irgendwelche Weisung erhalten würde von einem Verein. Hier handelt es sich darum, daß auch bezüglich dieser Sache nur das sachgemäße Urteil des Lehrerkollegiums in Betracht käme, so daß es mir gar nicht nötig schien, im Schoß des Waldorfschul-Vereins irgendwie darüber abzustimmen, ob man es gestatten soll oder nicht. Es müßte das durchaus vom Lehrerkollegium abhängen, wie man diese Sache handhabt. Es ist wohl auch kein Antrag gewesen.

. . . Das geht nicht, daß das, was ich im ersten Teil gesagt habe, daß der Geist der Waldorfschule vor Besucher hingetragen wird. Das muß entwickelt werden im Unterricht. Das läßt sich auf keine Weise machen, als auf den Wegen, auf denen es bisher gesucht worden ist. Das, was der Geist der Waldorfschule ist, wird nicht anders vor die Öffentlichkeit gebracht werden können, als wenn diejenigen, welche Kinder haben, die Erziehungsideale kennenlernen, wenn die Elternschaft und auch andere, die damit zusammenhängen, in der Öffentlichkeit zeugen. Auf eine andere Weise gibt es keine Möglichkeit, daß der Geist der Waldorfschule beachtet wird.

Ich kann die Versicherung geben, da ich weiß, daß der Vorschlag aus gutem Willen hervorgeht: in den bisherigen zwei Jahren sind wir nach jeder Richtung entgegengekommen. Wir müssen scharf darüber wachen, daß nicht neugierige Leute kommen. Wir werden auch in der Zukunft niemanden, der eine Berechtigung hat, die Schule kennenzulernen, abweisen.

Und da wir dann am Ende der Versammlung angekommen sind, gestatten Sie mir noch, daß ich im Namen des Vorstandes den herzlichen Dank dafür ausspreche, daß Sie diese erste Versammlung besuchen wollten. Ich hoffe, daß Sie an den Erfahrungen, die Sie werden machen können, das erleben werden, was Sie befriedigt, angesichts des Interesses, das Sie heute an den Tag gelegt haben durch Ihr Erscheinen. In diesem Sinne danke ich Ihnen im Namen des Vorstandes des Waldorfschul-Vereins für Ihr Erscheinen und erlaube mir, die erste ordentliche Mitgliederversammlung zu schließen.

ANSPRACHE BEI DER FEIER ZUM BEGINN DES DRITTEN SCHULJAHRES

18. Juni 1921

Meine lieben Kinder! Zuerst spreche ich zu diesen Kindern, die heute zum erstenmal bei uns sind und die in den nächsten Tagen drüben in der Waldorfschule sich zusammenfinden werden mit den lieben Lehrern.

Meine lieben Kinder! Ihr habt bisher eure Zeit im Elternhaus zugebracht. Ihr seid von euren lieben Eltern gepflegt worden. Eure lieben Eltern haben für euch herzlich gesorgt, und ihr braucht nur ein bißchen nachzudenken – soviel könnt ihr schon nachdenken –, wie eure Eltern angefangen haben zu sorgen für euch an jedem Morgen, wie sie gesorgt haben dafür, daß ihr euer leibliches Wohl finden könnt, daß ihr – es ist so notwendig zum Leben –, daß ihr euer Frühstück und Mittagsmahl bekommt, wie sie dafür gesorgt haben, daß ihr auch Freude am Leben habt, daß ihr spüren könnt, wie ihr euch erfreuen könnt an Blumen, an Pflanzen, an allem, was es in der Welt Schönes gibt. Und ihr, meine lieben Kinder, könnt schon daran denken, wie es euch immer so wohl ums Herz war, wenn eure lieben Eltern dieses oder jenes liebe Wort zu euch gesprochen haben. Ihr habt vielleicht nicht immer gedacht: Wir müssen für dasjenige, was da unsere lieben Eltern für uns besorgen, herzlich dankbar sein –, aber ich möchte euch heute, wo ihr die Schule betretet, wo wirklich etwas recht Wichtiges für euch vorgeht, ich möchte heute euch sagen, daß ihr um so bessere Kinder seid, je mehr ihr für alle Liebe, die euch eure Eltern tun, die sie bestrebt sind, immer weiter zu tun, je mehr ihr für alle diese Liebe immer dankbar seid, immer Dankbarkeit im Empfangen zeigt.

Und immer während dieser Zeit sagten sich eure Eltern: Unsere Kinder werden einmal so große Leute, wie wir selbst sind. Wir haben einmal lernen müssen, daß wir erst durch das Lernen haben sorgen können für die Kinder, wir haben lernen müssen zu arbeiten! – So seht ihr, liebe Kinder, wenn man arbeiten will, muß man auch denken. – Wir haben lernen müssen, zu denken! – Und da faßten eure Eltern den

Gedanken, wohin schicken wir unsere Kinder, damit sie tüchtige Leute werden können, damit sie auch einmal sorgen können für Arbeit, damit sie im Leben sich forthelfen können? Da haben sie den Gedanken gefaßt, euch zu uns in die Waldorfschule zu schicken, weil sie glauben, daß ihr hier in der Waldorfschule etwas lernen könnt, um tüchtige Menschen zu werden. Ihr sollt daran denken, daß eure Eltern euch hierhergeschickt haben, damit ihr einmal arbeiten könnt. Man kann nicht, ohne zu denken, arbeiten. Damit ihr das wißt, sollt ihr euch vornehmen: Ja, wir wollen in der Waldorfschule arbeiten!

In der Waldorfschule hat man gesorgt dafür, daß ihr etwas lernen könnt, und man hat dafür gesorgt, daß ihr dasjenige, was ihr eigentlich gerne gehabt habt, auch finden könnt in der Waldorfschule. Es ist so gewesen, daß ihr das oder jenes von den Eltern bekommen habt, dies oder jenes Geschenk, oder manches liebe Wort, und da habt ihr dann gesagt oder gedacht und empfunden: Das ist aber schön! – Nun seht ihr, wenn ihr in den nächsten Tagen in die Waldorfschule geht, dann werdet ihr vielleicht, wenn ihr es recht versteht, auch sagen können: Das ist aber schön! Das ist aber ein schönes Geschenk, das unsere Eltern uns gegeben haben, daß wir in die Waldorfschule kommen!

Ihr werdet oftmals erfahren, daß es ein schönes Geschenk ist. Denn seht ihr, über die Waldorfschule haben wir uns zu sorgen. Die Lehrer sind Menschen, die haben sich viel gesorgt. Sie haben sich gesorgt, daß die Kinder sagen können: Das ist aber schön! – Am besten werden die Kinder das fühlen, daß sie sagen, das ist schön in der Waldorfschule, weil wir gesorgt haben, daß ihr recht liebe Lehrer und Lehrerinnen habt. Ihr werdet liebe Lehrer und Lehrerinnen finden, die haben euch recht lieb. Eigentlich werdet ihr am meisten lernen, wenn ihr eure Lehrer und Lehrerinnen recht lieb habt. Das ist dasjenige, worauf ihr schauen müßt, daß ihr eure Lehrer und Lehrerinnen recht, recht lieb habt. Dann kommt auch das, daß ihr ordentlich lernt.

Deshalb ermahne ich euch ganz besonders: Seht darauf, wie alles so lieb sein wird, was euere Lehrer und Lehrerinnen zu euch sagen werden. Wenn ihr sie recht lieb habt, dann werdet ihr das tun, was sie wollen. Dann werdet ihr recht viel lernen. Ich glaube, ihr werdet oftmals sagen können: Aber das ist schön, daß uns unsere Eltern in die Waldorfschule geschickt haben! – Und ihr werdet auch, wenn ihr in unsere Schule kommt und da sitzt, immer fühlen können, daß ihr eure Lehrer und Lehrerinnen recht, recht lieb habt.

Seht, ihr seid ja oftmals abends müde, und wart oftmals müde, und dann mußtet ihr euch schlafen legen, und morgens wacht ihr wieder auf. Während ihr schlaft, da seht ihr nichts, da hört ihr nichts, da werdet ihr gestärkt bis zum Morgen. Da wachen andere Geisteswesen, das könnt ihr heute noch nicht verstehen; deshalb müßt ihr in die Schule gehen, damit ihr die Dinge verstehen lernt, die ihr heute noch nicht versteht – da wachen Geisteswesen. Diesen Geisteswesen, denen muß der Mensch sich ergeben können; er muß dasjenige lieben und verehren lernen, was er nicht sieht. Und das will euch die Waldorfschule geben, damit ihr gute und denkende, arbeitsame und auch fromme Kinder werdet. Ihr sollt in der Waldorfschule fromme Kinder werden, Kinder, die sich bewußt sind, daß der Mensch auch etwas, was man nicht sieht, in seinem Inneren hat. Und wie gesagt, wenn ihr auch vieles von dem nicht verstanden habt, darum kommt ihr in die Waldorfschule, und ihr werdet das verstehen lernen. Man muß es verstehen, sonst kommt man im Leben nicht vorwärts.

Von euch wende ich mich zu den Eltern, die euch hierher geschickt haben, und danke ihnen namentlich für das Vertrauen, das sie der Waldorfschule entgegenbringen dadurch, daß sie ihr Liebstes hereinschicken in diese Waldorfschule. Ich möchte diesen Eltern die Versicherung geben, daß diejenigen, die den Geist der Waldorfschule vertreten wollen und ausführen wollen, daß diese sich bewußt sind, wie sie eine große, eine unermeßliche Verantwortung damit auf sich nehmen, daß ihnen die Eltern ihr Liebstes hereinbringen, damit dieses Liebste tüchtig wird im Leben. Es steht zu hoffen, daß dasjenige Vertrauen, das Sie jetzt der Waldorfschule entgegenbringen, größer werden kann, je mehr Sie sehen werden, wie die Waldorfschul-Lehrerschaft sich bemüht, nach dem zu trachten, in den Fortschritten und in der Ausbildung Ihrer Kinder in geistiger, leiblicher und seelischer Beziehung dasjenige zu leisten, was Sie erwarten, indem Sie sich zu dem wichtigen, bedeutungsvollen Entschluß aufgerufen haben, Ihre Kinder in die Waldorfschule hereinzubringen. Dasjenige, was sich in der Waldorfschule seit zwei

Jahren herausentwickelt hat, bietet genügend Anlaß, die Hoffnung zu hegen, daß dieses Vertrauen wirklich sich wird als ein berechtigtes durch die Tat erweisen lassen. Die Taten werden es sein, die Taten unserer Waldorflehrerschaft, welche zu rechtfertigen haben das Vertrauen, welches Sie in dieser Zeit der Schule entgegenbringen, indem Sie ihr Ihr Liebstes vertrauen. – Wenn ich noch nicht ganz verständlich für unsere lieben Kinder spreche, sie werden sich das merken, sie werden das wieder aufgreifen.

Nachdem ich dies zu unseren jüngsten Kindern, die erst ihre junge Lebensbahn, Lebensschulbahn beginnen, gesprochen habe, wende ich mich mit einigen Worten zu unseren älteren Kindern, die schon ihre Schulzeit zum Teil bei uns verbracht haben. Und diese möchte ich zuerst mit dem Wort ansprechen, das mir namentlich, wenn ich hierhergekommen bin, liebgeworden ist dadurch, daß es eine unmißverständliche und eindeutige Antwort gefunden hat. Ich möchte nun, nachdem ich zu den jüngsten Kindern gesagt habe, sie möchten sorgen, ihre Lehrer lieb zu bekommen, unsere älteren Kinder, die schon da waren, fragen: Habt ihr sie lieb?, daß die Älteren es sagen, die schon wissen, wie es ist in der Waldorfschule. [Die Kinder antworten: Ja!] Ihr habt eure Lehrer lieb, weil das so recht ist, weil die Lehrer sich so zu euch verhalten werden, daß ihr sie lieb haben werdet.

Zu den älteren Kindern möchte ich dieses sagen: Ihr werdet ja dieselben Lehrer und Lehrerinnen finden in der neuen Klasse, die ihr in der alten Klasse gehabt habt. Ihr werdet fortsetzen, was ihr gelernt habt in den früheren Klassen, und ihr sollt dennoch denken, was es bedeutet, in eine neue Klasse aufzusteigen. Ihr sollt bedenken, daß uns jedes solche Aufsteigen erinnern kann, wie wir im Leben immer älter und älter werden. Gerade an dem heutigen Tage, wo ihr eine neue Schulklasse betretet, sollt ihr ein wenig zurückblicken auf die Zeit, wo ihr jünger wart: Ihr sollt bedenken, was ihr alles heute wißt durch dasjenige, was in der Schule euch gebracht worden ist, und sollt denken, indem ihr um eine Klasse aufsteigt, daß ihr da auch in die Zukunft sehen müßt, und die Zukunft, meine lieben Kinder, das ist dasjenige, was wir uns oft vorhalten wollen im Leben, was ihr euch vorhalten sollt im Leben.

Wenn ihr hinausgeht auf die Straße, da seht ihr, wie die alten Leute um euch herum sind, wie die alten Leute von dem Haus zur Arbeit gehen, wie sie von der Arbeit nach Hause gehen, wie sie zu allerlei Dingen gehen, die im Leben besorgt werden müssen. Wenn ihr hinausgeht auf die Straße, da seht ihr jüngere Leute, solche, die aus der Schule gekommen sind und zum erstenmal dasjenige anzuwenden haben, was sie in der Schule gelernt haben. Ihr seht noch ältere Leute, die schon vom Leben auch etwas gelernt haben, die im Leben Leid und Freud erfahren haben. Und wenn ihr dann angesprochen werdet in der einen oder anderen Weise von älteren Leuten, dann werden sie sagen: Wir haben vom Leben viel gelernt dadurch, daß wir in der Schule etwas Ordentliches gelernt haben, daß wir in der Schule vorbereitet worden sind zu eigentlich Arbeitenden, zur eigentlichen Menschheit vorbereitet worden sind. – Ihr werdet kaum einen Menschen, der ernsthaftig das Leben auffaßt, finden, der nicht zurückdenkt an seine Schulzeit so, daß er sich sagt: Was wäre ich, ohne daß ich in der Schulzeit von der liebenden Lehrerschaft gepflegt worden bin, damit ich dasjenige aufnehme, was man aufnehmen kann, wenn man jung ist, was einem weiterhilft im Leben, was einem eine starke Stütze im Leben ist. – Ihr findet Leute, die mit grauen Haaren herumgehen, die schon gedrückt sind von dem Leben und reifer geworden sind, die meistens, wenn sie am Lebensabend angekommen sind, dann, wenn sie Kinder sehen, zurückdenken an die eigene Kindheit, zurückdenken, wie sie auf der Schulbank gesessen sind, und jetzt erst einsehen und recht empfinden, was es war durch ihr ganzes Leben hindurch, was sie von der Schulbank ins Leben mitgebracht haben.

Es kann heute gesagt werden, wenn ihr eure Lehrer lieb habt, wenn ihr fleißig gewesen seid, während ihr auf der Schulbank gesessen habt, dann werdet ihr, wenn ihr alt geworden seid, die allergrößte Freude haben, daß ihr in dieser Weise in der Schule wart. Die Waldorfschule möchte dafür sorgen, daß ihr das ganze Leben etwas habt, wenn ihr an sie zurückdenkt, daß ihr etwas habt, wenn ihr dasjenige anwendet im Leben, was in der Waldorfschule an euch herangekommen ist. Die Waldorfschule möchte euch nicht bloß erbauen, die Waldorfschule möchte abwechseln lassen die Schwere der Arbeit, die schon da sein muß, mit Freude und dem, was euch im Leben Freude bringen kann.

Die Waldorfschule möchte dies euch allen geben. Ihr werdet sehen, daß man die größte Freude haben kann, wenn man etwas Schweres gearbeitet hat, wenn man etwas Schweres gelernt hat. Ihr müßt nicht glauben, daß das durchaus richtig ist, wenn die Leute sagen, die Schule soll alles nur zur Freude machen. Man kann nicht immer als Lehrer es so einrichten, daß die Schüler alles nur wie im Spiele lernen. Ihr werdet das Lernen nicht bloß zu einem Spiel gemacht finden. Ihr werdet es auch schwer haben; aber wenn ihr seht, wie eure Lehrer dafür sorgen, daß auch das Schwere herankommt, da werdet ihr euch freuen können auch darüber, wie ihr die Schwierigkeiten überwindet. Ihr werdet euch dann auch freuen können, daß ihr in der Waldorfschule seid, daß ihr in der Weise aufnehmen könnt, was ihr aufnehmen müßt für das Leben. Und diejenigen, die länger da sind, werden gemerkt haben, daß wirklich mit aller Kraft angestrebt wird, daß die, die hier durch die Waldorfschule gehen, auch zu Menschen gemacht werden, die Sinn haben für wirklich echte menschliche Frömmigkeit, für ein Hinaufschauen zur geistigen, übersinnlichen Welt. Ihr werdet das Wort Geist und übersinnliche Welt immer mehr verstehen lernen, je mehr ihr so aufrückt von der einen Klasse zur anderen.

Also versucht einmal so recht am heutigen Tage zu denken, wie die Menschen älter werden, wie euch das, daß ihr selbst aufsteigt, äußerlich offenbart, wie der Mensch älter wird; wie es euch daran erinnert, daß ihr so in der Schule stehen müßt, daß ihr deshalb um eurer selbst willen, aus der Liebe zu eurer Lehrerschaft heraus, auf Aufmerksamkeit und schönen Fleiß merkt, daß ihr euch erarbeitet, was ihr für das Leben braucht.

Eure Lehrer machen es sich zur Sorge in jeder Stunde des Tages und der Nacht, wie sie dasjenige am besten an euch heranbringen, was ihr für das Leben braucht. Sie suchen mit allen Gedanken, die sie nur haben können, mit einem starken Willen suchen sie, wonach euch Bedürfnis ist, was schwer sein muß, trotzdem so leicht als möglich zu machen. Würden sie es euch im Spiele beibringen wollen, dann würdet ihr nicht tüchtige Leute für das Leben werden. Im Leben ist manches schwer, aber ihr werdet es überwinden, wenn ihr als Kind schon lernt, Schwierigkeiten zu überwinden.

Ihr werdet in der richtigen Weise ins neue Schuljahr eintreten. Ihr werdet manches Neue lernen, es wird manches, das an euch herantritt, euch neue Freude machen. Manches wird euch zeigen, wie groß, wie herrlich, wie umfassend alles dasjenige ist, was in der Welt ist, in die die Menschen hineingestellt werden. Ihr werdet lernen, daß das, was da herunterglänzt von Mond und Sternen, was sich äußert und offenbart, diese Welt, die zu uns spricht, wenn die Pflanzen im Frühling aus der Erde heraus grünen, in den tiefen Tälern, in den Formen der Berge und in den Gesteinen, daß es uns auffordert, Hand anzulegen, um das Möglichste hervorzubringen. Das alles fordert uns auf, daß wir von der Welt etwas verstehen lernen, um in ihr zu arbeiten. Ihr werdet durch das, was in der neuen Klasse gebracht wird, um so besser verstehen lernen, wie herrlich, wie groß diese Welt ist, diese göttlichen Taten von hohen Wesenheiten; ihr werdet verstehen lernen, daß es im Wesen des Menschen liegt, daß er sich hineinstellt in diese Gotteswelt, daß er sich hineinstellt arbeitend in diese Gotteswelt, so wie er arbeiten kann, wenn er etwas gelernt hat. Es wird der Augenblick kommen, wo man hinausschaut auf die Welt, auf die fleißigen Leute, die so viel arbeiten, und wenn man selbst nicht tüchtig ist, und man selbst nichts Ordentliches gelernt hat, wo man sich sagen muß: Was bin ich, wenn ich alt geworden bin, wenn ich als Kind mich unnütz gemacht habe? – Dieser Augenblick kommt. Denkt daran, indem ihr alt werdet, daß ihr diesen Augenblick durchaus vermeiden könnt. Denkt daran, daß ihr um so größer im Leben dastehen werdet, je weniger ihr dasjenige abweist, was eure Lehrer in Liebe zu euch von euch wollen, von euch verlangen. Denkt daran an jedem Morgen, wenn ihr zur Schule geht, denkt an diesen Augenblick, und ihr werdet dadurch, daß ihr aufmerksame Schüler seid, einmal tüchtige Menschen werden und euch nichts im Leben vorzuwerfen haben.

Und, meine lieben Kinder, heute in diesem ernsten Augenblick muß an noch etwas anderes erinnert werden. Ihr werdet gesehen haben des öfteren schon, wie, nachdem der Mensch seine grauen Haare bekommen hat, nachdem er die Müdigkeit bekommen hat, nachdem das Alter an ihn herangetreten ist, wie er hinausgetragen wird, wie sein Leib versenkt wird, wie das Lebensende herankommt. Das ist nur ein äußeres Ende.

Wenn dieser Moment an den Menschen herankommt, dann steigt seine unsterbliche Seele zu dem Geiste empor, den wir alle kennen. Wie ihr jetzt leiblich seid, so werdet ihr einmal Geist sein. Auch dazu, obwohl der Mensch sich vorbereiten soll zur ernsten Weltarbeit, auch dazu muß sich der Mensch vorbereiten, daß er hineindringen kann in diese Welt, in der er sein muß als Geist, ebenso wie er hier in dieser physisch-sinnlichen Welt als Leib ist. Der Leib wird krank, wenn er irgendwelchen Schaden von der Außenwelt erleidet, wenn die Witterung ihm Schaden zufügt, wenn ein Schaden aus seinem Inneren aufsteigt. Wenn der Leib nicht heranwachsen kann, das mag für manchen ein böses Schicksal sein. Ein viel böseres Schicksal ist es, wenn der Mensch seine Seele nicht richtig wachsen läßt. Während ihr in der Schule vorbereitet werdet für ein tüchtiges Arbeiten, wird immer mehr hingeleitet in dasjenige, was ihr aufnehmt, das, daß ihr auch in der Seele im Geiste der Menschheit wachsen könnt; daß ihr nicht nur vor den Menschen und der Welt tüchtige Leute werdet, daß ihr tüchtige Leute werdet vor Gott und der geistigen Welt. Dieser Geist, ihr werdet ihn schon erlebt haben in der Waldorfschule, in diesem Geist sollt ihr bleiben, immer mehr sollt ihr euch bewußt werden dieses Geistes, je älter ihr werdet.

Wenn ihr von dem Jahresanfang zu dem Ende aufsteigt, wächst eure Arbeit damit, die Sorgen werden damit größer. Deshalb betrachtet einen solchen Moment als etwas besonders Wichtiges, etwas, was euch erinnert, wie der Mensch in der Gotteswelt darinnensteht, wie ihr tüchtig werden müßt an Leib, Seele und Geist, wie ihr in diesem tüchtigen Streben nach Wachstum und Gesundheit eures Geistes, eurer Seele und eures Leibes gedenkt. Denn dieser Gedanke wird euch helfen. Ihr werdet es dazu bringen, daß er an jedem Morgen euch Kraft gibt, damit ihr in der richtigen Weise eure Taten und Ziele zubereitet. Dann werdet ihr am Abend mit Befriedigung daran denken. Ihr werdet schlafend hinübergehen können in Gottes Geisteswelt, wenn ihr euch sagen könnt: Ich habe meine Pflicht in der Schule getan. – Immer mehr müßt ihr lernen durch dasjenige, was ihr in der Waldorfschule erlebt, was das Wort «Pflicht» auch heißt, wie die Pflicht hineinspielt in die Liebe zur Arbeit. Das müßt ihr in der Waldorfschule schon lernen. Durch das alles werdet ihr tüchtige Menschen.

Das sage ich zu denen, die schon in höheren Klassen sind, die schon in ein reiferes Alter eintreten, die schon näher dem Leben stehen, in dem sie selbständig wirken müssen. Ihr, meine reiferen Kinder, ihr müßt daran denken, daß das euch betrifft, was ich jetzt ausgesprochen habe. Gerade diejenigen, die in die höheren Klassen aufsteigen dürfen, sie dürfen aufsteigen durch ein besonderes Schicksal, das ihnen gewährt, mehr zu wissen, als manche andere noch wissen können. Und die in die höheren Klassen aufgestiegen sind, haben sehen können diejenigen, welche jetzt schon in jugendlichem Alter dazu berufen sind, draußen in der Welt zu arbeiten. Ihr habt mit ihnen auf der Schulbank gesessen, behaltet sie lieb. Betrachtet sie als eure Freunde und Freundinnen, denkt an sie! Dadurch, daß ihr in der rechten Weise an sie denkt, wird das Leben vorwärtsgebracht. Lernt nicht nur Unterrichtsgegenstände, nicht nur etwas, was unmittelbar in euch wächst und gedeiht, lernt die anderen lieben, lernt einander kennen, lernt euch einander als Schüler recht lieben. Lernt, daß die Menschen füreinander da sind, daß der Geist-Schöpfer der Welt am meisten bestrebt ist, durch das zu wirken, was die Menschen gegenseitig an Liebe einander entgegenbringen. Am schlimmsten steht es in der Schule, wenn die Schüler sich nicht lieb haben. Versucht aber, in jedem eurer Mitschüler etwas Liebes herauszufinden – in jedem Menschen ist etwas, was man lieben kann –, lernt in jede Klasse jene Wärme hineinzutragen, die sich durch Liebe ausspricht. Wenn ihr das lernt, dann werdet ihr durch das, was ihr euch auf diese Art angeeignet habt, vieles hinaustragen in das Leben.

Nun möchte ich mich mit einigen Worten auch an die Eltern wenden, die ihre Kinder schon in der Waldorfschule gehabt haben. Sie werden manches nachgedacht haben über die Art, wie in der Schule gearbeitet wird. Sie werden vielleicht schon sehen können, daß in der Waldorfschule so gearbeitet wird, daß man ein Herz hat für die großen Zivilisationsbedürfnisse der Gegenwart. Gelastet hat auf den Menschen, die die Waldorfschul-Idee in die Welt gesetzt haben, dasjenige, was so weit geführt hat, daß wir das große Unglück vom Beginn des 20. Jahrhunderts erlebt haben, das große Morden und das Elend, das damit verbunden ist. Und derjenige, der das alles mit unbefangenem Sinn betrachtet, meine sehr verehrten Anwesenden, der weiß, wie die Gesinnung, wie die

Denkungsart, wie das, was in der Menschen Gedanken und Herzen lebt, der Ursprung ist von dem, was äußerlich geschehen ist; er weiß, wie an Seele und Geist der Menschheit gearbeitet werden muß, damit sie zu Aufsteigekräften aus den Weltniedergangskräften übergeführt werden. Aus den großen Zeitgedanken ist der Waldorfschul-Gedanke geboren, und unter dieser Verantwortlichkeit wird gewirkt. Man möchte ganz und gar sich durchdringen in der Waldorfschule mit dem Gedanken, was es heißt, in die kindlichen Herzen das zu legen, was in den nächsten Jahrzehnten herauskommen muß zum Heile der Welt.

Ich möchte hier immer aufrufen das Verantwortlichkeitsgefühl, das darin liegt, für diese nächste Zukunft der Menschheit zu sorgen. Meine sehr verehrten Anwesenden, es ist leicht, im abstrakten Sinne von großen Idealen zu sprechen. Es ist leicht zu deklamieren, wie die Menschheit dem Wahren, Schönen und Guten zustreben muß. Aber nicht davon kommt das Heil und Glück der menschlichen Entwickelung, daß wir in großen Worten von fernsten Zukunftsidealen und Utopien sprechen und schöne Worte machen über dasjenige, was in nebelhafter Ferne noch schwebt, unbestimmt und unklar, was wir aussprechen, damit wir eine Wollust in der Seele fühlen. – Darin liegt das Wirken zum Heil und zum Glück und zur Lebensfähigkeit im sozialen Leben, daß wir ganz im einzelnen die Aufgaben angreifen, die uns das Leben stellt. Wenn wir richtig denken können über Ideale, über Ideen, dann sind Ideen jedem heilig. Wenn wir von Idealen nicht sprechen wie von unbestimmten, nebulosen Dingen – das ist mit hohlen, mit leeren Worten gesprochen –, wenn wir mit Idealen so herumwandeln werden, indem wir uns bewußt sind, daß wir in der ganz konkreten Arbeit an diesen Idealen arbeiten, dann trägt man viel mehr als durch schönes Gerede gerade zum Fortschritt und zur Entwickelung der Menschheit bei.

In dieser richtigen Welterkenntnis, in diesem aufmerksamen Erlauschen desjenigen, was die Welt fordert, in dem liegt das, worin die Waldorfschul-Lehrer und -Lehrerinnen so recht ihr Verantwortlichkeitsgefühl entfachen möchten, in dem sie leben möchten. Aus diesem Geiste heraus möchte ich, daß Kräfte erwachsen, immer im einzelnen Moment das Richtige zu tun. Es werden die Kräfte, im einzelnen Moment das Richtige zu tun, nur erwachsen, wenn man auf das Ganze zu sehen vermag. Man ist im Leben knochenlos, geistig knochenlos, wenn man nicht in der Lage ist, in dieser Weise an die wirklichen Ideale zu denken und zu arbeiten, wenn man in unbestimmten Worten, in nebelhaften Idealen spricht. So möchte ich mit einigen konkreten Worten sprechen von den Kräften, die in den Herzen und Seelen unserer Lehrer sind, mit denen sie rechtfertigen wollen das Vertrauen, das die Eltern ihnen entgegenbringen, mit denen sie beweisen können, daß es nicht ein blindes Vertrauen ist, sein Kind in die Waldorfschule zu schicken, daß es auf Verständnis beruht, wenn wir versuchen, für die nächste Generation zum Heile und zum Glück der Menschheit zu sorgen.

Wir erfüllen immer mehr, indem wir so denken und nach diesen Gedanken handeln, nicht bloß eine Lieblingsidee, ein Lieblingsgefühl, wir vollführen heute eine Zeitaufgabe; wir verstehen, indem wir so handeln, dasjenige, was wir tun müssen, damit die Menschheit aus dem großen Elendszeitalter zu einem anderen Zeitalter vorrückt. Wir verstehen dasjenige, was werden kann, wenn wir verständnisvoll unsere Jugend leiten lassen wollen, daß Herz und Sinn für solche Leitung der Jugend in die nächste harte Zukunft hineinragt.

Aus diesem Geiste heraus möchte ich mich an die lieben Freunde, die Lehrer, wenden. Wir haben zusammengearbeitet, wir haben uns bemüht, diesen Geist in die Waldorfschule hineinzutragen. Wir dürfen uns heute mit aller Selbstprüfung sagen: es ist einiges gelungen, dasjenige, was wir uns vorsetzten, in einer gewissen Weise auszubilden, so daß der Vorsatz von vor zwei Jahren schon zur Handhabung geworden ist. Er wird es noch mehr werden; indem sich die Lehrerschaft, getragen von diesem Geiste, hineinfinden wird in ihre Aufgaben, wird immer mehr und mehr die äußere Handhabung des Waldorfschul-Unterrichts und die Handlungsweise durchdrungen werden von diesem Geiste. Es wird dann dadurch, daß unsere Lehrerschaft selbst mit jedem Tage sich bemüht, die Kunst kennenzulernen, wie man dasjenige, was im Waldorfschul-Geist liegt, ins äußere Leben hineinbringt, es wird dadurch dieser Waldorfschul-Geist immer mehr wirklich werden und zum äußeren Dasein immer mehr gedeihen und wird wachsen und wird vielleicht noch durch sein Wachsen auch andere mit sich ziehen.

Das ist das Wichtige, daß dieser Waldorfschul-Geist Vorbild ist, daß man ihm nachfolgt. Wir können nur wenig tun; es ist wenig im Vergleich zu dem, was die Menschheit bedarf. Es kann vorbildlich wirken, wenn immer mehr dasjenige getan wird, wenn Sie sich bemühen, das zu tun, was auch das Verständnis der Elternschaft gefunden hat. Dann wird sich der Waldorfschul-Geist von der Waldorfschule in unser ganzes Zivilisationsleben hineinbringen lassen.

Dafür sage ich Euch in diesem Augenblick, wo unsere lieben Lehrer neue Aufgaben sich stellen müssen, ich sage allen Dank. Ich sage Ihnen Dank, weil ich mit angesehen habe, wie Sie an sich selbst gearbeitet haben und sich damit beteiligt haben an dem Fortschritt des guten Geistes in der Waldorfschule.

In diesem Dankgefühl werden wir weiter zusammenarbeiten, und wir werden versuchen, daß jeder einzelne immer mehr den anderen versteht, so daß der Lehrkörper ein Ganzes wird. Eine Schule ist nur dann etwas, was vollständig ist, wenn es ein Organismus ist, aus dem eine einheitliche Geist-Seele herauswächst. Solches versprechen wir heute den Eltern, solches werden wir uns vornehmen als Vorsatz für die Zukunft, und wir hoffen, daß es zur Tat werden wird, wie schon einiges zur Tat geworden ist.

Nachdem ich mich mit diesen Worten an Euch alle gewendet habe, möchte ich dasjenige zusammenfassen in ein paar Worte, die vielleicht hier ausgesprochen werden dürfen, weil sie sozusagen umrahmt sind von dem Geiste der Waldorfschule, die selbstverständlich eine Anmaßung werden, wenn sie ausgesprochen würden, um zu charakterisieren, was durch die Waldorfschule geschehen ist, die aber eine Bedeutung haben, wenn wir sie nicht aussprechen wie einen Befehl oder wie etwas, was man einhämmern will, sondern die wir uns selbst sagen, uns selbst, damit die Kräfte noch größer werden, wie wir es versuchten in den verflossenen zwei Jahren. Indem wir wissen, wie sich in einem einzelnen Arbeitsfelde im Kleinen dasjenige ausdrückt, was in der Welt geschehen will, sagen wir, nicht anmaßend, sagen zu uns selbst, die wir vereint als Kinder, als Eltern, als Lehrer für das Gedeihen der Waldorfschule zusammenwirken wollen, sagen wir zu unseren Herzen:

Vorwärts im rechten Geiste der Waldorfschul-Idee!

Das ist es, was ich den Geistern, den Seelen und namentlich den Herzen aller zurufen möchte, aus dem Herzen heraus, an dem heutigen Tage, wo wir unsere Schüler zu einem neuen Schuljahr führen.

ANSPRACHE BEI DER GRUNDSTEINLEGUNG FÜR DAS NEUE HAUS DER WALDORFSCHULE

16. Dezember 1921

Mein lieber Freund Molt, der Sie den ersten Gedanken zu dieser Schule als Begründer gefaßt haben und ihr seit ihrer Begründung auch Ihre Mitwirkung zugewendet haben, sehr verehrter Herr Weippert, der Sie Ihre baumeisterliche Kraft in den Dienst des Schulbaues gestellt haben, meine lieben Freunde von der Lehrerschaft, die Sie sich entschlossen haben, hier an dieser Schule, an ihrem Ausgangspunkte, in hingebungsvoller Weise zu wirken, Sie alle, von dem Waldorfschul-Verein, vom Aufsichtsrat und dem Direktorium des Kommenden Tages, die Sie Ihre Sorgfalt und Mitwirkung und Überschau widmen dieser der Menschheit Heil gewidmeten Stätte, und auch diejenigen, welche vom Bund für Dreigliederung des sozialen Organismus sich die Aufgabe gestellt haben, den Keim für ein freies Geistesleben in dieser Schule hier zu beschützen, und ihr, meine lieben Kinder, Schüler und Schülerinnen dieser Schule, die ihr den ersten Unterricht gewissermaßen und die erste Menschenerziehung hier in dieser Schule genießen dürft: an Euch alle wende ich mich in diesem Augenblick, wo es gilt, daß wir mit dem Schicksal dankbarem Herzen den Grundstein zu legen haben für den Schulbau, der durch die Sorgfalt aller beteiligten Kreise für unsere Kinder und die Schülerschaft hier zustande gekommen ist. Da wir diesen Grundstein zu legen haben, geben wir diesem Grundstein mit die Worte, welche hier auf der Urkunde, die in diesem Grundstein nach altehrwürdiger Sitte in die Erde versenkt wird, geschrieben stehen:

Es walte, was Geisteskraft in Liebe,
Es wirke, was Geisteslicht in Güte
Aus Herzenssicherheit
Und Seelenfestigkeit
In jungen Menschenwesen
Für des Leibes Arbeitskraft,

Für der Seele Innigkeit,
Für des Geistes Helligkeit
Erbringen kann.
Dem sei geweiht diese Stätte.
Jugendsinn finde in ihr
Kraftbegabte, lichtergebene
Menschenpflege.
In ihrem Herzen gedenken
Des Geistes, der hier walten soll,
Die, welche den Stein
Zum Sinnbild hier versenken,
Auf daß er festige die Grundlage,
Auf der leben, walten, wirken soll,
Befreiende Weisheit,
Erstarkende Geistesmacht,
Sich offenbarendes Geistesleben.
Dies möchten bekennen
In Christi Namen,
In reinen Absichten,
In gutem Willen:

Emil Molt, Weippert, Rudolf Steiner, Marie Steiner, die Mitglieder der Lehrerschaft, des Waldorfschul-Vereins, des Aufsichtsrats, des Direktoriums des Kommenden Tages, des Bundes für Dreigliederung des Sozialen Organismus.

[Alle hatten namentlich unterschrieben.]

Diese Urkunde wird hier in das Pentagondodekaeder versenkt, und mit diesem Pentagondodekaeder, welches ist das Sinnbild für die wirkende Kraft des Menschenherzens und Menschengeistes, die wir mit aller Kraft anwenden wollen auf alles das, was gewirkt wird in dieser Schule, in diesem Pentagondodekaeder wollen wir diese Urkunde in die Erde versenken.

Mein lieben Freunde, meine lieben Kinder, Schüler und Schülerinnen der Freien Waldorfschule!

Aus dem Geiste unserer Zeit heraus ist die Waldorfschule in einer Zeit der schweren Sorgen begründet worden. Das große Unglück, das über die Menschheit hereingebrochen ist in Form einer furchtbaren kriegerischen Katastrophe, hat, nachdem das Äußere dieser kriegerischen Katastrophe vorüber war, Zeiten heraufgeführt, in denen gedacht werden muß: Was ist zu beginnen, um eine Menschenzukunft vorzubereiten, in welcher Kräfte der Weiterentwickelung, des Fortschrittes und des Aufstieges aus schwerer Not und aus dem Niedergang der Menschheit gepflegt werden können? Zu demjenigen, was in wirksamster Weise hinübertragen soll die Kräfte der Gegenwart, die vielleicht in dieser Gegenwart selbst erst wenig wohltätig wirksam sein können, in eine Zukunft, in der sie wirksamer sein können, gehört die Schule. Und in jener schweren Zeit, in welcher vor allen Dingen auf solche Zukunftsgedanken der Sinn der Menschheit sich lenken mußte, hat unser lieber Freund Emil Molt den Gedanken von sich aus gefaßt, die Waldorfschule entstehen zu lassen. Heute an dem Tage, wo das Gebäude, das diese Waldorfschule erweitern soll, seinen Grundstein bekommt, wollen wir vor allen Dingen in allerherzlichster, dankbarer Weise gedenken jenes fruchtbaren Gedankens, den unser Freund Emil Molt faßte in einer Zeit, in der ein solcher Gedanke geradezu die großen Fragen der Gegenwart erfaßte, als er daran ging, diese Schule zu begründen. Es werden Zeiten kommen, welche auf diese Schulgründung vielleicht objektiver blicken werden, als dies in der heutigen Gegenwart schon möglich ist, wo alle die ungeheuer komplizierten, verworrenen Verhältnisse der Gegenwart noch die Menschheit zu sehr verwirren, um mit voller Klarheit zu sehen, daß vor allen Dingen eine solche Stätte für die Jugend, die hervorgeht aus einem auf sich selbst begründeten Geistesleben, eine absolute Notwendigkeit der Zeit ist. Daß Emil Molt diesen Gedanken aus dem Sinn für diese große Frage der Zeit fassen konnte, das wird niemals vergessen werden können und überall da in gebührender Weise gekennzeichnet werden, wo man Verständnis haben wird für solche Menscheitsnotwendigkeiten und für die großen Menschheits-Entwickelungsimpulse überhaupt.

Gedenken muß ich ferner namentlich, um es in eure Herzen zu schreiben, meine lieben Kinder, meine lieben Schüler und Schülerinnen, gedenken muß ich fernerhin derjenigen Persönlichkeiten, die sich entschlossen haben, die erste Lehrerschaft dieser Schule zu bilden. Ihr, liebe Kinder, Schüler und Schülerinnen, die ihr zuerst Unterricht und Erziehung in dieser Schule genießt, ihr sollt es euch ins Herz, in die Seelen schreiben, daß gegenüber den großen, ungeheuren Aufgaben, die den Menschen gestellt sind in bezug auf Unterricht und Erziehung für die Menschenzukunft und Menschenziele, es ein bedeutsamer, großer Entschluß war, als Lehrer dieser Schule anzugehören. Es muß nur bedacht werden, daß fürs erste diese Schule heute so besteht, daß sie zwar das Vertrauen weitester Kreise, man darf sagen, in der ganzen Welt erregt. Derjenige, der hinblickt auf dasjenige, was geschieht, der weiß, daß man eigentlich über den ganzen Erdkreis Menschenseelen hat, die nicht nur wissen, in Stuttgart gibt es eine Waldorfschule, die auch mit regstem Interesse die Frage sich stellen: was will man mit so etwas, wie es diese Stuttgarter Waldorfschule ist? – Ihr, meine lieben Kinder, sollt bedenken, daß ihr die ersten seid, welche in einer Schule erzogen werden, auf die man aus wohlberechtigen Gründen in der ganzen Welt sieht. Ihr sollt vor allen Dingen bedenken, und wir alle müssen es herzlichst dankbar bedenken, daß diejenige Lehrerschaft, die als erste sich aussetzt einer solchen Beurteilung der ganzen Welt, eines großen Entschlusses bedarf. Aber diese Lehrerschaft ist auch durchdrungen von dem Gedanken, von den Impulsen, aus denen heraus diese Schule ihren Anfang genommen hat. Diese Lehrerschaft weiß, daß man, wenn auch in einem beschränkten Umfang, so doch wirkt für etwas, was zuletzt die ganze Menschheitsentwickelung angeht. Diese Lehrerschaft hat gezeigt, daß sie ihre ganze Kraft einzusetzen vermag und einzusetzen haben wird für dasjenige, was aus dieser Gesinnung heraus und aus diesen Impulsen heraus für diese Schule zu geschehen hat. Wir haben manche schöne Blüte in der Entfaltung dieser Schule gesehen. Unvergeßlich wird es denjenigen zukommen, welche sich gewidmet haben der Pflege dessen, was hier im umfassendsten Sinne in dieser Schule gepflegt werden soll. Und wenn ich manchmal die Frage an die hier in der Schule zu erziehenden Kinder gestellt habe: Liebt ihr eure Lehrer? – und ihr antwortetet in entsprechender Weise, dann empfinde ich aus dem ganzen Verhältnis von Schülerschaft und Lehrerschaft, daß sie daran sind, diesen Geist hier in dieser Schule nach und nach einziehen zu lassen.

Wiederum frage ich euch jetzt, damit ihr auch aus eurem Herzen heraus sagen könnt, wie es bei euch steht um euer Verhältnis zur Lehrerschaft, wiederum frage ich euch alle, meine lieben Kinder, Schüler und Schülerinnen: Habt ihr eure Lehrer lieb und seid ihr dankbar für das, was sie tun? – dann antwortete mir Ja! [Ja! – rufen alle Kinder.]

So, meine lieben Kinder, meine lieben Schüler und Schülerinnen, so sollt ihr immer empfinden, dann wird der Geist in der Schule sein, unter dessen Licht wir allein das bewirken können, was bewirkt werden muß.

Diese Schule, in der wir heute feierlich den Grundstein legen, hat noch ein anderes zu bedenken. Sie steht da als etwas, was in gewisser Weise ein Musterbild darstellen möge, wie heute unterrichtet und erzogen werden soll. Aber sie kann als einzelne Schule nicht mehr sein als ein solches Musterbild. Auf das Musterbild schaut man, wie ich es angedeutet habe. Als ich vor ganz kurzer Zeit in Norwegen Vorträge zu halten hatte, konnte ich auch in dieser weiten Ferne sehen, wie zahlreich die Menschen sind, die mit innigem Anteil auf diese Schule hinschauen. Als eine Musterschule wird das angesehen, was hier begründet worden ist. Nur das andere fehlt noch, die Einsicht in der weiten Welt, daß es mit der einen Begründung der Musterschule nicht getan ist, wenn nicht über die ganze Welt sich verbreitet die Einsicht, daß solche Schulgründungen überall notwendig sind, daß Hunderte und Aberhunderte sich vereinigen im Weltschulverein, um überall solche Schulen zu begründen. Sonst kann nichts geschehen, als daß diese kleine Schülerschaft das hineinträgt in die Welt, was gepflegt werden muß für die Menschheitsentwickelung.

Dieses Zweite allerdings haben wir in der Welt noch nicht gefunden. Wenn wir in der Lage wären, meine lieben Freunde, an vielen Orten heute Schulen nach dem Muster der Waldorfschule zu begründen mit Mitteln, die uns vom Monde herabfallen, wir würden solche Schulen überall in der Welt gefüllt bekommen. Keine einzige dieser Schulen, die mit Mondgeld bezahlt würde, würde unbesucht bleiben. Aber dasjenige, was heute in der Welt fehlt, das ist der soziale Opfersinn, der zwar überall solche Schulen gründen möchte, der aber es nicht dazu bringt, aus der äußerlichen Anerkennung einer im eminentesten Sinne unserer Zeit notwendigen Idee sich aufzuraffen bis zu dem Willen, der allein das wirken kann, was in dieser Zeit notwendig ist. Und ehe dieser Impuls in der Welt sich nicht erfüllt, eher kann der Waldorfschul-Gedanke seine Aufgabe nicht erfüllen.

Um diese Aufgabe zu erfüllen, sind viele Menschen notwendig, die ihm verständnisvoll entgegenkommen. Und wenn es sein könnte, daß wir am heutigen Tage – wir können es nur durch Gedanken –, wenn wir vermögend wären, nicht bloß äußerlich etwas zu begründen, sondern innerlich, durch diese tiefinnerliche Begründung mit dem Grundstein, den wir für diesen Schulbau in die Erde versenken, wenn wir könnten in vieler Menschen Herzen den Grundstein legen, damit aus diesem erwachse dasjenige, was wir für notwendig halten für die Menschheitsentwickelung und das Menschenziel, dann wäre viel getan.

Aus innerer bewegter Seele, aus bewegtem Herzen heraus, Schüler und Schülerinnen der Waldorfschule, spreche ich zu euch allen, daß wir in diesem feierlichen Augenblick in unseren Herzen die Kräfte auf dasjenige richten, was eben gekennzeichnet worden ist als für die Menschheit notwendig, und was in dem Waldorfschul-Gedanken angedeutet worden ist. Es haben schon Menschenherzen eine gewisse Kraft, wenn dasjenige, was leben soll, in ihnen lebendig ist.

Meine lieben Freunde, liebe Kinder, meine lieben Schüler und Schülerinnen der Waldorfschule! Es ist so, daß dann, wenn die Menschen in uralten Zeiten daran gegangen sind, den Grund zu legen für einen Bau, dann haben sie mit der Urkunde, auf der Ziel und Sinn des Baues gestanden hat, und die Namen derer, die tätig waren an der Errichtung des Baues, etwas Lebendiges versenkt in die Erde. Immer mehr und mehr ist die Idee vergeistigt worden. Heute versenken wir, was Sinnbild des Geistes ist, unser Pentagondodekaeder mit dem Einschluß unseres Gelöbnisses, das wir ablegen in Christi Namen, aus unseren reinen Absichten, aus unserer – wie wir sie anwenden mögen – tätigen Arbeitskraft, das wir versenken aus der heiligen Freiheit heraus in die Erde. Heute legen wir dieses Sinnbild in die Erde, wie einen Keim, auf den wir gerichtet haben die schönsten Gedanken, derer wir fähig sind.

Und wie aus einem Keim, der in die Erde versenkt wird, durch die Weltenkräfte hervorwächst ein lebendiger Baum, so möge hervorwachsen aus dem, was wir in die Erde versenken, durchtränkt mit unseren innigen Wünschen für das Gedeihen desjenigen, um dessen willen der Bau unternommen worden ist, mit unseren innigen Hoffnungen und Erwartungen in die Zukunft hinein, es möge erblühen aus dem, was wir in die Erde versenken, was wir von unseren Gedanken, Empfindungen, Gefühls- und Willensimpulsen, deren Sinnbild dieser Grundstein ist – was wir damit versenken in der Zeiten Schoß –, aus dem möge erblühen, was wir immer wiederum und wiederum nennen müssen als das Ziel, den Impuls der Waldorfschule, daß sie sei eine Stätte, in welcher gepflegt werde alles dasjenige, was die Menschheit braucht, um zu neuen Momenten ihres Fortschrittes, ihres Zivilisations- und Kulturlebens zu kommen. Das möge erblühen aus diesem geistig lebendigen Keim, den wir heute in die Erde versenken wollen.

Ihr, liebe Kinder, ihr Schüler und Schülerinnen der Waldorfschule, ihr seid die ersten, welche die Empfindung und den guten Willen und die gute Absicht verbinden sollen mit dem, was bei dieser festlichen Gelegenheit zu euch gesagt worden ist, und was den wahren Grundstein bildet für dasjenige, was an diesem Orte hier als Waldorfschule wachsen und blühen und sich für der Menschheit Wohl und für die Menschheitsziele entwickeln soll.

ANSPRACHE AM ELTERNABEND

9. Mai 1922

Meine sehr verehrten Anwesenden! Es ist nicht eigentlich ein Vortrag, den ich bei dieser Gelegenheit halten möchte, sondern ich möchte Veranlassung geben zu einer möglichst weitgehenden Verständigung der an der Führung und an dem Wirken der Waldorfschule Beteiligten und der Elternschaft unserer Schule. Das ist aus dem Grunde, weil ich tatsächlich diese Verständigung, dieses Zusammenwirken der Lehrer und anderer Persönlichkeiten, die an der Führung der Waldorfschule beteiligt sind, und der Eltern für etwas außerordentlich Notwendiges und Bedeutungsvolles halte.

Gestatten Sie mir, daß ich dabei von einem Erlebnis ausgehe, das ich erst jüngst hatte, um an diesem Erlebnis zu veranschaulichen, wie wichtig die Frage ist, auf die ich hingedeutet habe. Ich habe ja in den letzten Wochen die Aufgabe gehabt, mitzuwirken bei der zum Geburtstag von Shakespeare veranstalteten Feier in Stratford on Avon in England. Und diese Shakespeare-Festlichkeit war eigentlich eine solche, die ganz unter dem Eindruck und Einfluß stand von Erziehungsfragen. Sie war veranstaltet von Persönlichkeiten, die an Kinder- und Volkserziehung tief interessiert sind. Man kann auch sagen, bei dieser ganzen Festlichkeit stand gewissermaßen die Welt der Shakespeareschen Kunst nur im Hintergrund, denn dasjenige, was verhandelt worden ist, waren Erziehungsfragen der Gegenwart. Bei dieser Gelegenheit zeigte sich auch eine der kleinen, oder vielleicht einmal sogar großen Auswirkungen jenes pädagogischen Kurses, den ich zu Weihnachten an unserem Goetheanum in Dornach gehalten habe, und an dem gerade Persönlichkeiten teilnahmen, die mitzuwirken hatten an dieser Shakespeare-Festlichkeit.

Nun gibt es da in der Nähe von London ein Erziehungsinternat. Es hat noch keine besondere Größe, aber dieses Erziehungsinternat wird geleitet von einer Persönlichkeit, die bei dem Dornacher Kurs anwesend war und von dort her die Anregung mitgenommen hat, in dieses

Erziehungsinternat, vielleicht sogar bei einer Vergrößerung desselben, dasjenige, was wir jetzt nennen dürfen die Waldorfpädagogik, das Waldorf-Erziehungswesen einzuführen. Wir wurden eingeladen, diese Erziehungsanstalt anzusehen. Dabei kamen die verschiedenen Fragen zur Sprache, die die gegenwärtige Leitung betreffen, und dasjenige, was getan werden könnte, um den Geist des hier in der Waldorfschule gepflegten Erziehungswesens dorthin zu übertragen.

Es kam eine Frage ganz besonders zur Besprechung, und das war diese, daß die leitenden Persönlichkeiten sagten: Ja, mit den Kindern würden wir eigentlich recht gut fertig; wir bekommen jedes Jahr die kleine Anzahl von Kindern herein, welche uns auch zu halten möglich ist bei der Größe unserer Anstalt. Aber das Schwierigste ist das Zusammenwirken mit den Eltern. Schwierig aus dem Grunde, weil nun einmal in der älteren Generation überall – das ist durchaus eine internationale Angelegenheit – heute ganz bestimmte Ansichten vorhanden sind, so und so muß die Erziehung verlaufen. Es gibt manche Veranlassung dazu, daß die Eltern ihre Kinder in diese oder jene Anstalt geben. Wenn es sich wirklich darum handelt, daß ein wenig abgewichen werden soll von dem, in was man sich eingelebt hat, dann entsteht sehr leicht die Uneinigkeit der Schule mit den Eltern. Und das ist etwas, was gerade in einem freien Schulwesen wirklich nicht zu ertragen ist. Nun liegen dort in dem Schulinternat, von dem ich spreche, ganz besondere Schwierigkeiten nach dieser Richtung vor. Ich will jetzt weder Kritik anlegen, noch will ich etwas empfehlen. Ich will einfach von den Tatsachen sprechen. In diesem Schulinternat gibt es, trotzdem es ein Internat ist, gar keine Bediensteten. Die Schule wird ganz allein von den Kindern und Lehrern versorgt, so daß also von diesen Schülern und Lehrern die Diele gewaschen werden muß, die Teller abgewaschen werden müssen, das Gemüse gepflanzt werden muß, die Hühner versorgt werden müssen, damit sie Eier liefern – ich könnte eine lange Liste aufzählen. Daneben werden alle möglichen Arbeiten von den Kindern gezeigt, so daß man schon den Eindruck hat, da geht es doch anders zu als in manchen anderen Erziehungsinternaten. Die Kinder müssen auch kochen, also alles machen, vom frühen Morgen bis zum späten Abend. Und daß die Lehrer und Erzieher dabei in einer kräftigen Weise mitwirken, das sieht man der

Sache schon an. Nun, ich will das weder empfehlen noch irgendwelche Kritik anlegen. Ich will das nur hinstellen. Dann kommt es vor, wenn die Kinder in den Ferien nach Hause kommen und sagen, was sie tun müssen, daß die Eltern die Ansicht haben, das hätten sie sich nicht vorgestellt, das könnten sie nicht begreifen. Deshalb ist es in diesem Falle recht schwierig, die Eintracht mit den Eltern zu erhalten. – Ich führe den Fall nur an, um auf die Empfindung hinzudeuten, die man hat, wenn es sich um das Ernstnehmen des Erziehungs- und Unterrichtswesens handelt, auf die Empfindung, daß es notwendig ist, in vollem Einklang mit der Elternschaft der Kinder zu wirken und zu arbeiten.

Nun, wir sind selbstverständlich in der Waldorfschule in einer anderen Lage. Wir haben kein Internat, wir haben eine Schule und haben den Unterricht zu erteilen und während des Unterrichtserteilens selbstverständlich das erzieherische Prinzip ins Auge zu fassen. Aber dennoch, dessen können Sie versichert sein: als ein Grundelement für alles, was wir in der Waldorfschule als unsere Aufgabe betrachten, müssen wir ansehen das Zusammenarbeiten mit der Elternschaft. Es ergeben sich fortwährend im Laufe der Schulführung unzählige Fragen mit Bezug auf das Wohl und Wehe, auf den guten Fortgang und auf die Gesundheit, die leibliche und seelische Gesundheit, es ergeben sich fortwährend unzählige Fragen, die nur im Verein mit den Eltern zu lösen sind. Deshalb müßte es eigentlich – und es wird ja den Verhältnissen Rechnung getragen werden müssen – immer nötiger und nötiger werden, diese Elternabende auszubauen und zu einer öfteren Erscheinung in unserer Schulführung zu machen.

Unsere Waldorfschule soll ja nicht nur ihrem Titel nach, sondern ihrem ganzen Wesen nach eine freie Schule sein, und gerade weil sie eine solche freie Schule sein soll, sind wir auf die Hilfe der Elternschaft in einem ganz außerordentlich hohen Grade angewiesen. Es ist meine Überzeugung, daß es eigentlich bei allen Eltern nur eben die tiefste Befriedigung wird hervorrufen können, wenn in uns das Verlangen nach dem Zusammenwirken mit der Elternschaft besteht.

Eine freie Schule ist die Waldorfschule. Sehen Sie, meine sehr verehrten Anwesenden, was eigentlich eine freie Schule bedeuten soll, das ist ja etwas, was immer wieder und wieder gesagt werden muß, und was gar nicht stark genug gesagt werden kann, aus dem einfachen Grunde, weil kaum heute es in weiteren Kreisen möglich ist, das völlige Bedürfnis nach einer solchen freien Schule zu haben. Wir haben das Vorurteil von Jahrhunderten gegen uns, namentlich in der folgenden Weise:

Man braucht nicht weit zurückzuschauen in der Entwickelung der Menschheit, da war bis zu einem recht hohen Grade das Schulwesen, namentlich das Volksschulwesen, sehr frei. Aber die damalige Freiheit dieses Schulwesens hatte dazu geführt, daß es sehr viele Analphabeten gab, daß eine Schulerziehung nur von einzelnen Menschen gesucht worden ist. Nun kam im Laufe der Menschheitsentwickelung in den zivilisierten Gebieten immer mehr das Verlangen herauf, eine gewisse Bildungsgrundlage für das soziale Leben zu fordern. Ich kann jetzt nicht ausführen, wodurch es gekommen ist, daß das Verlangen auftauchte, eine gewisse Bildungsgrundlage zu fordern für das soziale Leben; aber dieses Verlangen kam in einer Zeit herauf, in der die Menschen ihrer Hinneigung zu den alten Göttern abgeschworen hatten und nun von einem Gotte allen Segen und alles Gute für die Entwickelung der Menschheit erwarteten, von dem Gotte Staat. Und insbesondere in Mitteleuropa war ja die Gegend, in der man ganz besonders stark darauf erpicht war, in diesem Gotte Staat nun nicht nur alles mögliche andere Heilsame zu sehen, sondern auch das Heilsame für die Kindererziehung.

Man ging einmal von dem wie selbstverständlich angesehenen Grundsatze aus: Parlament, große Ratsversammlung und so weiter, das sind Veranstaltungen, wo die Genialität blüht. Auch dann, wenn die einzelnen, die beteiligt sind an dieser Parlamentsversammlung, einem nicht so als außerordentlich erleuchtet vorkamen. Man hatte die Meinung, wenn die Leute beisammen sind, dann werden sie gescheit. Und dann werden sie über alle Angelegenheiten das Richtige bestimmen können.

Einzelne Menschen zwar, die auch eine recht gute, tiefe Kenntnis hatten, wie zum Beispiel der Dichter *Rosegger,* die hatten – verzeihen Sie, daß ich solch ein Wort erwähne – eine andere Meinung. Rosegger hat den Spruch geprägt: «Oaner is a Mensch; mehrere san Leit; vüle, dös san Viecher.»

Das ist ein bißchen radikal ausgedrückt, aber jedenfalls widerspricht es der Meinung, die sich gerade in den letzten Jahrhunderten herausgebildet hat, daß man in all dem, was staatsähnlich ist, das finden könne, was das Richtige in bezug auf Kindererziehung feststellen könnte. Und so ist schon unser Schulwesen einfach im Glauben nach und nach herangewachsen, daß es gar nicht anders sein könne, als daß von der staatlichen Gemeinschaft aus alles für das Schulwesen eben auch bestimmt würde.

Nun, eine freie Schule ist diejenige, welche den Lehrenden und Erziehenden alles dasjenige ermöglicht, was sie aus ihrer Menschenerkenntnis heraus, aus ihrer Welterkenntnis heraus, aus ihrer Kinderliebe heraus unmittelbar für das Wesentliche halten, was hineingetragen werden soll ins Erziehungswesen. – Eine unfreie Schule ist diejenige, wo der Lehrer fragen muß: Was ist vorgeschrieben für die erste Klasse, was ist vorgeschrieben für die zweite Klasse, wie muß die Stunde eingeordnet werden nach dem Gesetz?

Eine freie Schule ist eine solche, wo die Lehrer eine ganz bestimmte, ihrem Wirken zugrunde liegende Erkenntnis haben von dem, wie ein Kind heranwächst, welche körperlichen und seelischen Kräfte in ihm liegen, welche körperlichen und seelischen Kräfte in dem Kinde entwikkelt werden müssen; wo der Lehrer das, was er jeden Tag und jede Stunde machen muß, aus dieser Menschenerkenntnis und aus seiner Kinderliebe heraus einrichten kann. Man hat nicht ein sehr starkes Gefühl davon, wie grundverschieden die unfreie Schule von der freien Schule ist. Denn die wirklich erzieherischen und unterrichtenden Kräfte des Lehrers können sich nur entwickeln in der freien Schule.

Weil man gegenwärtig von diesen Dingen eigentlich gar nicht eine wirkliche Empfindung hat, deshalb ist es so schwer, mit dem freien und befreiten Schulwesen wieder weiter zu dringen. Man darf sich gar nicht irgendwelchen Illusionen hingeben. Wenige Stunden, bevor ich hierher gereist bin, bekam ich einen Brief, der mir mitteilt, nachdem lange Zeit gearbeitet worden ist, um in einer anderen Stadt Deutschlands eine ähnliche Schule wie diese Waldorfschule zu errichten, daß diese abgewiesen worden ist. Wir haben darin ein deutliches Zeichen, daß die weitere Entwickelung der Zeit nicht dahin geht, das freie Schulwesen zu fördern. Daher müssen wir – und das ist dasjenige, was ich den Eltern unserer lieben Schulkinder ganz besonders ans Herz legen möchte –, darum müssen wir diese Waldorfschule, die wir jetzt haben, die wir uns errungen haben, in der wirklich aus der freien Kraft der Lehrerschaft heraus die Kinder zu allseitig tüchtigen und gesunden Menschen gemacht werden sollen, wir müssen diese Waldorfschule hegen und pflegen. Wir müssen uns bewußt werden, daß es nicht leicht sein wird, gegenüber den Vorurteilen der Gegenwart irgend etwas zweites Ähnliches zu haben wie diese Waldorfschule. Und dabei dürfen wir schon darauf hinweisen, daß diese Waldorfschule, nachdem sie noch nicht drei Jahre besteht, etwas ist, was gegenwärtig, wir dürfen es sagen, in der ganzen zivilisierten Welt besprochen wird. Denn sehen Sie, es ist immerhin von einer gewissen Bedeutung – denken Sie an dasjenige, was ich über diese Schule in der Nähe von London gesagt habe –, daß sich einige Leute gefunden haben, um dort eine Waldorfschule ins Leben zu rufen.

Wir können diese Frage auch von einem viel weiteren Gesichtspunkte betrachten. Dieser Gesichtspunkt ist der, daß wir ja nun immerhin in der Notwendigkeit sind, etwas zu tun dazu, daß das deutsche Wesen in der Welt wiederum seine Stellung bekommt. Deutsches Wesen wird aber, das können Sie versichert sein, seine Bedeutung nur dann bekommen, wenn der geistige Inhalt dieses deutschen Wesens vor allen Dingen zu seiner Geltung in der Welt gebracht wird. Und nach dem wird man, wenn er in der richtigen Weise vor die Welt hingestellt wird, nach dem wird man Verlangen tragen. Man wird sich bewußt werden, daß man ihn braucht.

Dazu ist notwendig, daß wir wirklich in die vollen Tiefen dieses deutschen Wesens hineindringen und aus ihnen heraus schaffen. Und das zeigt sich gerade an einer so vehementen, manchmal tumultuarischen Erziehungsbewegung wie derjenigen, die bei dem Shakespeare-Fest erlebt werden konnte. Da zeigt sich, daß in der ganzen Welt das Bedürfnis vorhanden ist: dem Erziehungswesen müssen neue Impulse eröffnet werden. Das ist eine Angelegenheit der zivilisierten Menschheit, daß es mit den alten Formen nicht mehr weiter geht.

Es ist so: mit den Dingen, die in der Waldorfschule gepflegt werden, hat man etwas zu sagen auf die Fragen, die in der ganzen Welt in bezug auf das Erziehungs- und Unterrichtswesen aufgeworfen werden. Nur hat man eben auch fast alle Vorurteile der ganzen Welt gegen sich, und immer mehr geht es auf das hinaus, daß wenigstens die untersten Klassen des Volksschulwesens der Freiheit entzogen werden sollen. Es ist außerordentlich schwierig, gegen diese Voruteile anzukämpfen. Die Waldorfschule kann nur dadurch ankämpfen, daß sie wirklich aus der freien Kraft der Lehrerschaft aus den Kindern dasjenige macht, was eben nur aus einer solchen freien Kraft heraus gemacht werden kann.

Dazu aber bedürfen wir des innigen, des einträchtigen Zusammenwirkens mit der Elternschaft. Und bei einer der Elternversammlungen, bei der ich schon anwesend sein konnte, habe ich schon darauf hingewiesen, daß wir deshalb, weil wir ein freies Schulwesen anstreben, darauf angewiesen sind, Verständnis, tiefes Verständnis bei der Elternschaft zu finden. Wenn wir dieses Verständnis finden, dann werden wir richtig arbeiten können. Und dann werden wir andererseits vielleicht doch dasjenige, was mit der Waldorfschule gemeint ist, zur Geltung bringen können.

Ich habe dazumal betont, wie es unser Bestreben sein muß, wirklich aus der Erkenntnis der kindlichen Wesenheit und kindlichen Körperheit alles dasjenige herauszuholen, was zum Gegenstand des Unterrichts und der Erziehung gemacht werden soll. Eine solche Kinderbeobachtung, weil sie ja eine Menschenbeobachtung ist, eine solche Kinderbeobachtung ist nur möglich, wenn man eine Erkenntnis des ganzen Menschen anstrebt, wie sie angestrebt wird durch die Anthroposophie. Immer wieder müssen wir sagen: Es ist uns gar nicht darum zu tun, etwa Anthroposophie in die Schule hineinzutragen. Darüber werden sich die Eltern nicht zu beklagen haben, daß wir Anthroposophie als Weltanschauung in die Schule hineintragen wollen. Aber gerade so, wie wir es vermeiden, Weltanschauung, Anthroposophie in die Schule hineinzutragen, möchten wir es anstreben, diejenige pädagogische Geschicklichkeit, die nur kommen kann aus anthroposophischer Durchbildung, in der Handhabung des Unterrichts, in der Behandlung des Kindes geltend zu machen. – Wir haben die katholischen Kinder dem katholischen Pfarrer zur Verfügung gestellt, die evangelischen Kinder dem evangelischen Pfarrer, und wir haben den freien Religionsunterricht nur für diejenigen, deren Eltern ihn eben suchen. Auch das ist vollständig freigestellt; er ist eingerichtet nur für die Kinder, die wahrscheinlich in der Mehrzahl sonst überhaupt an keinem Religionsunterricht teilnehmen würden. Also darauf legen wir nicht das Hauptgewicht. Dasjenige, was wir in bezug auf die Weltanschauung zu sagen haben, das ist für Erwachsene.

Aber dasjenige, was, ich möchte sagen, bis in die Geschicklichkeit der Fingerspitzen hinein Anthroposophie aus einem Menschen machen kann, das macht sie insbesondere gerade aus einem Lehrer, aus einem Erzieher. Und die Behandlung der Kinder, die Behandlung des Lehr- und Erziehungsinhaltes, das ist es, was so erstrebt werden soll, daß die Kinder überall sich wie selbstverständlich hineinfinden in das, was in der Schule vor diese Kinder hingebracht wird. Überall soll sorgfältig erwogen werden: was ist das Richtige für ein bestimmtes kindliches Alter?

Sie wissen ja, wir beginnen nicht so mit dem Lesen- und Schreibenlernen, wie das heute vielfach geschieht. Wir entwickeln, indem wir mit dem Schreibenlernen beginnen, die Buchstabenformen, die sonst dem Kinde fremd sind, aus dem heraus, zu dem das Kind mit innerem Behagen sich hinwendet aus einer Art künstlerischer Tätigkeit, künstlerischem Formensinn. Unsere Kinder kommen dadurch etwas später dazu, Schreiben und Lesen zu lernen, weil ja, wenn man die Natur des Kindes berücksichtigt, das Lesen nach dem Schreiben kommen muß.

Nun wenden sich die, die in die alten Anschauungen eingewöhnt sind, dagegen und sagen: da lernen die Kinder viel später Lesen und Schreiben als in anderen Schulen. – Warum lernt das Kind in der anderen Schule früher Lesen und Schreiben? Weil man nicht weiß, welches Lebensalter gut ist dazu, um Lesen und Schreiben zu können. Erst legen wir uns die Frage vor, ob es überhaupt berechtigt ist, zu verlangen, daß das Kind schon im achten Jahr mit einer gewissen Fertigkeit lesen können, schreiben können soll.

Wenn man diese Anschauungen weiter ausdehnt, dann entwickeln sich solche weitergehenden Ansichten, wie wir sie in einer merkwürdigen Weise erfahren können. Wer Goethe genau kennt, der kann auch wissen: Wenn man mit dem, was für einen zwölfjährigen Jungen heute schulmäßige Anforderungen sind, an Goethe herangeht und sich fragt, hat Goethe das wirklich so gekonnt? – wird man sehen, er hat es nicht einmal mit sechzehn Jahren gekonnt und ist doch der Goethe geworden.

Österreich hatte einen bedeutenden Dichter, *Robert Hamerling*. Er hat natürlich in seiner Jugend sich nicht vorgenommen, ein Dichter zu werden, das machte sein Genie, aber er wollte Mittelschullehrer werden. Er hatte eine Lehramtsprüfung abgelegt. In seinem Zeugnis steht, daß er im Lateinischen und Griechischen ganz außerordentlich gute Kenntnisse aufgewiesen habe, daß er aber nicht fähig sei, die deutsche Sprache zu handhaben, sondern daß er nur für die unterste Klasse zum Unterricht tauge. Aber er wurde der bedeutendste neuere Dichter Österreichs. Er hat in der deutschen Sprache und nicht in der slowakischen Sprache geschrieben.

An dem Leben müssen eben die pädagogischen Impulse gemessen werden. Und das ist das Wesentliche unserer Pädagogik, daß wir das ganze Leben des Kindes im Auge haben und daß wir wissen: wenn wir dem Kinde etwas im siebenten, achten Lebensjahr beibringen, so muß es so beigebracht werden, daß es mit dem Kinde heranwächst, daß das Kind das noch im dreißigsten, vierzigsten Jahre hat, daß man das ganze Leben etwas hat davon. Sehen Sie, da ist es so, daß gerade diejenigen Kinder, die mit acht Jahren perfekt lesen und schreiben können, daß die mit Bezug auf gewisse innere seelische Gesundheitsimpulse verkümmern. Ja, richtig verkümmern. Es ist ein großes Glück, wenn man mit acht Jahren noch nicht so lesen und schreiben kann, wie es heute verlangt wird. Es ist ein großes Glück für die leibliche und seelische Gesundheit.

Was gepflegt werden muß, es muß hervorgeholt werden aus den Bedürfnissen der menschlichen Natur. Man muß dafür ein feines Verständnis haben, nicht nur für dasjenige, was richtig ist. Es ist leicht, sich vor eine Klasse hinzustellen und in einer Weise herauszubekommen: Der sagt etwas Richtiges, der etwas Falsches! – und dann zu korrigieren das Falsche ins Richtige; aber eine eigentlich erzieherische Tätigkeit wird dabei nicht ausgeübt. Es ist ganz unwesentlich für die menschliche Entwickelung des Kindes, wenn man das Kind Aufsätze und Schularbeiten machen läßt und sie korrigiert, und das Kind sich überzeugt, daß es Fehler gemacht hat. Das Wesentliche ist, daß man einen feinen Sinn hat für die Fehler, welche die Kinder machen. Fehler machen die Kinder auf hunderterlei Weise. Jedes Kind macht anders seine Fehler, und wenn man einen feinen Sinn hat dafür, wie verschieden sich die Kinder verhalten mit Bezug auf die Fehler, dann kriegt man heraus, was man zu tun hat, um die Kinder weiter zu bringen.

Nicht wahr, mit Bezug auf das Leben sind die Gesichtspunkte, die man hat, verschieden. Der Arzt hat nicht dieselben Gesichtspunkte bezüglich der Krankheit wie der Patient. Vom Patienten kann man nicht verlangen, daß er in ganz bestimmte Krankheiten verliebt ist. Vom Arzt kann man sagen, daß er dann ein richtiger Arzt ist, wenn er die Krankheit liebt. So handelt es sich darum, daß man eine gewisse Verliebtheit hat in die interessanten Fehler, welche die Kinder machen. Dadurch lernt man erst die menschliche Natur kennen. Verzeihen Sie, wenn ich mich radikal ausdrücke. Man muß sich radikal ausdrücken. Für den Lehrer ist es interessanter, die Fehler zu verfolgen, als dasjenige, was die Kinder richtig machen. Von den Fehlern lernt der Lehrer außerordentlich viel.

Aber was braucht man zu alldem? Zu alldem braucht man jene innere tatkräftige Menschen- und Kinderliebe, die für den Lehrer ganz unerläßlich ist. Und da treten dann die unzähligen Fragen auf. Man ist besorgt um die leibliche und seelische Gesundheit dieses und jenes Kindes. Man hat das Kind ein paar Stunden des Tages; man muß für die übrige Zeit das Vertrauen, das volle Vertrauen der Eltern des Kindes haben. Und deshalb ist es, warum die Lehrer und Erzieher unserer Waldorfschule immer an dieses Vertrauen appellieren, und warum sie so gerne alles im Einklang mit den Eltern für das Wohl und Wehe der Kinder zustande bringen möchten. Das ist eben bei einer unfreien Schule in der Regel gar nicht in dem Maße angestrebt. Denn da hält man sich daran, die Vorschrift zu beobachten, und daher findet man sogar für den Begriff des Freien im Schulwesen manchmal recht wenig Verständnis.

Es gibt Länder, wenn man da vom freien Schulwesen redet, so antwortet man einem: Ja, das mag in Deutschland so sein, daß man da nötig hat, freie Schulen zu gründen. Bei uns ist es nicht so; da ist der Lehrer frei. Das antworten einem Lehrer selbst. Man ist nur erstaunt darüber, daß so etwas geantwortet wird. Man ist erstaunt darüber aus dem Grunde, weil man sieht: Diejenigen, die das antworten, haben keine Ahnung mehr davon, daß sie sich unfrei fühlen könnten. Sie tun das, was ihnen befohlen wird. Da es ihnen nicht einfällt, daß etwas anderes geschehen könnte, so fühlen sie gar nicht, daß die Dinge auch anders sein könnten.

Bedenken Sie einmal, in welch anderer Lage Sie sind, gerade gegenüber der Auffassung des Waldorfschulwesens, als andere Leute. Andere Menschen müssen sich anstrengen, wenn wir ihnen sagen, so und so wollen wir es machen, weil wir das für das einzig Richtige halten; sie müssen sich anstrengen, das erst einzusehen. Ich glaube, gerade die Eltern der Waldorfschulkinder können unmittelbar an ihren eigenen lieben Wesen sehen, was da in der Waldorfschule getan wird, wie das Verhältnis der ganzen Schule zum Kinde aufgefaßt wird. Man möchte, daß einmal eine Zeit kommt, wo die Eltern gegenüber dem freien Schulwesen sich damit begnügen können, einfach befriedigt zu sein mit dem, was innerhalb des freien Schulwesens geleistet wird. Heute müßte jeder, der an seinem eigenen Fleisch und Blut sieht, wie diese Waldorfschule arbeiten will, zu einem tatkräftigen Verteidiger und Verbreiter des Waldorfschulwesens werden.

Wir haben ja außerdem mancherlei Schwierigkeiten. Sehen Sie, würden wir unsere Ideale erfüllen wollen, so würden wir sagen: Nach unserer Einsicht verhält es sich so: im sechsten, siebenten, achten Jahre soll man dies tun, im neunten, zehnten, elften, zwölften dies und so weiter. Da würde auch das Allerbeste herauskommen, wenn wir das tun könnten. Wir können es nicht tun, wir müssen in gewisser Beziehung eine Art Kompromiß schließen; denn wir können ja den Kindern, der aufwachsenden Menschheit nicht die Möglichkeit nehmen, im Leben darin zu stehen.

So haben wir uns vorgenommen, daß wir die Kinder, von dem Alter, wo sie in die Volksschule hineinkommen, bis zum neunten Lebensjahr frei erziehen, aber zu gleicher Zeit, trotzdem wir dasjenige hineinnehmen, was die menschliche Natur erfordert, die Kinder auch so fördern, daß sie in eine andere Schule übertreten können. Ebenso im zwölften und im vierzehnten, fünfzehnten Jahre. Und wenn wir das Glück haben, die weiteren Klassen draufzusetzen, müssen wir sogar dafür sorgen, daß dann diejenigen jungen Herren und Damen, die dann diese Klassen absolvieren werden, in die Lage gebracht werden können, an die Universitäten und technischen Hochschulen überzugehen. Wir müssen dafür sorgen, daß die Kinder an diese Anstalten übergehen können. Ich glaube, noch lange Zeit wird man uns nicht die Möglichkeit geben können, etwa zum Beispiel Doktoren zu fabrizieren, gültige Zeugnisse an unseren Hochschulen zu machen. Dann würden wir viel mehr erreichen. Wir können zunächst nichts anderes tun, als erst die Kinder und dann die jungen Herren und Damen so weit zu bringen, daß sie sich, ohne daß ihnen der größte Schaden passiert, auch das aneignen können, was man im öffentlichen Leben braucht.

Wir sind da in ganz erhebliche Schwierigkeiten hineinversetzt. Sehen Sie, wer nach der menschlichen Natur urteilt, nach dem, was dem Menschen gut ist, damit er im späteren Leben ein brauchbarer Mensch wird, der sagt sich: das ist einfach schrecklich, wenn so im vierzehnten, fünfzehnten, sechzehnten, siebzehnten Jahre die jungen Herren und Damen an den heutigen Gymnasien und Realschulen sind. Sie werden allem Leben entfremdet. Wir müssen das Notwendigste tun, was getan werden kann, daß wenigstens auch die Körperlichkeit bis zu einer einigermaßen lebensfähigen Geschicklichkeit kommt. Ich erwähne es öfter, daß man heute erwachsene Männer findet, die nicht in der Lage sind, wenn ihnen ein Knopf abgerissen ist, ihn selbst anzunähen. Das sage ich nur beispielsweise. Andere Dinge ähnlicher Art kann man ja auch nicht. Vor allen Dingen versteht man ja nichts von der Welt. Der Mensch muß mit offenen Augen in der Welt stehen, damit er auch freie Hände haben kann, die überall angreifen. Sehen Sie, deshalb müßte in einem bestimmten Lebensalter so etwas in einer elementaren Weise eingeführt werden wie Spinnen und Weben. Ja, nun müssen wir aber – wenn nun an den gewöhnlichen Anstalten die Schüler die Matura machen, werden sie nicht im Weben und Spinnen oder in anderen nützlichen Lebenskünsten geprüft –, wir müssen außerdem allerlei von dem treiben, was man verlangt nach der Richtung des Examens hin. Dazu ist notwendig, daß wir unseren Unterricht in der ökonomischsten Weise einrichten. Das ist eine besondere Kunst im Erziehen und Unterrichten.

Ich darf ein Beispiel, das mir selbst passiert ist, anführen. Es ist jetzt lange her – es wurde mir mit anderen Geschwistern einer Familie zusammen ein elfjähriges Kind zum Erziehen und Unterrichten zugeführt, das aufgegeben war für alles Unterrichten und Erziehen. Elf Jahre war der Junge alt, und um mich zu informieren, hat man mir ein Zeichenheft gezeigt, worin der Junge seine Zeichenkunst entfaltet hat. Dieses Heft hatte in der Mitte auf der ersten Seite ein riesiges Loch. Er hatte nur radiert. Es war das alles, was er konnte. Er hatte auch einmal eine Prüfung für eine erste Volksschulklasse gemacht, er konnte gar nichts. In bezug auf die andere Haltung war er so, daß er oftmals nicht bei Tische aß, sondern in die Küche ging und die Kartoffelschalen aß. Nach den verschiedensten Richtungen war es schwierig. Ich will es nicht genau beschreiben. – Es handelte sich darum, in der möglichst kurzen Zeit möglichst viel zu erreichen. Ich selbst mußte manchmal drei Stunden arbeiten, um den Lehrstoff so zusammenzuarbeiten, daß ich dann dasjenige, was dem Jungen beizubringen war, in einer Viertelstunde beibringen konnte. Nach dem zweiten Jahr war der Junge wo weit, daß er ins Gymnasium gehen konnte. Er hatte einen riesigen Wasserkopf, der immer kleiner wurde.

Ich will diesen Fall anführen, weil er zeigt, was ich meine mit Ökonomie des Unterrichts. Ökonomie des Unterrichts heißt, eben niemals mehr Zeit für etwas zu verwenden bei den Kindern, als nach den leiblichen und seelischen Gesundheitsbedingungen notwendig ist. Solche Ökonomie des Unterrichts muß heute besonders geübt werden, weil das Leben so viel verlangt. Die Lehrkräfte zum Beispiel für das Lateinische und Griechische haben einen schwierigen Standpunkt, weil wir viel weniger Zeit haben, diese Dinge zu pflegen, und weil sie dennoch so gepflegt werden müssen, wie es den berechtigten Ansprüchen des Geisteslebens entspricht. Die Kunst müssen wir auf allen Gebieten suchen, nirgends das Kind zu überlasten. In all diesen Dingen, ich muß es sagen, brauchen wir das verständnisvolle Entgegenkommen der Elternschaft, brauchen wir ein einträchtiges Zusammenwirken mit der Elternschaft.

Wirklich, die eigentlichen Erfolge, die für das Leben die große Bedeutung haben, liegen nicht darinnen, daß für den einen oder anderen begabten Schüler etwas Staunenswertes erreicht wird. Die eigentlichen Erfolge liegen in der Lebenskraft. Und da ist es für mich immer tief befriedigend, wenn so etwas vorkommt, daß man sagt, irgendein Kind soll, weil da dies oder jenes erreicht werden soll, aus der einen Klasse in eine andere versetzt werden. Da kämpft der Lehrer um jedes einzelne Kind zuweilen. Das sind wirkliche Erfolge im liebevollen Zusammenleben der Lehrerschaft mit der Kinderschaft. Aus dem wird etwas; daneben verschwinden diejenigen Dinge, auf die so ein Wert gelegt wird, ob die Kinder ein bißchen weiter oder ein bißchen weniger weit sind.

Wir stehen schon vor der Tatsache, daß wir ja – ich möchte es wiederum radikal ausdrücken – unmöglicherweise gelobt werden können von denen, die aus den Meinungen über das heutige Schulwesen heraus kommen und diese Meinung haben. Es ist immer etwas falsch, wenn man glaubt, daß damit etwas erreicht würde, wenn die Menschen, die so denken, uns loben würden. Wenn die Sache so stünde, daß man von den heutigen Schulbehörden gelobt würde, oder von denen, die glauben, daß die heutigen Schulbehörden das Richtige haben, dann hätten wir die Waldorfschule gar nicht zu errichten gebraucht.

Also es ist nur selbstverständlich, daß wir darauf angewiesen sind, daß unsere Elternschaft im Einklang darauf eingeht, auf eine aus dem rein Menschlichen herausgeholte Erziehung zu sehen. Die brauchen wir heute, auch in sozialer Beziehung.

Auf die Art, wie man heute vielfach denkt, werden die sozialen Fragen nicht gelöst, sondern dadurch, daß die richtigen Menschen ins soziale Leben hineingestellt werden. Die werden nur hineingestellt werden, wenn die Menschen richtig an Leib und Seele gesund aufwachsen können. An demjenigen, was einem Menschen ganz spezifisch ist, was ein Mensch seinen besonderen Fähigkeiten nach lernen kann, können wir furchtbar wenig machen. Denn, nicht wahr, wenn wir irgendwelche Verdienste haben können, den Menschen so zu erziehen, zu unterrichten, daß er das Höchste wird, was er werden kann, so müßte man, wenn wir einen Goethe erziehen müßten, als Lehrer mindestens ein Goethe sein. Zu dem, was ein Mensch durch seine Natur wird, können wir nichts tun; das wird er durch andere Veranlassungen. Was wir können, das ist, die Hindernisse wegräumen, daß der Mensch die Kräfte in sich findet zu dem, was in ihm veranlagt ist. Das können wir, wenn wir rechte Pädagogen werden, und wenn wir von der Zeitgenossenschaft unterstützt werden.

In erster Linie können wir unterstützt werden von der Elternschaft. Wir haben eine verständnisvolle Elternschaft gefunden. Und dasjenige, was ich zu sagen habe, ist zugleich durchaus mit einer Dankesempfindung erfüllt. Und von tiefer Befriedigung bin ich erfüllt davon, daß Sie so zahlreich erschienen sind. Ich hoffe, wir werden uns über einzelnes in der folgenden Aussprache unterhalten können; unsere Lehrer werden bereit sein, alle gestellten Fragen zu beantworten. Aber auf gewisse Charaktereigenschaften möchte ich noch hinweisen.

Wir haben auch in der letzten Zeit, die Waldorf-Lehrerschaft mit mir zusammen, einen Hochschulkurs in Holland gehalten. Eine Persönlichkeit der Waldorfschule, Fräulein *von Heydebrand,* hat jenen Nachmittag zu leiten gehabt, der über pädagogische Fragen zu handeln hatte. Es war einer der interessantesten Nachmittage, weil man sah: die Erziehungsfragen sind heute solche, die überall die ganze Welt beschäftigen. – Wir wissen zwar, daß wir kein Recht haben, darauf zu pochen, wie wir es so herrlich weit gebracht haben, daß wir nicht betonen wollen, wie wir es so herrlich weit gebracht haben.

Nun steht die Sache so, daß viele Leute heute das Impulsierende unserer Schule einsehen; was aber noch fehlt, das ist das tatkräftige Zu-uns-Stehen, damit die Sache weitere Stütze und weitere Verbreitung gewinnen kann. Es ist durchaus einzusehen, daß Eltern zunächst das Beste für ihre Kinder möchten. Aber so wie heute die Dinge liegen, sollten die Eltern auch uns helfen. Für uns wird es schwer, durchzudringen. Wir brauchen Hilfe in jeder Beziehung, denn wir brauchen einen sich immer mehr und mehr vergrößernden Kreis, damit wir die Vorurteile gegenüber unserer Pädagogik überwinden können. Und vor allen Dingen sage ich das Folgende unter einer bestimmten Voraussetzung und Reserve, daß ich durchaus mich überzeugt halten will, diejenigen, die hier sitzen, haben in pekuniärer Beziehung das getan, was sie tun können. Diese Hypothese sei vorausgesetzt, damit niemand glaubt, ich will ihm zu nahe treten. Aber dabei bleibt doch die andere Tatsache bestehen: Wenn wir weiterkommen wollen, brauchen wir Geld!

Ja, Geld brauchen wir! Nun sagen die Leute: Das ist aber kein Idealismus. Ihr Anthroposophen, was macht ihr uns da von Idealismus vor, da ihr doch sagt, Geld braucht ihr.

Meine sehr verehrten Anwesenden! Sehen Sie, der Idealismus ist halt doch auf schwachen Füßen stehend, der große, ungeheure Worte macht und sagt: Ich bin Idealist, aber weil ich Idealist bin, verachte ich meine Geldbörse; deshalb will ich meine Finger nicht beschmutzen, ich bin ein viel zu großer Idealist!

Insbesondere werden sich kaum Ideale erfüllen, wenn die Leute zu große Idealisten sind, um sich ihre Finger zu stark zu beschmutzen beim pekuniären Opferbringen. Wir müssen doch schon auch den Ton finden gegenüber der Welt, welcher es den Leuten nahelegt, uns nach dieser Richtung einige Unterstützung zukommen zu lassen, was ja jetzt noch immer unsere große, furchtbare Sorge ausmacht.

Denn schließlich, die Waldorfschule ist als einzelne Schule groß; sie hat genügend Schüler. Sie ist fast gar nicht mehr zu übersehen. Das ist eine Sorge, die sehr ernst genommen wird. Und gewiß, wir wollen sie nicht mehr gegenüber dem jetzigen Stande vergrößern; wir wollen uns dem Ausbau unterziehen. Aber auch da vergrößert sich die Schülerzahl damit, vergrößert sich die Lehrerzahl. Da nun die Lehrer nicht von der Luft leben können, verlangt das nach Mitteln.

Und da müssen Sie sich schon, meine sehr verehrten Anwesenden – ich setze voraus, jeder hat das Seinige schon getan; es handelt sich darum, die Idee weiter hinauszutragen, damit auch draußen die Idealisten gefunden werden –, da muß man sich dazu entschließen, gerade auf seiten der Elternschaft, nach der Richtung der materiellen Grundlage, der Waldorfschule zu helfen, sonst fürchte ich, kommt es dazu, daß wir uns nächstens, wenn wir die Dinge weiter gut pflegen wollen, vor Sorgen das Schlafen werden abgewöhnen müssen. Und dann weiß ich auch nicht, ob Sie die nötige Lehrerschaft immer in der Schule haben, wenn sich die Lehrerschaft das Schlafen wird abgewöhnen müssen.

Ich wollte heute manche Dinge mit Worten andeuten, von denen vielleicht manche das Gefühl haben, sie sind zu radikal gewählt. Aber ich hoffe doch, daß ich über manches verstanden worden bin. Am meisten liegt mir daran, daß ich nicht über das einzelne bloß verstanden werde. Ich möchte in dem Durchgreifenden verstanden werden, daß für uns, für unser Wirken in der Waldorfschule ein herzliches Einvernehmen mit der Elternschaft notwendig ist. Auf die Notwendigkeit dieses herzlichen

Einvernehmens wollte ich hinweisen, gerade deshalb, weil es in so hohem Maße wirklich vorhanden ist, und weil man am besten die Möglichkeit finden wird, auf diesem Gebiete vorzudringen, wenn schon heute Unterlagen geschaffen sind.

Möchte daher durch alles dasjenige, was wir im einzelnen erstreben wollen – und darüber kann die folgende Diskussion sich aussprechen –, möchte durch alles dieses einzelne hindurch bei solchen Elternversammlungen der Impuls mitgenommen werden zu dem herzlichen Einvernehmen, das besteht zwischen den Erziehern, zwischen der Lehrerschaft und der Elternschaft, die ja ganz gewiß das tiefste Interesse haben wird, daß diese Eintracht besteht, weil die Elternschaft das Teuerste, was sie hat, der Lehrerschaft anvertraut hat.

Aus diesem Bewußtsein heraus und aus dem Bewußtsein der Verantwortlichkeit der Lehrerschaft gegenüber diesem Teuersten der mit ihr verbündeten Elternschaft, aus diesem Zusammenarbeiten möchte derjenige Geist immer weiter erblühen, welcher sich in der Waldorfschule in einem befriedigenden Maße gezeigt hat. Er wird um so mehr wachsen und gedeihen, je mehr diese Einigkeit gedeihen wird. Je mehr das der Fall sein wird, desto mehr wird das andere erzielt werden, das schönste Ziel zu erreichen für das menschliche Wesen: die der Waldorfschule anvertraute Jugend zu erziehen für das menschliche Zusammenleben. Da wird der Mensch zu stehen haben gegenüber den Stürmen des Lebens. Wenn er dasteht im sozialen Leben, um in der richtigen Weise die Wege zu finden zum Zusammenarbeiten mit den anderen Menschen, da werden sich die einzelnen menschlichen und sozialen Fragen lösen können.

Es wird eine Frage gestellt wegen der Maturitätsprüfung.

Dr. Steiner: Ich selbst habe nur das Folgende zu sagen: Im ganzen gilt dasjenige als Grundsatz, was ich selbst vorgebracht habe. Wir müssen durch Ökonomie es dahin bringen, daß tatsächlich für die wichtigsten Lebensabschnitte erreicht werden kann, was die Schüler befähigt, unmittelbar sich einzugliedern in das, was heute verlangt wird. Da können wir nicht maßgebend sein darüber, ob wir das für das Richtige halten oder nicht. Wir müssen uns dem fügen. Da tritt die Frage nicht an uns heran, ob das berechtigt oder unberechtigt ist, was bei der Maturitätsprüfung verlangt wird. Das muß durch Ökonomie erreicht werden. Bis jetzt sind wir noch nicht in der Lage. Ich glaube durchaus, daß es möglich sein wird, dieses Ziel zu erreichen, wenn es auch heute bei denjenigen, die dabei in Frage kommen, durchaus noch nicht so aussieht. Das ist aber unser Prinzip, daß wir im entsprechenden Lebensalter die Kinder dazu bringen, daß sie die Prüfung ablegen können. Es ist so, daß man auch äußerlich Schwierigkeiten zu überwinden hat. Es ist notwendig, daß man der Schule vorurteilslos entgegenkommt. Ich weiß selbstverständlich, daß man einen Schüler oder eine Schülerin, die wir dazu gebracht haben, daß sie eine Prüfung ablegen, trotzdem durchfallen lassen könnte. Ich gab Ihnen das Exempel, daß es mir eine Leichtigkeit wäre, auch die Kommissäre durchfallen zu lassen. Wir erstreben das, daß die Schüler die Prüfung ablegen können, wie wir auch darüber denken. Wir wollen nicht nach einer Schrulle erziehen, wir wollen nach dem Leben unterrichten. Wir müssen nur insofern die Schüler richtig ins Leben hineinbringen wollen, als es noch gerade geht.

In Mitteleuropa ist gegenwärtig noch einiges möglich, in Rußland gar nichts mehr. Wir müssen froh sein über dieses einige. Wenn wir dieses einige in die Kinder hineinbringen, wird es in der nächsten Generation schon mehr sein.

Ich betone ausdrücklich, verrückte Kerle sind wir nicht, die etwa sagen, die Kinder dürfen nur dies oder jenes können. Dasjenige, was verlangt wird bei den Prüfungen – wenn wir damit auch nicht immer einverstanden sind, wenn wir auch im stillen Kämmerlein es für verdreht halten –, so machen wir es doch mit, und dabei beachten wir doch alles, was wir zum Heile der Menschheit für notwendig halten.

Frage: Wäre es nicht möglich, die Schulstunden auf den Vormittag zu legen?

Dr. Steiner: Nicht wahr, für solche Fragen kommt immer nicht bloß der eine oder der andere Gesichtspunkt in Betracht. Man sollte von sieben bis ein Uhr unterrichten, sagt man. Nun sehen Sie, da darf ich auf einige Prinzipien hinweisen. Als ich meinen Weihnachtskurs hielt, da wurde dann in den Stunden, die einer Fragebeantwortung gewidmet waren, auch die Frage aufgeworfen, wie verhält es sich mit der Ermüdung? Ich erwähnte, daß es durchaus im Sinne unserer Pädagogik liegt, nicht in der Weise die Aufmerksamkeit der Kinder zu zerstäuben, daß man in einer Stunde Religion, in der anderen Zoologie und dergleichen hat, sondern daß es darauf ankommt, den Unterricht möglichst so zu geben, daß die Aufmerksamkeit der Kinder konzentriert sein kann. Daher haben wir den Unterricht so, daß ein gewisses Gebiet durch Wochen hindurch getrieben wird, durch eine längere Schulzeit hindurch. Das ist ein Gesichtspunkt, der hervorgeholt wird aus der besonderen Erkenntnis der kindlichen Wesenheit.

Man stellt die Frage, ob die Kinder nicht ermüden. – Da muß man aufmerksam machen, daß der Unterricht bei uns dem Prinzip nach so erteilt wird, daß zwischen dem siebenten und zwölften Jahr überhaupt gar nicht auf die Kopfarbeit der Kinder, weil das falsch wäre, gerechnet wird, sondern auf das rhythmische System, auf das Mitarbeiten des Gemütes, das mit dem rhythmischen Atmungs- und Zirkulationssystem zusammenhängt. Sie müssen bedenken, wenn der Mensch ermüdet, ermüdet er nicht durch sein rhythmisches System, sondern durch sein Kopfsystem und Gliedmaßensystem. Wenn das Herz und die Lunge auch ermüden würden, dann könnten sie nicht das ganze Leben hindurch tätig sein. Die anderen Systeme ermüden. Indem wir in diesen Jahren rechnen auf das rhythmische System, machen wir die Kinder nicht so müde, als sie sonst gemacht werden.

Wenn man daher jetzt Ermüdungsversuche anstellt in der experimentellen Psychologie und sagt, sie sind nach Dreiviertelstunden so müde, daß sie abwechseln müssen, so bezeugt das nur, daß der Unterricht falsch erteilt wird, daß man in unrechtmäßiger Weise das Kind ermüdet. Die Ermüdungszahl würde sonst nicht herauskommen. Es handelt sich darum, den Unterricht so künstlerisch zu machen, daß jene Ermüdung nicht eintritt. Es kann nur langsam und allmählich erreicht werden, weil ja eine Schulpraxis in der Richtung erst nach und nach ausgebildet werden kann.

Ja, sehen Sie, meine sehr verehrten Anwesenden, das Kind kann man vor dem Ermüden bis zu einem sehr hohen Grade bewahren, wenn man richtig erzieht und unterrichtet. Aber die Lehrer nicht; die müssen mit dem Kopf arbeiten. Und wenn man eben das durchführt – das ist richtig pädagogisch –, daß man möglichst den Unterricht in einer Hand hält, dann möchte ich wissen, wie der Lehrer aussehen würde, der von sieben Uhr morgens bis ein Uhr den Unterricht erteilen soll. Und das ist es also, was in erster Linie berücksichtigt werden muß. Es ist nicht einerlei, ob man mit Lehrern, die um zehn Uhr erschöpft sein würden, nachdem sie von sieben bis zehn Uhr Unterricht zu erteilen haben, ob man diese Lehrer von zehn Uhr an weiter anstrengen würde. Das kann man nicht wünschen, so sehr ich wünschen würde, daß die auswärtigen Kinder nicht zwei Stunden fahren müssen, um eine Schulstunde zu haben. Aber es ist doch nur die Ausnahme. Es ist übertrieben. Und zweitens, man muß manches mitnehmen, wenn irgend etwas erreicht werden soll. Natürlich können wir nicht den Unterricht für alle Kinder so einrichten, wie zu wünschen wäre für die, die so weit auswärts wohnen. Es ist natürlich, daß das nicht geschehen kann. Also auch in solchen Dingen muß man mit den realen Verhältnissen rechnen.

Wir haben ohnedies die Sache so, daß am Vormittag der Unterricht, soweit es tunlich ist, erteilt wird, der sich an Geist und Seele wendet. An den Nachmittagsstunden ist das Eurythmisch-Künstlerische. Es ist der Unterricht bis in die Tagesstunden hinein so gelegt, daß es dem Lebensalter, dem Wesen des Kindes entspricht. Aber es würde das Fehler ergeben, die dann mit großer Unzufriedenheit bemerkt würden, wenn der ganze Unterricht von sieben Uhr frühmorgens bis ein Uhr mittags erteilt würde. Es würde ein kompliziertes System notwendig sein. Das müßte ganz anders sein. Dann möchte ich erst sehen, was entstehen würde, wenn wir jeden Tag von sieben bis ein Uhr die Kinder in der Waldorfschule hätten, und nachher sie sich ganz selbst überlassen würden, da möchte ich erst sehen, was da für Zettel auftauchen würden mit Klagen, weil alle möglichen Ungezogenheiten mitgebracht würden. Man hätte die Schläfrigkeit der Kinder mit den Ungezogenheiten, die sie mitbringen würden aus diesen Nachmittagen, und das würde summiert mit der Schläfrigkeit der Lehrer. Dann würden ganz schlimme Dinge auf den Zetteln stehen.

Es sind gar mancherlei Gesichtspunkte zu beobachten. Es muß appelliert werden daran, daß selbstverständlich so etwas bedacht wird, daß man eben doch, weil man nicht vermeiden kann, den Unterricht auf Nachmittagsstunden zu verlegen, daß man schon die Gründe berücksichtigt hat, die solche Gründe aus dem Felde schlagen.

Ein Vater verlangt, daß die Schüler beim Abiturienten-Examen von einer Kommission der Waldorflehrer geprüft werden.

Dr. Steiner: Die Frage ist keine pädagogische Frage. Wir haben es mit den pädagogischen Impulsen zu tun. Uns kann es sich nur darum handeln, daß wir tun, was ich erwähnt habe, daß wir rechnen damit, was dem menschlichen Wesen gemäß ist, und sehen, daß die Kinder nicht aus dem Leben herausgerissen werden. Die Dinge sind natürlich schon einmal so im Leben, daß man in den ersten Jahren gewisse Möglichkeiten wird haben können. Ich bitte Sie, dabei zu berücksichtigen, daß wir ja in der Bildung dieses Urteiles, ob nun ein Kind die Prüfung wird bestehen können oder nicht, manchen Fährlichkeiten ausgesetzt sind.

Was glauben Sie, was geschähe, wenn es vorkommen sollte, daß bei uns irgendein Knabe oder ein Mädchen die Schule absolviert und zur Prüfung geführt wird, wenn eine Garantie vorhanden wäre, daß sie nicht durchfallen würden? In manchen Fällen hat man Prüfungsschwierigkeiten vorausgesehen und hat einen solchen Schüler zu uns gebracht. – Indem wir als Pädagogen das suchen, was ich angedeutet habe, werden wir immer weiter kommen, daß wir die Möglichkeit finden, daß die

Kinder die Examina bestehen können. – Übelwollende könnten systematisch beweisen, daß das nicht der Fall ist.

Es ist nicht unsere Sache, dafür zu sorgen, daß ein amtlich abgestempelter Kommissär zur Prüfung da ist. Wenn das [Prüfung durch Waldorflehrer] von der Elternschaft gewünscht wird, so ist das etwas, was von der Elternschaft in die Wege geleitet werden müßte. Im Sinne der Waldorf-Pädagogik liegt es nicht. Es ist eine Opportunitätsfrage, die ja auch im opportunistischen Sinne gelöst werden müßte, die vielleicht auch von seiten der Eltern gelöst werden müßte. – Uns kommt es nicht darauf an, ausgeschlossen zu werden davon, gültige Zeugnisse auszustellen, nur werden wir dann müssen die Sache vom pädagogischen Standpunkt aus ansehen. Daß es einen Sinn hat vom Standpunkt der Pädagogik aus, wenn man jahrelang mit den Schülern zusammen ist, diese dann einer Abgangsprüfung zu unterziehen, daß das einen Sinn haben soll, das möchte ich, daß es jemand mir beweist. Wir wissen, was wir über einen Schüler zu sagen haben, wenn er sein Alter erreicht hat und die Klasse verläßt. Wenn dann noch extra für irgendeine andere Sache das festgestellt werden soll, dann kann es geschehen. Es ist keine eigentlich pädagogische Angelegenheit. Wer Erfahrungen hat auf diesem Gebiet, der weiß, daß man viel besser ohne Prüfungen weiß, was ein Schüler taugt, als durch Prüfung. Wir haben keine Ursache, darauf hinzuarbeiten, daß wir die Prüfungen vornehmen sollen, weil es nicht aus unseren pädagogischen Unterlagen folgt.

Es wird eine Frage gestellt nach Disziplin und nach einer devotionellen Haltung den Lehrern gegenüber.

Dr. Steiner: Wenn Sie fragen, ob überall dort lauter Devotion besteht, wo man die Waldorfschul-Pädagogik nicht anwendet ... es kommt durchaus darauf an, daß gerade das, was Devotion, Verehrung des Lehrers, Liebe zum Lehrer ist, daß das sich in einer selbstverständlichen Weise ergibt. Sonst ist es nichts wert. Jede Devotion, die erzwungen wird, die gewissermaßen in gesetzlichen Bestimmungen der Schule begründet ist, hat für die Entwickelung des Menschen keinen Wert. Es ist so, daß man durchaus die Erfahrung macht, wenn die Kinder so erzogen werden, daß ihre eigene Wesenheit das Maßgebende ist, kommen sie am meisten dazu, ihre Lehrer zu verehren. Es ist keine Veranlassung zu Klagen. Natürlich, daß einzelne Dinge vorkommen, die nicht gerade für Devotion sprechen, ist nicht abzuleugnen. Aber es kommt darauf an, wieviel wert gerade die Devotion ist, die aus der Liebe erwächst, und wieviel mehr wert die andere ist, die ja doch nur gegenüber der Vorderseite der Lehrer und Erzieher sich abspielt und weniger, wenn er den Rücken gedreht hat. – Man muß die Dinge nicht so sich vorstellen, als ob die Sache so liegt, daß jedes Kind macht, was es will. Der Fall ist der, daß die Kinder immer mehr Vertrauen gewinnen zur Lehrerschaft.

Gerade in dieser Beziehung sind die Fortschritte ganz außerordentlich. Wer vergleichen kann, der findet einfach die Fortschritte ganz außerordentlich groß, die mit Bezug auf Disziplin seit zwei Jahren gemacht worden sind. Es ist tatsächlich so, wie wir die Kinder hereinbekommen haben, mußten wir nachdenken, wie wir Disziplin und dergleichen halten sollen. Jetzt ist die Sache auf einem ganze anderen Standpunkt eigentlich. Wir haben dadurch, daß das Verhältnis zwischen Lehrer und Kind ein natürliches ist, das allermeiste erreicht. Es ist ein großer Unterschied zwischen der Disziplinhaltung gegenwärtig und der Disziplinhaltung vor eineinhalb Jahren.

Diese Dinge dürfen nicht von dem Gesichtspunkt beurteilt werden, der von außen hineingetragen wird. Man muß die Waldorfschule selbst betrachten. Die Devotion kann eben nicht eingebläut werden, womit ich nicht sagen will, daß manches andere schon eingebläut werden könnte. Die Devotion muß auf eine andere Weise erworben werden. Ängstlichkeiten, die nach solcher Richtung bestehen, kann man begreifen. Allein auch nach dieser Richtung hin ist es notwendig, daß man die Ängstlichkeit sich abgewöhnt und mehr auf das sieht, was in der Waldorfschule als Resultat und Ergebnis hervortritt.

Lassen Sie ein paar Jahre hinübergehen und unsere Schule weiterbestehen, dann wollen wir wieder reden, ob wir es erreicht haben, daß die Examina gemacht werden. Wir wollen es dann bereden. Wir sind überzeugt davon, daß sie im wesentlichen werden gemacht werden. Und dann sind wir auch überzeugt, daß ganz gewiß die Befürchtung ungerechtfertigt ist, daß durch unsere Schulmethode das eintritt, was man ja wahrhaftig da, wo der stärkste Schulzwang ist, reichlich genug bemerken kann. Ich habe dort auf der niedersten Schulstufe und auf der höchsten Schulstufe gesehen, daß es mit der Devotion nicht sehr gut bestellt ist. Ich meine, daß man nicht etwa das Dogma aufstellen dürfte, wo Zwangserziehung ist, da gedeiht allein die Devotion, wo unsere Erziehung herrscht, könnte vorkommen, daß die Kinder hinter den Lehrern Eselsohren machen. Wenn man in der rechten Weise dem Kinde beikommt mit der freundlichen Ermahnung, so ist es besser als mit der Ohrfeige.

ANSPRACHE BEI DER FEIER ZUM BEGINN DES VIERTEN SCHULJAHRES

20. Juni 1922

Meine lieben Kinder, liebe Schüler und Schülerinnen der Waldorfschule! Zuerst rede ich zu den ganz Kleinen. Meine lieben Kinder, die bisher gar nicht in einer Schule waren, für euch wird es jetzt anders, als es bisher war. Seht ihr, wenn ihr jetzt ein bißchen zurückschaut, so könnt ihr wissen, ihr seid morgens aufgestanden und habt die Augen ausgerieben, und dann habt ihr euch gewaschen, angezogen, und dann habt ihr etwas zum Frühstück bekommen. Und dann habt ihr gesehen, wie bei vielen schon ganz früh der Vater fortgehen mußte zur Arbeit, wie die Mutter den ganzen Tag arbeiten und schaffen mußte. Dann habt ihr euren Vormittag vielleicht so zugebracht, daß ihr gespielt habt. Ihr konntet machen, was ihr wolltet bis zum Mittag. Ihr lieft hinaus auf die Straße oder in den Garten oder sonst wohin. Da konntet ihr machen, was ihr wolltet. Dann bekamt ihr eurer Mittagessen. Da wart ihr schon hungrig geworden, müde geworden. Da gab euch euer Vater und eure Mutter, die gaben euch euer Mittagessen. Dann mußten sie wieder arbeiten gehen. Ihr konntet wiederum spielen oder etwas anderes tun. Ihr brauchtet noch nicht zu arbeiten. So ging es bis zum Abendmahl. Da kriegtet ihr euer Essen. Nachher konntet ihr wieder schlafen. Am nächsten Tag war es wieder so.

Jetzt seid ihr größer geworden. Da mußten sich eure Eltern sagen: Jetzt muß der Bub in die Schule! – Mancher hat sich gefreut. Ihr werdet euch alle über die Schule freuen. Aber anders wird es doch. Ihr könnt jetzt nicht immer bloß herumlaufen oder euch hinsetzen, wo ihr wollt. Oder wenn ihr mit dem Kameraden sitzt, könnt ihr ihn nicht immer beim Ohr zupfen, beim Haar zupfen. Ihr müßt jetzt jeden Morgen ins Schulzimmer hinein. Da sind die Bänke. Da ist es enger; da müßt ihr etwas lernen. Daß ihr etwas lernen müßt, das müßt ihr recht gut in euer Herz schreiben. Ihr müßt euch in die engen Bänke hineinsetzen. Ihr könnt nicht immer die Kameraden zupfen. Da müßt ihr achtgeben, was der Lehrer sagt. Da müßt ihr anfangen, artig zu sein, brav zu sein. Aber ich hoffe, ihr werdet gerne brav sein. Warum ist es so? Eure Eltern mußten arbeiten. Die hatten Sorgen. Ihr hattet noch keine Sorgen. Die Eltern mußten arbeiten, die Eltern mußten sorgen, damit ihr leben könnt. Wenn die Eltern nicht gearbeitet hätten, da hättet ihr nichts zu essen, da hättet ihr verhungern müssen.

Ihr habt ja nicht nur euren Kopf, ihr habt auch – da drinnen – ein Herz. Im Herzen da drinnen wohnt etwas, das wißt ihr jetzt noch nicht, im Herzen wohnt eine Seele. Das ist etwas ganz anderes als der Kopf. In jedem von euch wohnt eine Seele. Wenn eure Eltern nicht auch zu dieser Seele gesprochen hätten, sondern nur zu euren Ohren, da hättet ihr nicht sprechen gelernt. Ihr könnt sprechen; sprechen tut man aus der Seele heraus. Eure Eltern haben sich gesorgt, daß ihr Menschen werdet. Zu dem, was ihr gelernt habt, werdet ihr viel dazulernen müssen. Dadurch werdet ihr rechte Menschen. Jetzt seid ihr erst ein bißchen etwas vom Menschen. Ihr werdet erst dadurch Menschen, daß ihr etwas lernt. Mensch kann man nur werden, wenn man arbeiten lernt.

Das alles wird euch ein lieber Lehrer oder eine liebe Lehrerin beibringen. Die sollt ihr auch gern haben. Nur wenn ihr sie lieb habt, dann könnt ihr etwas lernen. Da geht ihr jeden Tag in die Klasse hinein und denkt nach, wie ihr am besten euren Lehrer oder eure Lehrerin liebt. Wenn euch etwas weh tut, wenn ihr über etwas nicht zufrieden seid, dann geht ihr zum Lehrer oder zur Lehrerin. Ihr denkt euch, die habe ich recht lieb, die werden mir helfen. Lernt den Lehrer, die Lehrerin lieben, wie ihr gelernt habt, die Eltern lieb zu haben. Denkt daran, daß eure Eltern euch in die Waldorfschule geschickt haben. Eure Eltern wollten für euch das Allerbeste tun. Tut wiederum das Allerbeste, indem ihr recht achtgebt auf dasjenige, was die Lehrer tun. Dadurch zeigt euren Eltern, daß ihr eure Eltern lieb habt! Die haben euch in die Schule geschickt.

Also, liebe Kinder, wenn ihr so recht mit einem solchen Gefühl morgens in die Klasse hineinkommt und euch vorstellt, da müssen wir ordentliche Menschen werden, dann wird es richtig sein. Da werdet ihr ordentliche Menschen.

Jetzt möchte ich zu den Kindern sprechen, welche schon in der Schule waren, welche schon kennengelernt haben, wie man anfängt, immer mehr in seiner Seele, in seinem inneren Menschen zu finden, und wie man immer mehr lernt und dazu hinkommt, die Lehrer und Lehrerinnen recht lieb zu haben. Das ist das, was wir immer wiederum und wiederum uns vornehmen müssen, die Lehrer recht lieb zu haben. Dann werden wir das Allerbeste gewinnen können.

Die Lehrer denken immer nach: Wie können wir es machen, damit wir die Kinder zu ordentlichen Menschen machen. – Ihr müßt immer mehr und mehr lernen, fleißige und aufmerksame Kinder zu sein; Kinder zu sein, welche die Schule lieb haben. Die Schule gibt sich Mühe, dasjenige in euch hineinzutragen, was euch zu tüchtigen Menschen und tüchtigen Mitarbeitern an aller Arbeit, die die Menschheit braucht, machen kann. Hier in dieser Schule wird immer mehr darüber nachgedacht, was man an den Menschen heranbringen muß, an den Schüler, damit er am besten durchs Leben kommt. Ihr habt Dinge gelernt, die alle darauf hinausgingen, euch zu ordentlichen, tüchtigen Menschen zu machen. Wenn ihr so fleißig und aufmerksam seid und eure Lehrer liebt, dann wird das Leben für euch anders, als wenn ihr faul seid und niemals gelernt habt, eure Lehrer zu lieben. Dadurch, daß ihr gerade das in euch aufnehmt, was in der Schule aufgenommen werden kann, werdet ihr so, daß ihr für eure Mitmenschen arbeiten könnt, daß ihr euren Mitmenschen etwas Wertvolles sein könnt.

Das ist das Furchtbarste im Leben, wenn man als Mensch durch ein Leben geht, das keinen Wert hat für seine Mitmenschen. Dann kommen die Menschen und wollen nichts wissen von einem, weil man für sie nichts arbeiten kann. Das ist dasjenige, was uns die Schule bringt, daß wir so im Leben darinstehen, daß wir für unsere Mitmenschen schaffen und arbeiten können, so daß unsere Mitmenschen etwas Wertvolles von uns haben, daß sie uns lieben können, weil wir für sie etwas leisten.

Daß der Mensch für den anderen Menschen etwas leisten kann, darauf, meine lieben Kinder, beruht das ganze Leben. Das ist dasjenige, was in der Waldorfschule immerfort durchdacht wird, wie man am besten die Kinder und Schüler hineinführen kann ins Leben, damit sie für ihre Mitmenschen etwas leisten können, daß man Freude haben kann am Leben und nicht bloß Leid.

Diejenigen, die noch in den mittleren Klassen sind, die können sich ganz auf ihre Lehrerschaft verlassen, die können ganz hinschauen auf ihre Lehrerschaft. Die Lehrer stehen schon darin im Leben. Die Lehrer sind Menschen geworden, die man liebhaben kann, von denen man viel lernen kann. Man kann am allerbesten vorwärtskommen, wenn man sich sagt: Ich will so werden wie der Lehrer.

Und wenn ich noch ein paar Worte zu denjenigen reden darf, die in den allerletzten Klassen sind, möchte ich sagen: An euch tritt jetzt etwas heran, was aus einem anderen Tone klingt. Ihr wißt es noch nicht ganz genau, was daraus klingt. Das ist das, was man nennen wird: den Ernst des Lebens. Wenn man ins vierzehnte, fünfzehnte Jahr hereinkommt, da leuchtet schon etwas das herein, was man nennen kann den Ernst des Lebens. Das, was manchmal so in eure Seele schallt, das ist schon der Ernst des Lebens. In der Schule wird das herangebracht, was man in ihr lernen soll. Wenn man dann aber die Schule verlassen hat, dann steht man da und soll eigentlich erst dann ein wirkliches Leben beginnen.

Das ist dasjenige, was ihr ganz besonders in diesem Jahr in eure Seele schreiben sollt, daß ihr euch erst recht an die Schule haltet. Die Schule weiß, was es mit diesem Ernst des Lebens zu tun hat, und was man an die Kinder heranbringen muß, damit sie in den Ernst des Lebens hereinkommen können. Wir müssen dann, wenn wir ein Leid erfahren haben, die Kraft haben, es zu ertragen. Diese Kraft sollen wir auch durch das, was wir in der Schule erworben haben, erringen. Wir müssen die Kraft haben, das Leid des Lebens zu ertragen. Das Leben bringt auch Freuden. Die sind manchmal noch gefährlicher. Die Freuden machen uns gedankenlos, empfindungsstumpf. Und auch da gibt euch die Schule das, daß ihr wiederum lernt, die rechte Mitte einzuhalten, hindurchzustreben zwischen Leid und Freud des Lebens.

Das Leben ist heute ein recht kompliziertes geworden. Da kann der junge Mensch manchmal nicht ermessen, was ihm für das Leben notwendig ist und nützlich sein wird. Der Lehrer beschäftigt sich Tag und Nacht damit, herauszubekommen, wie es im Leben sein wird, wenn nach der jetzigen Zeit zehn, zwanzig Jahre vergangen sein werden. Ihr werdet Menschenliebe brauchen, um euch richtig ins Leben hereinzustellen. Seht ihr, meine lieben Kinder, ich werde euch niemals am Anfang des Schuljahres sagen, ihr könnt hier spielend lernen. Das ist nicht wahr, das kann nicht sein. Das, was es hier geben muß, das ist wirklicher Ernst, daß man lernt, wenn das Leben schwer zu nehmen ist, es auch schwer zu nehmen. Der Ernst wird euch Zeit lassen, menschlich zu empfinden. Das soll bei uns in die höchsten Klassen hinauf gehen. Ihr sollt euch hineinfühlen in dasjenige, was im Menschen wirklich ist. Ihr müßt verstehen lernen, daß der Mensch arbeitend lernen muß, weil er ohne dieses arbeitende Lernen doch kein wirklicher Mensch sein kann.

Jetzt habe ich auch meinerseits herzliche Grüße zu sagen denjenigen Lehrern und Lehrerinnen, die schon bei euch waren, die schon ihre Liebe angewendet haben. Ich habe herzlich zu begrüßen diejenigen, die in diesem Schuljahr ihre Arbeit zum erstenmal in Anwendung bringen werden. Wenn jeder einzelne Schüler wissen würde, welche Mühe notwendig ist von seiten der Lehrerschaft, dann würde es etwas Selbstverständliches sein, daß Liebe zu den Lehrern die Luft der Waldorfschule wird.

Wir wollen den Menschen auch in die richtige Verbindung bringen mit der geistigen Welt. Unsere Lehrer haben für sich diese Verbindung mit der geistigen Welt gesucht. Sie werden so euch sein können Propheten, Missionare zur Überbringung dessen, was erst aus der geistigen Welt in diese Erde hineingeholt werden kann, was aber notwendig ist, daß Menschen es ergreifen und als geistige Kraft in die Erde hineinfügen. Sonst würde unsere Erde veröden. Hier soll aus liebevollem, energischem Zusammenwirken das erwachen, was eben den Menschen zum wahren Menschen macht.

Jetzt möchte ich euch allen ins Gedächtnis rufen, insbesondere den Schülern der höheren Klassen, das, was man im Leben draußen findet. Im Leben draußen ist die Zeit ausgefüllt mit Arbeit, aber ab und zu findet sich, daß man doch von der Arbeit weggeht und gewisse Feste feiert, und bei diesen Festen erinnert man sich des Wertes dieser Feste für den Menschen; sie geben ihm den Schwung. Der Mensch muß sich in den Enthusiasmus hineinleben, damit er hinaussieht über dasjenige, was der Alltag bringt. Das, was heute sich vollzieht, das soll für euch ein Fest sein. Diejenigen, die in der Schule sind als werdende Menschen, die sollen es als ein ganz besonders in die Seele einschneidendes Fest empfinden, wenn sie in ein neues Schuljahr hineinrücken. Sie sollen sich sagen: Wir wollen jetzt ganz besonders empfinden, wie wir in der Schule aufmerksam und fleißig sein sollen, wie wir in Liebe mit unseren Lehrern verbunden sein sollen. Wir sollen da empfinden etwas wie eine Art Gottesdienst. Wir wollen empfinden, daß es die Kräfte dessen sind, die das ganze Leben erleuchten und bilden. Wir wollen empfinden, daß es etwas im höchsten Sinne Menschliches ist. Wir wollen das als ein besonderes Fest unseres Herzens, unserer Seele, unseres Geistes empfinden.

Wir wollen empfinden heute, was wir haben daran, daß wir in der Schule zu Menschen werden können. Jetzt werden wir als ordentliche, treue, als die Lehrer liebende Menschen die Arbeit in der Schule beginnen, die die Arbeit für das Leben ist. Wir wollen uns heute mit der ganzen Kraft vornehmen, aus dieser uns geschenkten Liebe heraus, daß der Mensch ein vom Geist in die Erde getragenes Wesen ist, daß wir das Fest feiern einer von Liebe getragenen Schularbeit.

Wenn wir das Bewußtsein haben, wir arbeiten ernst, wir arbeiten in Liebe zu unseren Lehrern, wir arbeiten so, daß dasjenige, was an uns herantritt, auch in unsere Herzen hereingeht, dann werden wir auch dadurch, daß wir richtige Schüler sind, gute, tüchtige und den übrigen Menschen zum Heile gereichende Menschen in der Welt werden.

ANSPRACHE AN DER ZWEITEN ORDENTLICHEN MITGLIEDERVERSAMMLUNG DES VEREINS «FREIE WALDORFSCHULE»

20. Juni 1922

Nach den geschäftlichen Verhandlungen ergreift Rudolf Steiner das Wort:

Im ganzen darf ausgesprochen werden, daß manches, was aus unseren Zielen hervorgegangen ist, doch eigentlich eine Einzelerscheinung ist innerhalb eines großen Tatsachenkomplexes. Da gestatten Sie mir, daß ich selbst einiges bemerke und namentlich über das, was als Erfahrung vorliegt seit der Zeit, seit wir die Waldorfschule begründet haben.

Wir haben ja die Waldorfschule begründet als einen Teil der Auswirkung, welche hervorgehen sollte aus der Geistesbewegung, die mehr als zwei Jahrzehnte alt ist. Ohne diese Geistesbewegung ist auch die Waldorfschule nicht zu denken. Im besonderen ging der Plan zur Begründung der Waldorfschule von unserem lieben Freunde Emil Molt aus in der Zeit, in der für die großen Menschheitsfragen aus der Not der Zeit heraus ein gewisses Interesse vorhanden war. Man darf sagen, als wir, rechnend auf dieses Interesse, im Jahr 1919 damit begonnen haben, in den verschiedensten Richtungen in die Gebiete des öffentlichen Lebens von anthroposphischen Gesichtspunkten aus wirken zu wollen, wir dürfen sagen, daß seit jener Zeit wirklich recht reichliche Erfahrungen gemacht werden konnten nach einer bestimmten Richtung hin.

Zunächst traf man auf ein bestimmtes Interesse, das versprach, weitere Kreise zu umfassen. Es war ein großes Interesse unter der Menschheit 1919, nach dieser oder jener Richtung so zu wirken, daß an die Stelle der Niedergangskräfte Aufgangskräfte treten könnten. Man sieht auch heute noch, daß nicht bloß in Mitteleuropa, sondern in der ganzen Welt für die Erziehungsfragen das allgemeinste Interesse vorhanden ist. Es ist doch eine auffällige Tatsache, daß in diesem Jahr das Shakespeare-Geburtstagsfest in Stratford eigentlich im Zeichen von Erziehungsfragen abgehalten worden ist. Sie wissen, ich habe damals bei diesem Fest selbst

Vorträge zu halten gehabt, und die Veranstaltung stand durchaus im Zeichen der Erziehungsfragen; es war ja auch ein Komitee für die neuen Erziehungsideale, welches diese Veranstaltung besorgte. Im Sommer werden wir wieder Gelegenheit haben, in Oxford eine Veranstaltung zu haben, und von zwölf Vorträgen werden neun im engeren Sinne die Erziehungsfragen behandeln. Das zeigt, daß immerhin für die Erziehungsfragen heute ein Interesse vorhanden ist.

Dieses Interesse findet man auch sonst überall. Man findet heute schon durchaus, daß im weitesten Kreise die Erziehungsfragen für die allerwichtigsten Fragen gehalten werden. Man findet zahlreiche Menschen, welche den richtigen Glauben haben, daß alles Reden über soziale Fragen doch keinen rechten Boden hat, wenn nicht von Erziehungsfragen ausgegangen wird. Man ist sich klar geworden, daß das Chaos, in welches die Menschheit hineingeraten ist und immer weiter hineingeraten wird, daß dieses Chaos im wesentlichen herbeigeführt worden ist dadurch, daß man auch auf die geistigen Fragen der Menschheitsentwikkelung nicht den rechten Wert gelegt hat.

Das Interesse ist aber, wenn ich es so ausdrücken möchte, ein Gedankeninteresse. Die Art und Weise, wie dieses Interesse sich darlebt, zeigt so recht, daß es sich um eine Art Gedankeninteresse handelt. Man veranstaltet – wie man auch sonst heute Kongresse veranstaltet –, man veranstaltet auch Erziehungskongresse. Man kommt zusammen und redet über Erziehungsfragen, und es ist nicht zu leugnen, daß bei solchen Versammlungen außerordentlich gescheite Dinge geredet werden. Es wird heute mit außerordentlicher Gescheitheit geredet. Gescheit ist ein großer Teil der Menschheit, und dann liegt auch das vor, daß unter den ganz gescheiten Menschen der größte Teil sich heute selbst gerne reden hört. Dadurch sind die denkbar besten Vorbedingungen geschaffen, um Kongresse abzuhalten, um da zu beraten, wie man die Wege finden kann aus den chaotischen Zuständen.

Wenn es von solchen Kongressen abhängen würde, würden wir auf dem besten Wege sein. Das, meine verehrten Anwesenden, sollten wir doch sehr in acht nehmen. Ich habe es öfter ausgesprochen, ich bin überzeugt davon, wenn heute sich zwölf oder eine andere Zahl von Menschen zusammenfindet, die ein Programm aufzustellen sich vornimmt, wie man in der besten Weise Kinder erziehen soll, so wird das Allergescheiteste zustande kommen. Ich meine es im vollen Ernst. – Programmpunkte, die in der schönsten Weise dasjenige aufstellen, was die besten pädagogischen Grundsätze sind für die Behandlung des Kindes und so weiter, in dieser Richtung gibt es heute eine ausgezeichnete Literatur. Literatur reden die Leute auf den Kongressen. Es kommt darauf an, daß die Arbeit, die zu leisten ist, aus dem vollen Leben geleistet wird. Man hat es niemals mit dem wirklichen Leben zu tun, wenn man Programme aufstellt. Man hat es im wirklichen Leben mit einer Anzahl von Schülern zu tun und mit einer Anzahl von Lehrern. Mit Menschen hat man es zu tun. Diese Menschen werden das leisten, was zu leisten ist, was sie leisten können.

Dazu aber, daß dies, was geleistet werden kann, geleistet wird, dazu kommt es darauf an, daß man die Hände frei hat, um aus dem Menschlichen heraus zu wirken. Da kommen wir dazu, daß es wirklich heute viel weniger darauf ankommt, daß Gedankeninteresse vorhanden ist für die großen Fragen des Daseins, sondern daß der Wille dazu vorhanden sei, wirklich die Bedingungen herbeizuführen, unter denen ein solches Erziehungswesen möglich ist. Da liegt das Merkwürdige vor, währenddem wirklich das weitgehendste Interesse vorhanden ist im Gedanken, in der Empfindung, daß das oder jenes sein müßte –, es liegt das Merkwürdige vor, daß zu diesem Gedankeninteresse kein wirkliches Willensinteresse dazukommt. Sehen Sie, daß dieses Willensinteresse nicht dazukommt, das ist der Grund, warum ich sagte, dasjenige, was auf unseren Kongressen verhandelt wird, ist eigentlich Literatur, ist nicht dasjenige, was sich in die Tat umsetzt.

Eine der wichtigsten Tatsachen in bezug auf dasjenige, wovon auch diese Waldorfschule ausgegangen ist, ist die, daß wir in der Lage waren, die anthroposophische Bewegung zu einer verhältnismäßig sehr großen zu machen. Die anthroposophische Bewegung ist eine große geworden. Das zeigt sich darinnen, daß schwer geschriebene Bücher höchste Auflagenzahlen sich erringen. Überall springt das Interesse hervor, das das Gedankeninteresse ist, das sogar insoweit über das Gedankeninteresse hinausgeht, daß sich diejenigen Menschen finden in der anthroposophischen Bewegung, die auch ein Empfindungs- und Herzensinteresse haben. In all unseren gegenwärtigen Bewegungen finden sich Menschen zusammen, die unter Umständen ein bloßes Gedankeninteresse haben, das bei denjenigen, die etwas rührig sind, in ein Redeinteresse übergeht. In der anthroposophischen Bewegung sind diejenigen Menschen versammelt, welche intensives menschliches Bedürfnis haben, die für ihre Seele etwas notwendig haben, die weiterkommen möchten in bezug auf den Gehalt der menschlichen Wesenheit. So ist es, wenn man das mehr theoretische, das Erkenntnisinteresse, Empfindungsinteresse, wenn man das mehr theoretisch betrachtet. Es gibt heute sehr viele Menschen, die sagen sich: Da gibt es etwas, wo man sich seine geistigen Interessen befriedigen kann. – So ist es heute. Ich hoffe, es hat alle Garantien des Wachstums in sich, trotz der skandalösen Gegnerschaft.

Dasjenige, was uns fehlt, das sind Menschen, die nicht bloß Interesse haben, daß die anthroposophische Bewegung so groß als möglich sei, daß sie so viel als möglich geistigen Inhalt hervorbringt, sondern Menschen, die ein Interesse daran haben, daß diese anthroposophische Bewegung auch gemacht wird, die Mitarbeiter sind am Zustandekommen der anthroposophischen Bewegung. Die sind außerordentlich wenig. Wir haben sehr viel hörende Menschen, Menschen, welche für sich etwas haben wollen, aber wir haben außerordentlich wenig Menschen, die im vollen Sinne des Wortes Mitarbeiter sind.

Sehen Sie, als unser Wiener Kongreß veranstaltet worden ist, der ja nicht in einem solchen Sinne ein Kongreß war wie andere Kongresse – unsere Kongresse gehen davon aus, daß sich Menschen versammeln, die etwas entgegenehmen können, was sie nach Hause tragen sollen, während die anderen solche sind, daß ein jeder, was er zuhause hat, abladen will –, als dieser Kongreß veranstaltet worden ist, da handelte es sich darum, daß Arbeiter da sein mußten, die ihn vorbereiteten und ihn zustande brachten, daß Redner da sein mußten. Da ist es immer wieder eine kleine Anzahl von Freunden, die sich tatächlich ihre Beine fast auslaufen müssen, die sich ihre Finger wund schreiben müssen, die ihr Portemonnaie ausleeren müssen. Dann ist es eine kleine Anzahl von Freunden, es sind die Waldorflehrer und eine andere kleine Anzahl, die unter diesen Mitwirkungen sich fast alle Monate einmal gründlich überarbeiten, die eigentlich immer furchtbar überarbeitet sind.

Aber wenn dann ein solcher Kongreß zu Ende gegangen ist, dann ist wiederum ein Stück Erfahrung nach der Richtung gemacht – auch wenn die Sache so erfolgreich war, wie es der Kongreß in Wien ist –, dann tritt doch das ein, daß man sagen muß: Ja, alle Bedingungen sind geschaffen, um so etwas, wie etwa auch unser Waldorfschulwesen weiter auszubreiten. Aber die Bedingungen sind so geschaffen, daß für die geringe Anzahl der mitarbeitenden Persönlichkeiten die Sache über den Kopf wächst. Immer wieder muß Ausschau gehalten werden, wo man neue Mitarbeiter finden kann. Ich möchte da – vielleicht werden nicht alle übereinstimmen –, ich möchte da meine Erfahrung ganz offen aussprechen. Es ist heute so, daß ich glauben muß, daß die Möglichkeit bestünde, immer mehr Mitglieder in reichlicher Zahl zu gewinnen. Ich habe in Wien den Eindruck bekommen, Menschen sind genug da, welche heranzuziehen wären, Mitarbeiter im besten Sinne des Wortes zu werden.

Aber – und da schließt sich dasjenige, was unsere allgemeine Sorge ist, mit der Sorge für die Waldorfschule zusammen – da tritt das entgegen, daß es nicht möglich ist, irgendwie den Kreis der Mitarbeiter zu vergrößern, aus dem Grunde, weil wir kein Geld haben. Überall haben die Leute die Möglichkeit, ihre Mitarbeiter zu halten. Wir haben diese Möglichkeit in einer sehr mangelhaften Weise. Die Hauptfrage ist immer diese: Wie bieten wir den Leuten eine Existenzmöglichkeit, wenn sie sich aus ihren bisherigen Existenzmöglichkeiten herausreißen. – Das ist der Fall. Wir brauchen heute, wenn wir weiterkommen wollen, eine große Anzahl von Mitarbeitern. Es reicht unsere Mitarbeiterschaft dafür nicht aus. So kann einfach dasjenige, was besorgt wird, nur mit Aufreibung der einzelnen Kräfte besorgt werden, und das, was mit einer großen Aufreibung der Kräfte besorgt wird, das ist höchstens ein Zehntel von dem, was heute schon nach den Bedingungen, die vorhanden sind, geleistet werden könnte; was geleistet werden könnte, wenn wir in entsprechender Weise mit einer vollen Mitarbeiterschaft rechnen könnten. Insbesondere nach dem Wiener Kongreß, wo man sehen konnte, daß das als Erfahrung hervorquillt, was ich ausgesprochen habe.

Natürlich handelt es sich nicht darum, daß man einen gewöhnlichen Appell richtet an die Börsen derer, welche schon Mitglieder sind. Darum handelt es sich nicht, sondern nur darum, um es einmal ganz stark auszusprechen, daß eben immer dann, wenn gerade in der letzten Zeit ein Appell gerichtet worden ist an den Willen, die Sache versagte.

Schließlich hängt die Waldorfschul-Bewegung mit der Dreigliederungsbewegung zusammen. Die Waldorfschul-Bewegung ist nur denkbar in einem freien Geistesleben. Dasjenige, was wir zuerst gefunden haben an einem Gedankeninteresse, ist nicht übergegangen in ein Willensinteresse. Als dann versucht worden ist das einzige Mittel, über Mitteleuropa hinauszugehen, die Begründung des Weltschulvereins in die Tat umzusetzen, da scheiterte die Begründung des Weltschulvereins, der die ganze zivilisierte Welt umfassen sollte. Der Versuch, dasjenige, was unter den Leuten ist an Glauben, daß das Erziehungswesen ein anderes sein müßte, aufzurütteln, dasjenige, was da angestrebt worden ist als Weltschulverein, hat kläglich Fiasko gemacht. Man fühlt sich so entsetzlich zurückgestoßen, wenn man an den Willen appelliert. Ich sage nicht, ich appelliere ans Geld in diesem Falle jetzt. An Geld fehlt es uns, aber viel mehr fehlt es uns an dem Willen. Es ist das Interesse kein gründlich tiefgehendes, sonst würde sich das Interesse auf die richtigen Gebiete erstrecken.

Wir konnten die Waldorfschule begründen. Herr *Stockmeyer* hat den Erlaß vorgelesen, der doch darauf hinausläuft, daß wir an Ostern 1925 die erste Klasse und so nach und nach die vier unteren Klassen verlieren. Woanders hätten wir sie kaum errichten können. Mit der Begründung der Waldorfschule ist der richtige Zeitpunkt erfaßt worden, in dem es möglich war, so etwas zu tun. – Immer tritt uns das entgegen, daß man auf so etwas hinweisen kann als auf stark wirkende Niedergangskräfte, wenn das Unterrichtswesen einem allgemeinen Schematismus ausgeliefert wird. Immer wieder kann man darauf hinweisen, wie da, wo das auf der letzten Phase angekommen ist, was da in der Verfassung der Grundschule gegeben ist, man kann darauf hinweisen: im Lunatscharskyschen Schulsystem in Sowjetrußland, da ist es durchgeführt! Da denken die Leute so, wie sie bei uns denken werden, wenn man das bis zu seinen vollen Konsequenzen durchführt. Das Elend im Osten von Europa ist dasjenige, was herauskommt, wenn eine solche Denkweise von unfreien Schulen die Wege in die Praxis findet.

Mit solchen Reden heute Begeisterung zu erwecken, daß die Leute in ihren Seelen das geistige Blut rieseln fühlen, und fühlen: da muß eine große Anzahl von Menschen, die das einsehen, sich einsetzen, da muß eine öffentliche Meinung verbreitet werden – mit solchen Reden, ich muß sagen, wenn ich gerade immer vom Verbreiten der geistigen Idee übergehen konnte in den letzten zwanzig Jahren dazu, eine solche Sprache zu führen, die nicht bloß an die Herzen in theoretischem Sinne, sondern an die Herzen auch als Willensorgane appellierte –, ich fühlte mich in der Anthroposophischen Gesellschaft, später auch in anderen Gesellschaften so, daß ich mir dachte: Haben denn die Leute keine Ohren? – Es scheint, als ob man dasjenige nicht hören konnte, was von dem Wort in die Tat gehen sollte. Es war etwas, was zur Verzweiflung führen konnte, was am Fiasko des Weltschulvereins zu erleben war.

Die Zahlen des Schuletats sprechen für sich; aber dasjenige, was weit über das Zahlensprechen hinausgeht, das ist das, was betont werden müßte: das ungeheure Leid, das man heute empfindet, wenn man an die Interesselosigkeit stößt, die in weitesten Kreisen vorhanden ist. Da müssen wir uns sagen: Gewiß, das Interesse ist in diesen Kreisen vorhanden für so etwas wie die Waldorfschule, aber es muß auch das Interesse für die Grundlagen, die der Waldorfschule gegeben worden sind, das muß in viel intensiverer Weise sich ausbreiten, als das sich irgendwie heute zeigt.

Wie denkt man, wenn so etwas wie dieser Erlaß vorgelesen wird? Man denkt: Ja, vielleicht werden sich Mittel und Wege finden, um nun doch so ein paar Jahre die unteren Klassen durchzudrücken. Selbst in engeren Kreisen kommt nicht viel anderes heraus, als daß man denkt: Vielleicht werden wir doch ein paar Jährchen die Möglichkeit haben, das durchzuführen. Aber darum handelt es sich, daß sich heute ein jeder dahintersetzt. Es muß das Schulwesen sich in freier Weise entwickeln, wie es seit dem Jahre 1919 betont worden ist. Das kann natürlich nicht anders sich verwirklichen, als wenn wir zu den Mitgliedern unserer verschiedenen Vereine, die ganz einverstanden sind, daß so etwas da ist, daß man dasjenige, was sie bieten wollen, empfängt, daß sich zu ihnen hin immer mehr finden, welche tätig mittuende Mitglieder werden. Zuerst muß der Wille entstehen!

Ich möchte sagen, meine Rechnung geht so: Wenn die Zahlen sprechen, so können wir sagen, wir haben kein Geld. Dann wird wiederum durch Geldsammeln mit Ach und Krach ein Loch ausgefüllt. Aber auch in der Methode kommen wir nicht weiter. Wir kommen nur mit *der* Methode vorwärts, die in Aussicht genommen war, wie vom Weltschulverein gesprochen worden ist. Wir müssen einen tatkräftigen Glauben haben, daß dasjenige, was getan wird, wirklich ein Bestandteil der öffentlichen Meinung wird. Wir brauchen, um die Waldorfschule zu halten, und um Schulen weiter zu begründen, wir brauchen eine öffentliche Meinung, die immer größer wird, die dahin geht, daß es im Sinne des alten Schulwesens nur zu Niedergangskräften in der Menschheit führt. Das brauchen wir. Wenn wir uns dazu durchringen können, nicht bloß immer da und dort so eine Schnakerlschule zu begründen, um eine Art pädagogischer Kurpfuscherei durchzuführen, wenn wir uns dazu entschließen, unsere Erziehungsgrundsätze in die Öffentlichkeit hineinzutragen, so daß sie innere Überzeugung von Eltern und Nichteltern werden, nur dann kommen wir vorwärts!

Jetzt verzeihen Sie, wenn ich gewissermaßen wirklich nicht vermeide, zu sagen: Ich weiß, daß viele das, was ich jetzt gesagt habe, als richtig anerkennen werden, es ganz richtig finden werden, aber man erkennt es erst als richtig an, wenn man etwas tut! Wenn man etwas tut! Deshalb müßte vor allem darauf gesehen werden, daß wir nicht nur aus dem Kreis der Mittel heraus, die wir schon haben, aus unseren Zweigen heraus und den schon geleerten Börsen Schulen begründen, so gut es geht; wir müssen uns bemühen, für die Ideen zu wirken, so daß die Ideen in eine immer größere Anzahl von Menschen hineinkommen.

In dieser Beziehung haben wir die gegenteilige Erfahrung gemacht. Die gegenwärtige Nummer der Dreigliederungszeitung kündet an, daß sie in Zukunft eine Zeitschrift sein wird für die Anthroposophie. Warum? Weil die vielversprechenden Anfänge in der Erkenntnis der Dreigliederung im Sande verlaufen sind. Weil wir im Grunde genommen zurückkehren müssen zu dem, was wir damals schon im Duktus hatten vor der Dreigliederungsbewegung. Trotzdem über Dreigliederung viel gesprochen wird, ist es wiederum so, daß man in Verzweiflung gerät, wenn man mit den Menschen redet. Daß das etwas werden soll, was öffentliche Meinung werden sollte, das brauchen wir vor allen Dingen, wenn wir mit der Waldorfschule vorwärtskommen wollen.

Ich muß sagen, ich spreche das seit längerer Zeit aus. Aber alles findet eher Anklang, als das, was ich heute gesagt habe. Ich möchte sagen, wenn ich als Glauben nur ansehe, was im Willen der Menschen lebt – kein Mensch glaubt, daß man mit dem Glauben etwas erreichen könnte, daß aus dem freien pädagogischen Wesen heraus allein der Menschheit geholfen werden könnte. Das würde uns dann erst dazu führen, daß die Menschen, die es noch tun können, auch uns in pekuniärer Weise entgegenkommen würden, daß wir nicht immerfort gegenüber anderen Bewegungen das Nachsehen haben.

Die anthroposophische Bewegung, sie ist dasjenige, auf das die Waldorfschul-Bewegung gebaut ist. Wenn sie auch durch solche skandalösen Dinge zurückgedrängt werden kann, sie hat innerliche Lebendsbedingungen in sich. Es werden viele Verbindungen gegründet mit reichlichen Geldmitteln, die keine Lebensbedingungen in sich haben. Es werden immer wieder Verbindungen gegründet, man hat für sie Geld. Sie gehen zugrunde. Wenn man alles dasjenige, was die Menschheit heute für unnötige Verbindungen ausgibt, wenn man das könnte alles in unsere Kanäle hineinleiten, dann würden die Berichte anders ausschauen. Dann würde Herr *Leinhas* sagen müssen, unser Reservefonds ist so groß, daß wir suchen müssen, ihn fruchtbringend anzulegen.

Ich glaube gar nicht daran, daß es heute in der Hauptsache daran fehlt, daß wir nicht Geld haben könnten. Es fehlt daran, daß wir gar nicht versuchen in Wirklichkeit uns geltend zu machen mit dem Willen, unser als richtig erkanntes Stück des geistigen Lebens geltend zu machen innerhalb der Welt. Was würde es nützen, wenn ich auseinandergesetzt hätte, daß es in einer gewissen befriedigenden Weise war, wie wir im vorigen Jahre gewirkt haben? Aber hier, wenn es sich um eine Mitgliederversammlung handelt, da ist es notwendig, daß man aus einer solchen Ecke heraus spricht. Ich bin doch ganz davon überzeugt, je besser unsere Waldorfschule wird – wenn wir nicht die Möglichkeit finden, unsere Erziehungsimpulse in die öffentliche Meinung hineinzutragen, dann helfen uns alle unsere Rechenkünste nichts.

Der Wille muß da sein in einer immer größer werdenden Anzahl von Menschen, alle zu überzeugen. Neben dem muß die Meinung verbreitet werden, daß es zum Heile der Menschheit notwendig ist, daß so etwas, wie es in der Waldorfschule keimhaft veranlagt ist, immer weiter und weiter wachse.

Das ist dasjenige, was ich in den Teil der Herzen hineingesprochen haben möchte, in denen der Willensimpuls liegt. Man kann recht weit kommen, wenn man nur einmal sich darauf besinnt, worauf es ankommt: daß es darauf ankommt, daß wir wirklich die öffentliche Meinung durch unseren Willen dahin bringen, wo sie sein soll. – Das ist dasjenige, was ich zu sagen habe.

Aussprache im Anschluß
an die Mitgliederversammlung vom 20. Juni 1922

Ich habe hinzuzufügen, daß eine große Anzahl von Eltern die Forderung ausgesprochen hat, daß von seiten der Waldorfschule etwas getan wird, damit das Verhältnis der Lehrerschaft zur Elternschaft geregelt wird. Was können die Eltern selbst für die Kinder tun? – Ich möchte sagen, daß wir uns in der allernächsten Zeit darüber in sorgfältiger Weise besinnen, wie nach dieser Richtung hin gewirkt werden kann. Ich selbst werde versuchen, bei Elternabenden nach dieser Richtung hin dasjenige vorzubringen, was im Sinne dieser vielen Unterschriften vorgebracht werden soll. In dieser Richtung werden wir uns bestreben, das Mögliche in der allernächsten Zeit zu tun.

Die Erweiterung des Mitarbeiterkreises können wir nur gewinnen unter Verwirklichung der Umstände, von denen ich gesprochen habe. Es muß erst etwas getan werden, um die Meinung der Öffentlichkeit so zu gestalten, daß tatsächlich in weiterem Umfang gearbeitet werden kann. Dann wird es möglich sein, gar manches zu machen. Aber so lange das, was auf unserem Boden erwächst, das Geheimnis der Mitglieder bleibt, so lange werden wir nicht vorwärts kommen.

Es wird unter anderem eine Frage gestellt mit Bezug auf den in der Ansprache erwähnten behördlichen Erlaß.

Dr. Steiner: Das würde uns nicht helfen, wenn wir bei der Behörde vorstellig werden. Es müssen möglichst viele Leute dafür gewonnen werden, daß eine solche Schule da sein soll. Die Behörde handelt ganz recht, wenn die Sache Gesetz ist. Es handelt sich darum, daß Meinungen sich festsetzen, die eine wirksame Kraft sind. Es handelt sich um etwas viel Tiefergehendes. Wir müssen uns zu dem entschließen, die Sache mehr in einer großzügigen Weise aufzufassen, uns zu sagen: Dasjenige, was wir für richtig halten, muß eine öffentliche Meinung werden. Es handelt sich darum, daß wir diese Idee in möglichst viele Köpfe hineinbringen. Das muß erreicht werden, daß möglichst viele Leute eine andere Meinung haben.

Dr. Steiner (auf eine Anregung antwortend): Davon kann gar keine Rede sein. – Die Entstehung der öffentlichen Meinung ist das einzige Mittel, um die anderen Mittel zur Diskussion zu bringen. Die öffentliche Meinung zu gewinnen, ist unser einziger praktischer Weg. Wir haben es nicht getan, weil viel zu wenige unter uns sind, die an eine solche Sache glauben. Ich habe mir den Weltschulverein so vorgestellt, daß er in einer bestimmten Art propagiert würde. Wenn der Monatsbeitrag ein Franken sein könnte, da kann man schon das erreichen, was von einem solchen Weltschulverein erreicht werden müßte. Da würde es sich bloß darum handeln, daß der Einzelne in dem Sinne wirkt, daß die Begeisterung im Willen darin ist. Ohne daß wir das tun, kommen wir nicht weiter, sondern wir kommen dazu, unsere letzten Reserven auszugeben. Selbst wenn wir noch viele wohlmeinende Mitglieder finden, praktisch ist es nicht durchführbar. Selbst wenn so etwas realisierbar würde, wir würden nur unsere letzten Reserven verbrauchen. Die letzte Erfahrung hat uns gezeigt, daß es notwendig ist, daß man die Kreise heranzieht, die schon Interesse haben für unsere Sache, die aber dadurch abgehalten werden, daß bei der Mehrzahl der bestehenden Mitgliedschaft der Drang besteht, sie klein zu erhalten.

Das darf doch gesagt werden, daß es ganz gut ist, wenn man nach Festsetzung eines gewissen Mitgliederbeitrages nicht etwa den ausschließt, der einfach nicht in der Lage ist, das Ganze zu zahlen. Zu dem Statutenparagraphen wollen wir das unter uns behalten, daß man auch weniger bezahlen kann.

ANSPRACHE BEI DER MONATSFEIER NACH DEM BRANDE DES GOETHEANUM

1. März 1923

Meine lieben Kinder, meine lieben Schüler und Schülerinnen der Waldorfschule! Als einige eurer Mitschüler am Anfang dieser schönen Schulfeier in einer so guten eurythmischen Weise das ergreifende Gedicht von der zum Himmel aufsteigenden Feuerflamme durch die Eurythmie vorführten, da konnte es euren lieben Lehrern und Lehrerinnen und mir zusammen recht traurig werden. Denn, seht ihr, wenn gerade Eurythmie so aus dem Herzen heraus etwas offenbart, dann empfindet man das, was so in dem Geoffenbarten darinnen liegt, noch viel mehr. Und jetzt muß uns so etwas immer erinnern an die Trauer, an den Schmerz und das Leid, das eure Lehrer mit mir zusammen erlebt haben durch die furchtbaren Feuerflammen, die uns das Goetheanum, das liebe Goetheanum, zerstört haben. Jenes Goetheanum, von dem euch eure Lehrer so oft gesprochen haben, von dem ihr gehört habt, welche tiefe Freude, welche Begeisterung, welche Erquickung für die Herzen eurer Lehrer eben jeder Besuch am Goetheanum war.

Aber, meine lieben Kinder, meine lieben Schüler und Schülerinnen, da kommt dann noch, und das ist ein großer Trost, in die Herzen und Seelen eurer Lehrer das wiederum hinein, daß sie sich so recht aus den Tiefen des Gemütes heraus sagen, wenn so etwas Schönes sein kann, wie die heutige Feier hier in der Schule – ach, es gibt eben doch einen gewissen Trost für uns, das ist das, was wir hineinpflanzen können in die Herzen und Seelen unserer lieben Kinder, unserer Schüler und Schülerinnen.

Denn das ist ein Geistesgut, und wenn es auch ungeheure Opfer und Hingebung, Fleiß und Aufmerksamkeit von seiten der lieben Lehrer fordert, so ist es etwas, was bleibt. Es ist ein Geistesgut, mit dem man besiegen kann jede flammende Lohe, die sich zerstörend hineinerstreckt ins Menschenherz. Und nicht allein die Waldorfschule selbst, sondern auch das, was in euch, meine lieben Kinder, Schüler und Schülerinnen, lebt, das ist dasjenige, was gerade in den Arbeitsnächten und in schmerzlichen Augenblicken für die, die euch führen, der größte Trost ist. Und ihr könnt diesen Trost noch dadurch vergrößern, daß ihr selber das, was ihr zu tun habt, mit Fleiß und Aufmerksamkeit tut und mit Liebe zu euren Lehrern.

Es waren einmal zwei Menschen, die machten an einem Sonntag einen weiten Spaziergang. Sie gingen durch die Felder, durch den herrlichen Sonnenschein, und kamen zuletzt in den Wald, ruhten sich im Schatten der Bäume an einem schönen Waldplatz aus, und da sprachen sie miteinander. Sie waren sehr müde und mußten lange ruhen. Und da sprachen sie miteinander. Und sie kamen so wie von selbst hinein – sie waren schon alte Leute –, sie kamen hinein, zu reden über die Freuden, über die Arbeiten, über Leid und Schmerz des Lebens.

Da kam es dazu, daß er eine sagte: Ach, das Leben hat doch auch seine Freuden. Das Leben gibt so viel Schönes. Da war ich zum Beispiel in einer Bildergalerie. Da habe ich die Bilder von vielen Malern gesehen. Da hat sich mein Herz gefreut. Da war so viel Schönes und Großes, da ging die Seele auf.

Da sagte der andere: So etwas muß man bedenken. Aber denk einmal, mein lieber Freund, wie es gewesen wäre, wenn du nicht einmal in der Schule gelernt hättest, dich über die Bilder zu freuen. Du wärest da vorbeigegangen, ohne Verständnis für diese Bilder. Ach, lieber Freund, da muß man oft so zurückdenken, wie die Schule dasjenige gibt, was einem das Leben freudig, wertvoll macht.

Und der andere sagte: Ja, sieh nur, wir brauchen nicht so weit zurückzugehen. Auf dem schönen Spaziergang, den wir gemacht haben, wo wir die Vögel in den Lüften haben fliegen gesehen, da ging das Herz auf, und da mußten wir aus Freude Lieder singen. Hätten wir das gekonnt, wenn wir nicht in der Schule unsere Herzen hätten zum Singen bereiten können?

Da kam dem anderen der Gedanke: Das hätten wir später lernen können. – Aber wenn man später noch etwas lernt, dann geht es nicht so frisch vom Herzen heraus.

Und da wurde, während sie so dalagen und ihre Ermüdung hinwegtrieben, da wurde der eine noch ganz innerlich erhoben und freudig und sagte: Ach, die Natur, die ist doch so schön; man kann so viel in der Natur finden. Aber sieh einmal, sagte er, wenn die Natur so schön ist, man kann die Natur immer besser und besser verstehen, wenn man gelernt hat, zum Beispiel durch die Rezitation die Natur nachzuahmen. – Und da wurde er lustig, und da sagte er dem anderen ein Gedicht vor, das schloß wie: Kikerikii! Und sie waren froh darüber, daß sie nicht nur den Hahn hören konnten, sondern daß sie lebensvoll das alles empfinden konnten, weil sie gelernt hatten nachzufühlen, was draußen in der Natur war.

Der eine sagte: Wir sind alte Leute, aber da war ich neulich hineingeraten in die Waldorfschule. Da lernen sie noch etwas anderes. Da lernen sie Eurythmie. Die haben wir nicht lernen können. Wenn wir freudig sind, müssen wir uns erinnern, daß wir die Freude haben können, weil wir etwas gelernt haben. Was wird die Schule für die bedeuten, die in der Waldorfschule waren, die jetzt noch jung sind, und die sich später im Leben an so etwas erinnern können, was nur aus der Waldorfschule gebracht werden kann!? Das Leben könnte gar nicht das Schöne bringen, wenn nicht in der Schule sich Herz und Sinn vorbereitet hätten, damit etwas Schönes auch empfunden werden kann.

Wenn man traurig ist, gibt es einen Trost, wenn man zurückdenkt an die Schulzeit. Ihr könnt nicht anders sagen: hier in der Waldorfschule bemühen sich eure Lehrer, das Leben so für euch zu gestalten, daß ihr einmal später in freudigen und traurigen Zeiten viel haben werdet von dem, wenn ihr euch so lebhaft zurückerinnert an die Waldorfschule. Und dann werdet ihr ernste Stunden haben. Ihr werdet sehen, wie ihr gar nicht leben könnt, wenn ihr nicht arbeiten könnt. Arbeiten könnten wir nicht, wenn wir nicht etwas Ordentliches gelernt hätten. Jetzt bedenkt, daß eure Lehrer, damit ihr in der rechten Weise später im Leben arbeiten und leben könnt, arbeiten; es denken für euer späteres Leben eure Lehrer und Lehrerinnen. Das sollt ihr euch tief ins Herz schreiben. Wenn man eine so schöne Feier wie die heutige gehabt hat, da muß man dann recht herzlich denken, ihr könnt lernen für das Leben. Wenn ihr in der Schule euch denkt: Nun, nicht nur dasjenige, was uns angenehm ist, wollen wir lernen, sondern auch das, was unangenehm ist – dann wird aber auch das angenehm und freudig werden. Und im späteren Leben kommt für das die Freude, für das man sich zuerst hat viele Mühe geben müssen.

Das alles sind Dinge, die immer bedacht werden: Hier soll ein richtiges späteres Leben für unsere Schüler vorbereitet werden.

Das haben die gefühlt, die unsere Ältesten sind. Und es war eine schöne Empfindung, meine lieben Schüler der obersten Klasse, als ihr zum Ausdruck brachtet, daß ihr euch so darin fühlt in dieser Waldorfschule, daß ihr eigentlich noch so lange dableiben wollt, als ihr überhaupt irgendwie etwas lernen sollt. Bis zu dem Zeitpunkt, wo ihr hinaustretet ins Leben, möchtet ihr in derselben Weise unterrichtet werden, wie ihr es gefunden habt bis jetzt in der Waldorfschule.

Das ist so, daß es große Schwierigkeiten macht. Da sind viele Hindernisse zu überwinden. Wir werden fühlen müssen, was für riesige Hindernisse zu überwinden sind. Wir werden versuchen, mancherlei Hindernisse zu überwinden für die Erreichung dessen, was auch erreicht werden soll. Es mag schon Herzen begeistert haben, die euch zuschlagen für eure Ideale. Vorangegangen ist auch das, daß diese Schule gegründet hat Emil Molt.

Nun, meine lieben Kinder, meine lieben Schüler und Schülerinnen, das ist das, was ich immer zu euch allen gesagt habe: Wenn ihr eure Lehrer lieb habt, dann wird die Liebe für eure Lehrer und Lehrerinnen – die haben für euch die rechte Liebe! – die Liebe wird die Kraft sein, auf der die besten Anleitungen eurer Lehrer und Lehrerinnen in eure Herzen und Seelen kommen. Deshalb möchte ich das, was ich zu sagen habe, nicht beschließen, sondern ich möchte sagen: möget ihr es beschließen. Ich möchte euch ans Herz legen: Werdet euch klar darüber, ob ihr für eure Lebensideale, für das, was ihr wollt, ob ihr hier Fleiß und Aufmerksamkeit verwenden wollt. Wenn ihr diese Dinge aufwenden wollt, aber aus dem Herzen heraus, dann beschließt die Worte, die ich zu euren Herzen gesprochen habe, sagt mir ... [Die Kinder rufen Dr. Steiner zu, daß sie es tun wollen.]

ANSPRACHE BEI DER FEIER ZUM BEGINN DES FÜNFTEN SCHULJAHRES

24. April 1923

Meine lieben Kinder, liebe Schüler und Schülerinnen! [Zu den Erstkläßlern sich wendend sagt *Dr. Steiner:*] Es haben viele Lehrer gesprochen. Ihr müßt wissen, was ein Lehrer ist. Ein Lehrer ist ein guter Mensch. Aber wir müssen wissen, warum ein Lehrer ein guter Mensch ist. Ihr habt schon gelernt durch eure Eltern, was ein guter Mensch ist. Ein guter Mensch hat viele Eigenschaften, aber eine Eigenschaft hat er ganz besonders: er liebt die Kinder. Eure Eltern sind so gute Menschen, weil sie euch so geliebt haben. Und weil sie euch lieben, schicken sie euch auch hier in die Schule. Da werdet ihr Lehrer haben, die euch lieb haben.

Was sollt ihr, wenn ihr wißt, daß ein Lehrer ein Mensch ist, der die Kinder lieb hat, was sollt ihr tun? Das können die sagen, die schon dagewesen sind. Fragt daher die Schüler und Schülerinnen: Habt ihr eure Lehrer lieb? [Die Kinder rufen laut: Ja!] Seht ihr, die haben die Lehrer lieb.

Euer Lehrer wird sein euer zweiter Wohltäter. Denkt nach, ihr werdet lernen, was das ist. Wie eure Eltern, die eure Wohltäter waren und sind, so werden auch eure Lehrer eure Wohltäter sein. Die älteren Kinder haben schon etwas davon gemerkt, daß die Lehrer sie lieb haben. Und je weiter ihr hinaufkommt in die höheren Klassen, desto mehr wird es euch gewiß, daß man nur ein tüchtiger Mensch werden kann, wenn man etwas Ordentliches gelernt hat, und wenn man gelernt hat, sich richtig im Leben zu verhalten.

Liebe Kinder, es werden viele unter euch sein, die werden nicht wissen, was richtig brav sein heißt. Manche von euch glauben, schlimm sein ist besser als brav sein. Die älteren Schüler und Schülerinnen werden in der Schule selbst bemerken, wie sie immer näher kommen dem, was man das Leben nennt, wie sie sich hineinfinden müssen ins Leben, und dann werden sie ganz besonders daran denken müssen, daß man eigentlich niemals als rechter Mensch im Leben darinstehen kann, wenn man nicht richtig die Lehrer als seine größten Wohltäter lieb gehabt hat.

Das sollt ihr euch hineinschreiben in die Vernunft und ins Gemüt. Ihr sollt es euch schreiben ins Gewissen. Denkt nach, wie tief das darin sitzen wird nachher für das Leben, wenn es in Vernunft und Gemüt und Gewissen darin sitzen wird; wie ihr richtig werdet denken können einmal, was ihr für das Leben durch die Schule geworden seid, wenn ihr in dieser Weise das in eure Seele hineinschreiben könnt.

Nun, ihr kommt alle her von einer Zeit, in der jeder von euch sich erinnern müßte daran, daß es Wohltäter gibt unter den Menschen, daß schließlich die Natur auch unsere Wohltäterin ist. Aber die letzten Tage, die haben euch erinnert an den größten Wohltäter der Menschheit, haben euch erinnern müssen an denjenigen, der vor fast zweitausend Jahren durch Leiden und Tod aus Liebe zur Menschheit gegangen ist, der der Menschheit durch seine Auferstehung den Geist gegeben hat. Ihr habt euch erinnern können an diesen großen Erden- und Menschheitswohltäter, an den Christus. Wir kommen in dieser Frühlingszeit von Christus, dem größten Wohltäter der Menschheit her.

Aber indem wir zu ihm aufblicken, indem wir fühlen, was der Christus ist, lernen wir, was andere Wohltäter sein können. Und seht ihr, eure Lehrer werden so gute Lehrer sein zu euch, weil sie sich bemüht haben, den Christus kennenzulernen, weil sie sich bemüht haben, zur Frühlings-Osterzeit in der richtigen Weise ihre Gefühle zu dem Christus hinlenken zu können. Das ist dasjenige, was euch aber von Anfang an vorschweben soll, daß eure Lehrer erfüllt sind von der Kraft, die ausgeht von diesem größten Wohltäter der Menschheit. Und das ist es, was ich weiß, daß ich es nicht brauche zu sagen in irgendeiner auffordernden Weise, sondern nur auszusprechen brauche als eine Tatsache, daß Ihr, meine lieben Lehrer, diese Kinder heranzieht und unterrichtet in dem Sinne, daß sie von Euch wirklich ihr ganzes Leben hindurch empfinden werden, Ihr seid diejenigen Wohltäter, die das selbst sein können durch die Kraft, welche in Ihre Herzen dringt von dem Mysterium von Golgatha.

Zuletzt möchte ich mich wenden an die liebe Elternschaft, möchte ihr in einigen Worten zum Ausdruck bringen, daß die liebe Elternschaft die Kinder deshalb zur Waldorfschule hereinbringt, weil sie in dem Wesen der Waldorfschule etwas Besonderes sieht. Das gehört nicht hierher; es wird auch noch ausgesprochen werden, was der besondere Charakter der Waldorfschule ist. Aber dasjenige, was ich zusammenfassen möchte, was wir hier, ich möchte sagen als den Leuchtestern über unser Wirken gesetzt haben, das ist, daß aus der Betrachtung des Menschenwesens heraus das einfließen soll in Unterricht und Erziehung, daß daraus hervorgehen soll eine Vertiefung des Verantwortlichkeitsgefühls aller derjenigen, die hier in der Waldorfschule wirken.

Darum, liebe Eltern unserer Schüler, soll heute ganz besonders betont werden, wie ein Gelöbnis, daß wir uns bewußt sind, daß das Heiligste hierher gebracht worden ist. Wir können dem gegenüber nichts anderes stellen als unser tiefes Verantwortungsgefühl. Wenn aber dem gegenüber, was die Lehrer sehen in dem Entschluß der Eltern, ihre Kinder der Lehrerschaft zu übergeben, wenn das auf der anderen Seite dasteht, so wird bei der Lehrerschaft stehen ihr Wille zu einer hingebungsvollen Arbeit, voll Verantwortung und Kraft, die nötig ist, um Kinder zu dem zu machen, was sie in der Schule werden sollen. Daraus fühlt man, was es heißt – wenn man auf der einen Seite den Entschluß sieht und das Verantwortungsgefühl im rechten Blick des Herzens fühlt –, dann sieht man, wie die Kinder, indem sie hereingekommen sind, ein Gottesgeschenk sind für die Erde, wie sie werden müssen richtige Menschenbürger der Erde.

Alles Schulwesen besteht darin, aus Gotteskindern Menschenbürger zu machen. Daß das bei uns, aus diesem Verantwortlichkeitsgefühl in der besten Weise, in der man es tun kann, wach werden soll, das möchte ich insbesondere zu den Eltern gesprochen haben.

Aus diesem Geiste heraus wollen wir arbeiten, wollt Ihr arbeiten, meine lieben Lehrer. Aus diesem Geiste heraus möchte ich zu den Eltern sagen, aus diesem Geiste heraus seht herein in unsere Schule und prüft, ob wir wirklich in der Lage sind, das zu tun, was Ihr von uns erwartet. Das wird die größte Befriedigung sein, wenn diejenigen, die mit Verständnis hinschauen auf das, was wir tun, auch ihrerseits die Befriedigung haben, daß angestrebt wird, Gotteskinder zu Menschenbürgern zu machen.

ANSPRACHE BEI EINER MONATSFEIER

3. Mai 1923

Meine lieben Kinder, Schüler und Schülerinnen! Wenn ich zu euch zu gehen habe in die Schule, ist es mir immer eine Freude. Als ich heute herkam, da fiel mir so etwas Seltsames ein:

Es waren einmal zwei Kinder, die machten am Sonntag einen Spaziergang. Als sie heimgingen, da hatte jedes Kind einen Blumenstrauß. Das eine Kind sagte: *Mein* Blumenstrauß ist aber schön! Das andere sagte: *Mein* Blumenstrauß ist schön! – Jedem gefiel nur sein Blumenstrauß. Besonders aber gefiel der Blumenstrauß des einen Kindes dem anderen gar nicht. Das eine Kind hatte nämlich in seinem Blumenstrauß darin schöne Blumen, die voller süßer Säfte sind, aber auch gewöhnliches Gras, sogar etwas Ackerähren und sogar Disteln hatte dieses Kind in seinem Strauß. Das andere Kind hatte nur süße Blumen darinnen, lauter süße Blumen, und so sagte das Kind mit seinen süßen Blumen zu dem anderen: Weißt du, dein Blumenstrauß, wo du alles mögliche darinnen hast, der gefällt mir nicht! Aber ebenso mochte das andere Kind den Strauß mit nur süßen Blumen darinnen nicht leiden.

Was glaubt ihr wohl, liebe Kinder, wie die Geschichte weitergeht? Nun seht einmal, meine lieben Kinder, das Kind mit dem Strauß mit Ähren und Disteln, das hat dem anderen Kinde etwas erzählt. Hört zu, was es ihm erzählt hat: Einmal bin ich auch am Sonntag spazieren gegangen und draußen im Freien bin ich eingeschlafen und habe geträumt. Aber was habe ich geträumt? Höre: ich lag auf einer Wiese – so erzählte das Kind –, und da kamen große Tiere und kleine Tiere und die unterhielten sich miteinander. Da war ein ganz seltsames, sehr, sehr kleines, ganz winziges Tierchen und ein großes Tier. Das winzig kleine war eine Biene, das große ein Kalb. Und Kalb und Biene sprachen miteinander. Die Biene sagte nämlich: O du Kalb, du verstehst ja gar nichts von den Pflanzen, aber ich, ich verstehe alles, ich weiß, welche Pflanzen süß sind und aus denen sauge ich den Honig heraus. Den

Honig bringe ich dann den Menschen, und die Menschen lieben den Honig so sehr, und wenn ich nicht zu all den schönen Blumen mit dem lieblichen Duft fliegen würde, so gäbe es keinen Honig für die Menschen. – Darauf sagte das Kalb: Weißt du, *ich* könnte nicht allein von den Blumen mit dem süßen Duft, die dir so gut schmecken, leben. Alle die Blumen, an denen du ganz unbekümmert vorüberfliegst, die muß ich fressen, und wenn ich sie nicht fressen würde, so gäbe es keine Milch auf der Welt. Ohne Milch könnten sich aber die Menschen nicht ernähren, und dann wäre auch kein Honig notwendig, denn dann wären ja keine Menschen da, die ihn genießen könnten!

Auf diese Weise unterhielten sich die zwei Kinder miteinander. Und da verstand das Kind, das den Strauß mit den süßen Blumen hatte, daß es etwas lernen mußte. Das andere Kind hatte ja das Richtige schon durch seinen Traum gelernt. Das Kind mit den süßen Blumen verstand nämlich, daß es nicht nur süße Blumen geben kann; es verstand, daß es lauter verschiedene Arten von Blumen geben muß, die zusammenwirken, und jetzt lernte das Kind den Strauß lieben, der alle möglichen Pflanzen enthielt. Und das Kind, welches geschlafen und geträumt hatte, konnte sagen: Ja, das Kalb hat es gesagt: Es gibt solche Blumen und solche Blumen, aber alle Blumen werden gebraucht, und darum ist ein Strauß, der alle Arten von Pflanzen umfaßt, viel wertvoller und köstlicher als einer, der nur süße Blumen enthält!

Nun, meine lieben Kinder, wenn ihr in die Schule geht, das ist für euch so, wie wenn ihr an einem schönen Sonntag einen Spaziergang macht, und aus der Schule sollt ihr das Allerbeste mit ins Leben hinausnehmen. Und wenn ihr einen Blumenstrauß ins Leben mitnehmen könnt von all dem, was eure lieben Lehrer euch gelehrt haben, so werdet ihr an einem solchen Blumenstrauß die größte Freude haben. Aber alle Blumen müssen drinnen sein, nicht bloß die süßen! Das müßt ihr lernen, daß ihr auch manchmal etwas in euch hineinnehmt, was nicht gerade süß ist. Wenn ihr ernsthaft und fleißig lernt, da werdet ihr merken, daß ihr in euer späteres Leben nicht nur einen Strauß mit süßen Blumen bringen könnt, sondern einen Strauß mit all dem Lebensvollen, von dem euer Leben abhängt. Denkt darüber nach, meine lieben Kinder, daß jedesmal, wenn eure Lehrer etwas Schweres von euch verlangen, ihr ihnen liebevoll gehorcht. Von der Schule bekommt ihr den schönsten Blumenstrauß für das Leben mit, und er wird euch am besten gefallen, wenn er alle verschiedenen Pflanzen des Lebens enthält. Jede Erinnerung an die Schulzeit wird euch eine Kraft fürs Leben geben. Denn die Menschenwesen, wenn sie erwachsen sind, gewinnen die schönsten Kräfte für ihr Leben, wenn sie einen solchen Blumenstrauß aus der Schule mitnehmen können. Das sind Lebenskräfte, die dauern bis zum Tode und noch über den Tod hinaus.

Und nun wende ich mich an die Eltern. Ihnen möchte ich versichern, wie ich es bei jeder solchen Gelegenheit zu tun versuche, daß ich mir Ihres völligen Vertrauens wohl bewußt bin. Wir wollen wirklich versuchen, den Blumenstrauß für Ihre Kinder mit all den Pflanzen auszustatten, die für ein gesundes und fleißiges, aber auch befriedigendes Leben auf Erden geeignet und notwendig sind.

Euch aber, meinen lieben Lehrern, bin ich herzlich dankbar dafür, daß Ihr Euch so viel Mühe gebt, den Strauß für unsere Kinder in der rechten Weise für ihre spätere und späteste Lebenszeit zusammenzusetzen.

Darum erwarte ich von euch, meine lieben Kinder, daß ihr euren Lehrern all das entgegenbringt, was ihnen gebührt dafür, daß sie sich so viel Mühe für euch geben und mit solchem Eifer für euch arbeiten, ich meine: Dankbarkeit und Liebe!

Und noch ein Wort möchte ich zu euch sprechen: man hat mir berichtet, daß ihr, außer daß ihr fleißig seid, auch noch Lärm machen könnt. Ich erinnere mich selbst, daß ich euch manchmal habe Lärm machen hören.

Und jetzt wünsche ich es sogar, daß ihr Lärm macht und so schreit, daß dieser Saal von euren Worten widerhallt: «Wir haben unsere Lehrer lieb.»

[Alle Kinder riefen begeistert, so laut sie konnten: Ja, wir haben unsere Lehrer lieb!]

ANSPRACHE AN DER DRITTEN ORDENTLICHEN MITGLIEDERVERSAMMLUNG DES VEREINS «FREIE WALDORFSCHULE»

25. Mai 1923

Meine sehr verehrten Anwesenden, liebe Freunde! Es obliegt mir, die dritte ordentliche Mitgliederversammlung des Vereins für ein freies Schulwesen, des Waldorfschulvereins, hiermit zu eröffnen. Es ist mir eine tiefe Befriedigung, Sie bei dieser Gelegenheit im Namen des Vorstandes auf das herzlichste begrüßen zu können, und ich drücke Ihnen auch meine Freude darüber aus, daß Sie mit uns zusammen die weiteren Schicksale des Waldorfschulvereins beraten wollen. Bevor wir in die offizielle Tagesordnung eintreten, gestatten Sie mir, daß ich gewissermaßen als eine Art Einleitung zu dem Berichte des Gesamtvorstandes einiges voraussende über den Gang der Waldorfschul-Bewegung als solcher und über die Angelegenheiten der Waldorfschule, soweit Sie an diesem Gange beteiligt sind.

Nun liegt ja hinter uns vor ganz kurzer Zeit die so außerordentlich erfreulich verlaufene pädagogisch-künstlerische Tagung, in der ja dasjenige, was erstrebt wird mit der Waldorfschul-Bewegung, und was erstrebt werden kann überhaupt mit einer pädagogischen Bewegung, die den Anforderungen der Gegenwart und der nächsten Zukunft gerecht wird, in so anschaulicher Weise vor wahrscheinlich Sie alle und viele andere Interessenten hingetreten ist. Es braucht also zunächst, wenn über den augenblicklichen Stand der Waldorfschul-Bewegung gesprochen wird, eigentlich nur auf dasjenige hingewiesen zu werden, was bei dieser pädagogisch-künstlerischen Tagung eben zutage getreten ist.

Ich möchte mir aber doch gestatten, heute einiges vielleicht gerade als Grundton für diese Versammlung Wichtige noch zu betonen. Wir haben ja unsere letzte Versammlung hier gehabt in einem Zeitpunkte, in dem ich darauf aufmerksam machen durfte, wie das Wollen unserer Waldorfschul-Bewegung seine Bewährung und Verbreitung dadurch hat zeigen können, daß ja an mich selbst damals die Einladung herangegangen war, über das Wesen dieser Waldorfschul-Bewegung gelegentlich des Shakespeare-Festes in Stratford im Jahre 1922 zu sprechen. Und ich durfte dazumal darauf hinweisen, daß es ja ein Ergebnis des Umstandes war, daß man dazumal bekanntgeworden ist in England mit der Waldorfschul-Bewegung, und daß dann für jene Sommerzeit 1922 die Einladung für den Oxforder Ferienkurs erfolgte, durch welchen ich in die Lage versetzt worden bin, in ausführlicher Weise in England sprechen zu können über dasjenige, was die Waldorfschule eigentlich will. Und ein Ergebnis dieser Oxforder Vorträge war ja die Begründung eines englischen Schulvereins, der ins Auge faßt, zunächst die Kings Langley-Schule umzuwandeln in eine Art Waldorfschule und überhaupt für die Ausbreitung des Waldorfschul-Gedankens in England zu wirken. Damit aber hat sich überhaupt gezeigt, daß die Ideen und die Impulse, welche in der Waldorfschul-Bewegung liegen, in ganz intensiver Weise das Interesse der Gegenwart in Anspruch nehmen. Und wiederum konnte man ja auch hier selber sehen, wie stark dieses Interesse gerade in England Platz gegriffen hat dadurch, daß eine Anzahl englischer Lehrer und Lehrerinnen eben die Waldorfschule durch längere Zeit hindurch besuchten im Beginne dieses Jahres.

Eine weitere Folge dann der Ausbreitung des Waldorfschul-Gedankens ist ja der Kursus, den ich erst vor ganz kurzer Zeit in Dornach selbst zu halten hatte vor einer Anzahl von schweizerischen Lehrern, Schulmännern, die den Kursus zunächst veranstaltet haben. An diesem Kursus haben aber teilgenommen außer den Schweizer Lehrern siebzehn tschechische Lehrer. Und es hat sich gerade bei diesem Kursus gezeigt, wie selbstverständlich es eigentlich den Herzen gerade pädagogischer Persönlichkeiten erscheint, daß so etwas sich vollzöge, wie es versucht wird mit unserer Schulbewegung. Man konnte bei alledem, was man hören konnte bei diesem in Dornach abgehaltenen Kursus, wirklich ersehen, wie eine tiefe Sehnsucht gerade bei den fachlichen Pädagogen vorhanden ist, irgend etwas in die pädagogische Kunst hineinzubekommen, was nach einer Vergeistigung auf der einen Seite und nach einem wirklichen Praktischwerden der pädagogischen Kunst auf der anderen Seite intensiv hinzielt.

Und es ist ja nun einmal sehr begreiflich, daß eine ganz bestimmte

Empfindung, ein ganz bestimmtes Gefühl gerade von seiten pädagogischer Persönlichkeiten anläßlich dieses letzten schweizerischen Kursus zum Ausdruck gekommen ist. Das ist das, daß gerade eigentlich derjenige, dem tief am Herzen liegt, was durch einen solchen Kursus gewollt wird, daß der gerade in einer gewissen Weise bestürzt wird durch einen solchen Kursus. Ich erzähle nur, was zum Ausdruck gekommen ist: es sagte jemand anläßlich des Dornacher Kursus, der dazumal die Anschauung von vielen der Versammelten zum Ausdruck brachte, daß die Ernstgesinnten gerade bestürzt würden dadurch, daß sie sehen, wie wenig sie in der Lage sind, alles das, was im Verlaufe von wenigen Tagen an pädagogischen notwendigen Impulsen auf sie einstürmt, mit der eigenen Seele zu bewältigen.

Nun sehen Sie, ich war dann genötigt, auf diesen Einwand, der mir durchaus berechtigt erschien, auch zu antworten. Es drückt sich ja in einem solchen Gedanken sehr deutlich aus, was für viele Menschen der Gegenwart da ist. Viele Menschen der Gegenwart wissen ganz genau: Es muß etwas ganz Einschneidendes, Eingreifendes kommen, wenn unser Schulwesen seinen sozialen Anforderungen genügen und herauskommen soll aus den Zuständen, in die es einmal hineingeraten ist. Man gibt sich wirklich nicht sehr häufig Rechenschaft, wie notwendig ein einschneidendes Reformieren der Erziehungsimpulse ist. Aber wenn man nachdenkt, findet man bei Eltern, Lehrern überall im Grunde der Seele die halb oder ganz bewußte Überzeugung, daß solche einschneidende Impulse in das Unterrichtswesen hineinkommen müssen. Dann hören die Menschen dasjenige, was wir zu sagen haben, und es ist so, daß es bei der künstlerisch-pädagogischen Tagung vielen so gegangen ist, sie haben gesagt: Das alles soll nun getan werden? Wie kommen wir überhaupt zurecht damit? In ein paar Tagen ergießt sich eine solche Fülle von Forderungen über uns – ja, verzeihen Sie, daß ich es so ausdrücken muß, es ist das eine Empfindung, die ich oft gehört habe –, nun kommt man her in der besten Absicht, und geht fort wie ein mit Idealwasser ganz übergossener Pudel, der, ja – zunächst abschütteln möchte dasjenige, was sich über ihn ergossen hat.

Wie gesagt, es ist das tatäschlich gerade bei der letzten Dornacher Tagung vielfach zum Ausdruck gebracht worden. Und ich habe darauf erwidert: Ja, das ist durchaus einzusehen, aber es ist notwendig, dabei das Folgende zu bedenken. Für dasjenige, was man heute pädagogisch übt, was heute überall in den Schulen ausgeübt wird, gibt es lange Zeiten, in die sich die Menschen hineingewöhnen. Da kann man gemächlich hineinwachsen. – Wir sind genötigt, weil die Leute uns nur immer die wenigen Tage zuwenden können, die sie für Fortschrittsimpulse zur Verfügung haben, das, was wir zu sagen haben den Leuten, immer in wenigen Tagen zu sagen. Es ist ganz begreiflich, daß sich da die Leute in dieser Weise übergossen fühlen. Aber wenn das eintreten könnte, was dennoch notwendig ist, daß immer weitere und weitere Kreise durch die Anregungen, die ja doch immer gegeben werden, immer weitere und weitere Kreise gewonnen würden, um Interesse zu schöpfen für dasjenige, worum es sich handelt, dann würden wir auch in die Lage kommen, die Dinge in langsamerem Tempo zu sagen, die wir zu sagen haben. Dann brauchten sich die Leute nicht übergossen fühlen.

Das ist ein Beweis dafür, daß in ganz intensiver Weise gearbeitet werden müßte, um uns die Möglichkeit zu bieten, eben nicht, ich möchte sagen, im Handumdrehen den Leuten lästig zu fallen mit unseren Ideen, sondern um tatsächlich das Tempo einhalten zu können, das für das Auffassen der Ideen den meisten notwendig erscheint. So daß ich darauf hinweisen muß: Wenn von dieser Einsicht ausgegangen wird, dann würde man uns Gelegenheit geben, daß wir uns irgendwie genauer aussprechen, langsamer aussprechen könnten. Es hängt also alles von dem ab, daß in immer weiteren und weiteren Kreisen ein wirkliches Interesse für unsere Sache entsteht. Denn es ist ja einmal ganz merkwürdig, wie die Dinge eigentlich stehen.

Sehen Sie, man muß so den inneren Gang der Waldorfschul-Bewegung seit den vier Jahren, seit die Waldorfschul-Bewegung besteht, einmal ins Auge fassen. Die Tatsachen müssen ja natürlich in der richtigen Weise bewertet werden. Wir haben heute rund siebenhundert Schüler in der Waldorfschule und gegen vierzig Lehrer. Ja, wir sind ausgegangen vor Jahren von einem Status, der weniger Lehrer umfaßte und nicht zweihundertfünfzig Schüler. Nun, diese zwei Zahlen, die damalige, zweihundert oder zweihundertfünfzig Schüler, und die jetzige, siebenhundert Schüler, diese zwei Zahlen bedeuten aber innerlich etwas für die Waldorfschul-Bewegung außerordentlich Charakteristisches. Sehen Sie, sie bedeuten nämlich nicht pädagogisch-didaktisch, aber kulturell-sozial ein vollständiges Umstülpen der Waldorfschul-Bewegung, ein richtiges Umstülpen. Ein – ja, je nach dem Geschmack, den einer hat, kann man sagen: ein auf die Füße stellen oder ein auf den Kopf stellen; das ist mir gleichgültig. Ich meine nämlich das Folgende: Als die Waldorfschule begründet worden ist, war der Gedanke zunächst ein sozialer bei unseren Freunden. Eine Art Einheitsschule sollte begründet werden, eine Schule, die den damals herrschenden sozialen Impulsen, die 1919 ja an die Oberfläche des sozialen Denkens und sozialen Empfindens der Leute traten, entsprach. Eine solche Schule sollte begründet werden. Aus den sozialen Verhältnissen heraus war der Waldorfschul-Gedanke gedacht. Und es kann jetzt eine gewagte Hypothese sein, aber weder Herr Molt noch Sie nehmen es übel, wenn ich – natürlich ist das mit dem bekannten grano salis zu nehmen –, wenn ich in einer Weise, wie man es eben klar zum Ausdruck bringen kann, sage, wie die Umstülpung sich vollzogen hat.

Nehmen Sie an, Herr Molt wäre damals nicht Anthroposoph gewesen, sondern – nicht wahr, da er es nicht gewesen ist, kann man das sagen –, sondern ein philanthropischer Fabrikdirektor, wie es viele in der damaligen Zeit gegeben hat, so würde der eben auch aus den sozialen Verhältnissen heraus einen solchen Gedanken der Begründung einer Schule gefaßt haben. Aber die Waldorfschule, wie sie heute ist, wäre sicher nicht entstanden. Die Waldorfschule, wie sie heute ist, ist lediglich dadurch entstanden, daß sie aus dem Anthroposophischen herausgeboren ist, also durch den Umstand, daß eben nicht nur ein philanthropischer Fabrikant, sondern Herr Emil Molt, der Anthroposoph, den Gedanken gefaßt hat, und daß er die Anthroposophie für die Methodik und Didaktik zu Hilfe gerufen hat.

So, nun haben wir dasjenige, was wir eigentlich als das Kulturhistorisch-Soziale anführen müssen. Wir haben dieses, daß ein Zeitgedanke verwirklicht worden ist mit Hilfe der Anthroposophie, die die Methodik und die Didaktik hergeben sollte.

Nun sehen Sie, im Laufe der Zeit hat sich eben das als Umstülpung vollzogen, daß die große Anzahl von Schülern, die wir heute haben, also diese Ausbreitung des Waldorfschul-Gedankens in der Waldorfschule selber, daß sich diese Ausbreitung doch vollzogen hat lediglich wegen der Pädagogik und Didaktik, die in der Waldorfschule gepflegt wird. So daß also die ursprüngliche Idee umgestülpt ist. Die ursprüngliche Idee zog die hier gepflegte Pädagogik und Didaktik heran. Aber die Waldorfschule ist – wie es auch richtig gewesen ist – dasjenige, was sie geworden ist, durch die Pädagogik und Didaktik geworden. Und heute suchen die Eltern, die ihre Kinder in späteren Zeiten eben hereingebracht haben, die Waldorfschule im wesentlichen eben wegen dieser Pädagogik und Didaktik auf. So daß also im Laufe dieser vier Jahre sich diese wichtige Entwickelung vollzogen hat, daß sich innerhalb der Waldorfschule die aus Anthroposophie herausgeborene Pädagogik und Didaktik zur Geltung gebracht hat.

Und diese Pädagogik und Didaktik war es nun, die in England interessiert hat, die den Kursus in Dornach hervorgerufen hat und so weiter. Es ist ein spezifisch pädagogischer Gedanke, der sich durch die Waldorfschule realisiert, und das ist auch dasjenige, was ich im Laufe der letzten Zeit immer mehr und mehr betonen mußte. Also die siebenhundert Schüler und überhaupt die Vergrößerung der Waldorfschule hat die in der Waldorfschule gepflegte Pädagogik und Didaktik gebracht. Und Bestrebungen, die heute oftmals zutage treten, Schulen zu begründen nach dem Muster der Waldorfschule, die beweisen das auch.

Sehen Sie, für mich war natürlich das, was sich da realisiert hat, von Anfang an das Gültige. Ich habe vom Anfange an die Aufgabe der Waldorfschule so gefaßt, daß ich sie als eine rein pädagogisch-didaktische angesehen habe, und im Laufe der Zeit hat sich auch durchaus herausgestellt, daß überall, wo man sich interessierte für den Waldorfschul-Gedanken, es war wegen dieser Pädagogik und Didaktik.

Nun ist das Interesse durch die verschiedenen Kurse ganz entschieden bei Lehrern, bei Pädagogen bewiesen, aber ich möchte sagen, es ist auch bewiesen in den Sehnsuchten der Eltern. Sehen Sie, vorgestern kamen gleich wieder eine Anzahl von Eltern in Berlin zu mir und sagten mir: Ja, wie machen wir das, jetzt haben wir kleine Schulgruppen gebildet, Unterricht gegeben, und versuchen dabei, die Waldorfschul-Prinzipien anzuwenden. Aber nun kommt die Regierung und läßt das nicht zu; wir müssen nun unsere Kinder in die Grundschule hineingeben. Könnte man nicht vielleicht dadurch ein Auskunftsmittel schaffen, daß hier eine Filiale der Waldorfschule gegründet würde? – Die Leute dachten, weil in der Waldorfschule das noch immer geht, daß die Regierung nicht kommt, daß da noch liberalere Handhabung vorhanden ist, so ginge es auch vielleicht in Berlin, wenn man eine Filiale der Waldorfschule errichtete.

Ich sagte: Das geht natürlich nicht, und man muß an diesem Beispiel sehen, daß überhaupt die Durchführung des Waldorfschul-Gedankens nicht möglich ist ohne ein im weitesten Kreise Umsichgreifen des Gedankens, ein Anerkennen desjenigen, was eigentlich im Grunde genommen Tausende und aber Tausende, ja viel mehr als Tausende und aber Tausende unbewußt wollen. Die Leute wollen ja im Grunde genommen dasjenige, was hier gewollt wird, und getrauen es sich nur nicht zu gestehen, daß sie es wollen. Und ich halte noch immer fest, daß es richtig war, daß ich die Forderung nach dem Weltschulverein gestellt habe, nachdem ein Muster da ist; daß es nicht die Aufgabe ist, alle möglichen anderen Versuche zu machen, die eigentlich überall so auftauchen wie, ich möchte sagen, auf dem Gebiete der Medizin die Kurpfuscherei – natürlich nicht die wirkliche Kurpfuscherei, sondern die als Kurpfuscherei gestempelte Kurpfuscherei; daß es wichtiger ist, als diese Sache zu machen, immer weiter und weiter das Verständnis, das wirkliche reale Verständnis für die Waldorfschul-Pädagogik zu verbreiten. Immer weiter und weiter muß es verbreitet werden. Dann wird das andere schon kommen.

Denn sehen Sie, in der pädagogischen Entwickelung selber und in dem Verhältnis der pädagogischen Entwickelung zu den großen Kultur- und sozialen Gedanken liegt eigentlich die Forderung der Waldorfschule. Sehen Sie, vielleicht erscheint es Ihnen doch von einigem Interesse, wenn ich Sie so auf den Umschwung der menschlichen Empfindungen, denen die Gedanken noch nicht gefolgt sind, über einen längeren Zeitraum hin aufmerksam mache.

Im März 1792 gab es einen Kanzler in Mitteleuropa, der faßte die Aufgabe des Volkspädagogischen nur in die folgenden Worte zusammen: «Es obliegt den Regierungen selbstverständlich die Ausbreitung der Reichtümer des Geistes, und es haben die Regierungen für diese Ausbreitung der Reichtümer des Geistes ebenso wie für den Genuß der anderen Gesellschaftsangelegenheiten der Menschen eine Art Staatspolizei zu bilden.» Das war gesprochen aus einem um die pädagogischen Angelegenheiten besorgten Menschengemüte aus der Zeit vom Ende des 18. Jahrhunderts; in der Zeit gesprochen, wo man eben dachte: Die Menschen müssen von oben herunter Direktiven bekommen für allen Genuß von gesellschaftlichen, sozialen, menschlichen Angelegenheiten, vor allen Dingen Direktiven für die Führung des Pädagogisch-Didaktischen.

Und im 19. Jahrhundert gab es einen jungen Mann, *Fröbel,* der sagte schon als dreiundzwanzigjähriger junger Mensch: «Mir erscheinen eigentlich alle Versuche auf pädagogischem Gebiete, selbst der Pestalozzische nicht ausgenommen» – so sagte Fröbel –, «als etwas Rohes und bloß Empirisches. Denn notwendig wäre, daß man zu exakten Prinzipien des Unterrichtens komme, wie die Naturwissenschaft exakte Prinzipien hat.» Das sagte Fröbel.

Mit diesen zwei Dingen, mit dem Ausspruch des Kanzlers *Rottenhann* 1792 und mit der Briefstelle des jungen Fröbel aus einem Schreiben, das er an seinen Freund Krause gerichtet hat, kann man ungefähr das charakterisieren, was damals lebte, und was heute überwunden werden muß. Denn es lebte die Meinung – und sie lebt vielfach noch und muß überwunden werden –, es lebte die Meinung: Ja, über solche Angelegenheiten, wie es die pädagogisch-didaktischen sind, macht man sich nicht weiter Ideen; das ist selbstverständlich, daß man das dem Staate überläßt. Und die andere Idee ist diese: Die Naturwissenschaften sind souverän. Wer sie studiert, wer von ihnen ausgeht, muß auch die richtige Pädagogik finden.

Innerhalb beider Strömungen, innerhalb der bevormundenden und innerhalb der naturwissenschaftlichen Strömung hat sich eben gerade auf pädagogischem Gebiete gezeigt, daß man in eine Sackgasse hineingeraten ist. Man wollte selbstverständlich das Allerallerbeste, als man sagte, es sei auch im pädagogischen Gebiet eine Art Staatspolizei zu begründen; man wollte selbstverständlich das Allerbeste, aber es ist eben alles dasjenige entstanden, wovon die Leute empfinden, daß es anders werden muß.

Die Pädagogen seufzen danach: Wir wissen eigentlich nicht, wie wir Menschen behandeln sollen; wir haben geglaubt, durch einen – wie soll ich sagen, Kuddelmuddel darf ich ja nicht sagen, es hätten auch die Anhänger der exakten Naturwissenschaft nicht so gesagt –, sagen wir, eine Synthese – damit man ein anderes Wort gebraucht –, durch eine Synthese von Anthropologie, Psychologie, Völkerkunde, neuerdings sagt man sogar Psychiatrie, müsse man dasjenige, was Menschenbehandlungskunst ist, zusammenbringen. Die Zeit hat gezeigt, daß so etwas nicht geht, wie Fröbel es wollte aus einem tiefen pädagogischen Sinn heraus. Und heute stehen die Leute so da – das hat sich bei all den Leuten gezeigt, die bei den Kursen waren, das zeigt sich aus einem solchen Wunsch wie dem nach einer Filiale der Waldorfschule in Berlin –, die Leute stehen so da, daß sie sagen: Wir wissen ganz gewiß, es muß etwas kommen. Aber wenn dann die Leute von der Waldorfschule zu uns reden über die Dinge, dann sind wir so wie ein mit Idealwasser übergossener Pudel. In ein paar Tagen geht es nicht hinein in unsere Köpfe, aber wir wissen, es muß etwas kommen.

Das ist das, was wir uns ganz klar vor Augen halten müssen: Unsere Bestrebungen entsprechen den Sehnsuchten von Tausenden und aber Tausenden von Menschen, und wir müssen alles daran setzen, den Waldorfschul-Gedanken mit allen seinen Impulsen immer populärer und populärer zu machen, so daß er etwas wird, was als eine Zeitforderung den Menschen erscheint. Dazu braucht es nämlich nicht einmal etwas anderes, als daß viele Menschen den Mut geweckt bekommen für das, was sie in den Tiefen ihrer Seele in unbestimmter Weise längst empfinden. – Das ist dasjenige, was ich immer noch neuerdings in die Gemüter der Freunde des Waldorfschul-Gedankens, die bei solchen Versammlungen erscheinen, hineinströmen lassen möchte. Denn das ist doch das allerwichtigste, was wir brauchen: Verbreitung des Interesses, Verbreitung der Bemühung um die Popularisierung der Waldorfschule. Das ist es, was wir brauchen.

Und sehen Sie, in bezug auf den inneren Fortgang unserer Methode ist auch etwas Ähnliches notwendig. Als wir vor vier Jahren die Waldorfschule begründeten, acht Schulklassen hatten, ja, da war es uns durchaus klar: Es muß aus dem heraus geschaffen werden, wonach gestrebt wird unbewußt von solchen Leuten wie Fröbel oder dergleichen; es muß geschaffen werden aus echter Menschenerkenntnis Lehrplan, Lehrziel; alles aus echter Menschenerkenntnis, wie sie sich nur auf dem Boden der Anthroposophie ergibt. Da bekommt man auch eine allgemein menschliche Schule, keine Weltanschauungsschule, keine Sektenschule, sondern wirklich eine allgemein menschliche Schule.

Was allen als Ideal vorschwebte, schon seit Jahrzehnten, das war uns damals klar: Man kann nur versuchen – weil man eben Rücksicht nehmen muß auf die übrigen Verhältnisse –, so weit den Kompromiß zu treiben, daß man sagt: für die ersten drei Schuljahre muß die Sache so verlaufen, daß da nur maßgebend ist, was die Menschennatur lehrt, für Lehrziel und Lehrplan. Mit der vollendeten sechsten Klasse (zwölftes Lebensjahr) und vollendeten achten Klasse (vierzehntes Lebensjahr) wollten wir die Kinder so weit haben, daß sie auch in eine andere Schule übertreten können. Wir wollten die Möglichkeit schaffen, auf der einen Seite durch möglichst lange Zeit den Waldorfschul-Gedanken zu verwirklichen und dennoch den Kindern die Möglichkeit bieten, überzutreten.

Das ist etwas, was sich eigentlich für die acht Volksschulklassen leichter durchführen läßt als für jene Erweiterung, die auch als eine Notwendigkeit sich herausgestellt hat, für jene Erweiterung, die sich durch die neunte, zehnte, elfte, zwölfte Klasse ergeben hat, wo Gymnasial- und Realschulbildung angesetzt wird an die Volksschul- und Bürgerschul-Bildung. Wo ja, jetzt sagt man die jungen Damen, jungen Herren so weit gebracht werden müssen, daß sie ihr Abiturium ablegen müssen und in eine Hochschule kommen können. Wenn auch bei einzelnen Menschen der gute Wille hervorgetreten ist, eine Hochschule zu begründen, so sind das vorläufig noch Riesenillusionen; die Dinge, die wir pflegen, sollten immer auf einen ganz realen Boden aufgestellt werden.

Nun, die Schwierigkeiten, die liegen natürlich darin, daß wir schon genötigt sind, die jungen Damen und jungen Herren so zu entlassen, daß sie das Abiturium machen können, um dann eine Hochschule besuchen zu können, aus der heraus sie eben Zeugnisse bekommen für dasjenige, was man heute das praktische Leben nennt, um eben in dieses Leben eintreten zu können. Da stellt sich sofort bei diesen höheren Klassen heraus, wieviel schwieriger es ist, zurecht zu kommen mit der idealen Waldorfschul-Forderung, den Lehrplan, das Lehrziel von der Menschennatur abzulesen, auf der anderen Seite den Zufallslehrplänen gerecht zu werden, die gar nichts von dem haben, was eben die Menschennatur fordert.

Wenn das vierzehnte, fünfzehnte, sechzehnte Jahr erreicht ist, dann müßte man die jungen Damen und jungen Herren einführen in das wirkliche praktische Leben, das heißt, sie sollten etwas verstehen von dem, was nun im wirklichen praktischen Leben geschieht. Statt dessen kommt der Lehrer des Lateinischen und des Griechischen, wirft einem an den Kopf, wenn man die realen Forderungen aus Menschenerkenntnis realisieren will, wenn da Schulstunden sind in chemisch-technologischen Dingen, in Weberei, in Spinnerei, kurz Dingen, die man im Leben kennen soll – dann kommt der Lateinlehrer und sagt: Dann habe ich nur so viel Lateinstunden, daß ich nichts vorbereiten kann für das Abiturium.

Und so kommen dann jene unlöslichen Konflikte heraus dadurch, daß man auf der einen Seite immer bestrebt ist, in der reinsten, schönsten Weise den Waldorfschul-Gedanken zu verwirklichen, auf der anderen Seite ihn zu unterbrechen durch alle möglichen Kompromisse, die naturgemäß gegeben sind dadurch, daß man den jungen Menschen eben aus dem, verzeihen Sie, sogenannten praktischen Leben nicht herausreißen darf. Nicht wahr, wir stellen ihn zwar in das Leben so hinein, wie er hineingestellt sein sollte, aber das sogenannte praktische Leben stößt ihn dann zurück, und er wird zum Bohemien. – Das Wort habe ich auch neulich beim schweizerischen Kursus gebraucht und gleich entschuldigen müssen, weil da Anwesende aus Böhmen waren. – Aber es ist schon so, daß wirklich das durchgreifend eingesehen werden muß, daß wir nicht nach dem Ideal der Boheme hinstreben, sondern nach einem wirklich praktischen Leben, nach einem solchen Erziehen und Unterrichten, das die Menschen wirklich ins praktische Leben hineinstellt. Aber da muß erst im weitesten Umfange ein Verstehen desjenigen, was nun das menschliche Wesen eigentlich enthält und fordert, eintreten.

Und so wird man nicht den Waldorfschul-Gedanken populär machen, ohne daß man sich entschließt, dasjenige verständlich zu machen, was ich heute andeutete. In weiten Kreisen wird man nicht den Waldorfschul-Gedanken populär machen, wenn man nur in abstrakten Dingen redet, daß die Kinder bequem unterrichtet werden, daß das Lernen spielend geschieht und so weiter. Wenn man mit allen diesen trivialen Gedanken kommt, mit denen alle anderen auch auftreten, wenn man nicht eingeht auf die konkreten Dinge, die nun eben wirklich in den Herzen der Menschen unbewußt liegen, so wird man den Waldorfschul-Gedanken nicht populär machen.

Und wir stehen heute vor der schweren Aufgabe, daß wir eben genötigt sind, irgend etwas zu tun, damit wir in der Zukunft nicht in bezug auf das Finanzielle der Waldorfschule von der Hand in den Mund leben. Man weiß niemals aus den vorhandenen Finanzen, ob man die Waldorfschule drei bis vier Monate wird halten können; man ist immerfort angewiesen, ins Unbestimmte hinein zu wirtschaften. Nun, gewiß, der Waldorfschul-Gedanke ist etwas, worauf man so fest stehen kann, daß man schon den Enthusiasmus auch aufbringt, ins Unbestimmte hinein zu wollen. Aber auf der anderen Seite treten Verantwortlichkeiten zutage, und eigentlich ist die Anstellung eines jeden neuen Lehrers eine solche Verantwortlichkeit, so daß es schon einmal ausgesprochen werden muß: Es müßte die ganze Finanzierung der Waldorfschule als des Ausgangspunktes der Waldorfschul-Bewegung, als des ersten pädagogischen Beispieles, wie man in dieser Methode erzieht und unterrichtet, es müßte die finanzielle Fundierung der Waldorfschule doch auf solche Grundlagen gestützt werden, die eine gewisse Stabilität garantieren.

Das ist dasjenige, was ich Ihnen, ich möchte sagen, als eine notwendige Konsequenz aus dem eben Dargelegten heraus noch sagen möchte. Es müßte alles aufgewendet werden von der verehrten Versammlung, was aufgewendet werden kann, um zu Entschlüssen zu kommen, die eine Stabilisierung der Waldorfschul-Finanzierung so möglich machen, daß man eben weiß: Man kann die Verantwortung tragen, es kann nicht so weit kommen, daß nach ein paar Monaten die ganze Sache reißt. – Man sieht, wo die Faktoren sind, die die Sache finanziell in die Welt führen wollen. Dann würde auch der äußere Rahmen da sein.

Denn dessen kann ich Sie versichern, meine sehr verehrten Anwesenden und liebe Freunde: Die Dinge, die man erlebt bei Kursen, die gehalten werden, bei meinem Oxforder und meinem Schweizer Kursus, das, was man erlebt als die Sehnsuchten der Lehrer und auch der Eltern, das zeigt, daß die Waldorfschul-Bewegung etwas ist, was tief in unserer Zivilisationsentwickelung als Forderung sitzt. Das ist heute praktisch erwiesen durch alles das, was vorgegangen ist. Auf der anderen Seite zeigt die Art und Weise, wie in der Waldorfschule gearbeitet wird, wie in der Waldorfschule tatsächlich im Lehrerkollegium etwas enthalten ist, etwas, wovon ausstrahlt der ganze Waldorfschul-Impuls, wie da aus dem reinsten Enthusiasmus doch eben ein starkes Wollen sich in die Welt setzt, wie es Ihnen vielleicht hat am besten zutage treten können bei der letzten künstlerisch-pädagogischen Tagung. Nach diesen zwei Seiten hin steht die Sache, ich möchte sagen, auf gesunder Basis. Verzeihen Sie, wenn ich Sie bitte, etws zu beraten darüber, wie zu diesen zwei Säulen, die ich besonders charakterisieren wollte, zu dieser ersten Säule: Zeitforderung von seiten der Eltern und Lehrer, auf der anderen Seite dasjenige, was als ein heiliger, sachgemäßer und fachgemäßer Enthusiasmus in der Waldorfschule lebt, etwas zu beraten darüber, wie die dritte Säule hinzugefügt werden könnte: die Stabilisierung des finanziellen Fundamentes.

Es ist ja traurig, daß man auch über das sprechen muß. Allein, es ist schon einmal so in der Gegenwart, daß zu allem Geld, viel Geld nötig ist. Und es ist sicher, wenn man die Wege findet, Verständnis für den Waldorfschul-Impuls hervorzurufen, dann kommt man auch zu den nötigen finanziellen Mitteln. Es ist darum schon so, daß man den Weg finden muß von dem ersten Teil desjenigen, was ich eben auseinandergesetzt habe, zu dem, was ich in aller Unbescheidenheit – so muß es schon in diesem Falle genannt werden – am Schlusse dieser Auseinandersetzungen als Forderung hinsetzte.

Anschließend folgten die geschäftlichen Verhandlungen.

FRAGEN VON SCHULE UND HAUS
ANSPRACHE AM ELTERNABEND

22. Juni 1923

Sehr verehrte Anwesende! Die Frage von Schule und Haus, Kindern und Eltern wurde längst als eine solche betrachtet, von der der Wunsch rege war, daß sie hier an einem Elternabend genau besprochen würde.

Es ist nicht alles an einem Abend zu sagen möglich; aber wir werden solche Abende, in denen diese Frage besprochen wird, öfter veranstalten, dann wird sich das Thema erschöpfen können. Heute will ich die ersten hauptsächlichsten Gesichtspunkte, wie sie den Lehrern und mir vorschweben, vor Ihnen aussprechen.

Elternabende sind oftmals angeregt auf dem Erziehungsgebiet, aber viele Vertreter, und hervorragende Vertreter des heutigen offiziellen Schulwesens halten nicht viel von solchen Elternabenden. Und es wurde von ausgezeichneten Pädagogen gesagt, daß nichts herauskomme als ein unfruchtbares Diskutieren. Über alle Dinge des praktischen Lebens, auch über Elternabende, kann man verschiedene Ansichten haben; jede ist zu begründen. So will ich nicht für gewisse Gesichtspunkte das Recht bestreiten, von Elternabenden nicht groß zu denken. – Wir aber als Vertreter des Waldorfschul-Gedankens müssen in diesen Elternabenden etwas außerordentlich Bedeutungsvolles sehen, denn diese Abende, wenn sie in der richtigen Weise geführt werden können, hängen doch zusammen mit den tiefsten Lebensbedingungen dessen, was wir mit der Waldorfschule wollen.

Gewiß, Lehrer, die sich hineingestellt fühlen in den heute geltenden sozialen Zusammenhang und sich getragen fühlen von den Staatsgewalten, die fühlen sich auf ihrem Boden in einer gewissen Sicherheit und sind damit sehr häufig zufrieden. Da wird ihnen ja genügend in das hineingeredet, was sie tun sollen; warum auch noch von den Eltern, denken sie.

Wir können ja diesen Standpunkt nicht haben. Wir haben ja ein solches Hereingestelltsein in die gegenwärtigen sozialen Dinge nicht.

Wir müssen aus dem heraus wirken, was uns aus Menschen- und Lebenserkenntnis, aus Menschenwissenschaft und Menschenkunst als pädagogisches Ziel voranleuchtet. Wir müssen, was wir brauchen für den täglichen Unterricht, aus der inneren Kraft unseres pädagogischen Herzens herausholen. Dazu braucht man, ich will nicht sagen Anerkennung, denn eine Idee, die so sehr aus der Forderung der Zeit und Zukunft geholt ist, wie unsere, muß die Kraft ihrer Wirkung in sich tragen und nicht auf Anerkennung rechnen, was wir aber brauchen zu unserer Arbeit des täglichen Schullebens, das ist Verständnis vor allem derer, auf die es zunächst ankommt, die uns ihre Kinder in die Schule anvertrauen.

Wir können ohne dieses Verständnis überhaupt unsere Arbeit nicht leisten. Und dieses Verständnis muß zunächst allgemeiner Natur sein. Wir können nicht sagen: Eine höhere, aus der anerkannten Gesellschaftsordnung folgende Weisheit schwebt über unseren Häuptern, die wird uns führen, wir brauchen nichts anderes als das Bewußtsein davon. – Wir müssen Schlagkraft gewinnen für unsere Schulideale; Schlagkraft insofern als eingesehen werde, wie tief verwurzelt in den wichtigsten Kulturforderungen der Gegenwart und nächsten Zukunft gerade dasjenige ist, was durch den Waldorfschul-Gedanken zutage tritt. Daher müssen wir danach streben, daß das, was wir wollen, in klarer Anschauung vor die Menschen der Gegenwart tritt, die ein Verständnis dafür aufbringen können. In erster Linie ist darauf zu rechnen, daß diejenigen, die uns ihre Kinder anvertrauen, die also eine gewisse Liebe zur Waldorfschule haben, auch eindringen können in die Gedanken, Empfindungen, Willensimpulse, die uns selbst tragen.

So möchten wir vor allem dasjenige Verhältnis der Schule zur Elternschaft herstellen, das nicht beruht auf Autoritätsglauben. Das hat keinen Wert für uns. Nur das hat Wert, was uns mit Verständnis, bis ins einzelne hinein, für unser Wollen entgegenkommt; das sich bewußt ist, daß ein großes Wagnis unternommen ist mit dieser Schule, das Wagnis, mit schwachen, menschlichen Kräften die so schwer enträtselbaren Anforderungen des 20. Jahrhunderts zu erkennen und umzuprägen ins Pädagogisch-Didaktische. Ich denke, in unserer Lehrerschaft ist kein einziges Mitglied, das nicht dasjenige, in das es hineingestellt ist, empfinden will wie eine Art welthistorischen Festes innerhalb der Menschheitsentwickelung. Das will der Lehrer in aller Bescheidenheit. Aber so nötig Bescheidenheit ist, so nötig ist, daß er es nicht in Kleinmut will, sondern sich bewußt werde, welche Bedeutung, nicht gerade durch sein Wesen, aber durch das, zu dem er sich bekennt, sein Wirken habe, und daß diese Bedeutung nicht aus einer Willkür oder Sympathie, sondern aus einem aus dem Zeitbewußtsein stammenden Wollen in der richtigen Weise betrachtet werde. Das brauchen wir vor allem von den Eltern.

Wir möchten schon, daß die Eltern der Waldorfschulkinder sich sagen: Ich fühle die erzieherische Menschenpflicht in ganz besonderer Weise, und ich möchte, daß gerade durch meine Kinder etwas beigetragen werde zu den großen Aufgaben der Menschheit im 20. Jahrhundert. Ich möchte, daß das Anvertrauen meiner Kinder der Waldorfschule tatsächlich eine soziale Tat großen Stiles sei. – Je intensiver dies in die ganze Gesinnung aufgenommen werden kann, desto besser.

Uns muß es vor allen Dingen auf Gesinnung ankommen. Wir können nicht viel halten von Anweisungen im einzelnen, daß die Lehrer sich so oder so zu den Eltern verhalten sollen und umgekehrt. Wir können uns von solchen Einzelanweisungen nicht sonderlich viel versprechen, aber sehr viel davon, wenn die Lehrerschaft und Elternschaft sich gegenüberstehen in den richtigen Gesinnungen. Denn wir wissen, wenn mit dem innersten Wesen des Menschen die Gesinnung zusammenhängt, dann wird Gesinnung Tat, gerade in den Einzelheiten des Lebens. Wenn Gesinnung im großen den Menschen ergreift, werden seine einzelnen Taten zu Abbildern dessen, was die Gesinnung mit einem großen Zuge will. Daher handelt es sich für uns mehr darum, das Richtige in der richtigen Weise zu empfinden und zu verstehen, als einzelne Anweisungen zu geben und zu bekommen.

Wie oft habe ich betont, wie die verschiedenen Lebensepochen auf das Kind wirken, wie das Kind etwas anderes ist bis zum Zahnwechsel und wieder etwas anderes bis zur Geschlechtsreife. Bis zum Zahnwechsel ist das Kind eigentlich durch das Schicksal in einem ganz innigen Kontakt mit dem Elternhause. Wer nicht ganz aufgeht in der in der Gegenwart blühenden materialistischen Denkweise, sondern den geistigen Zusammenhang im menschlichen Zusammenleben und in der Entwickelung durchschaut, der weiß, daß der schicksalsmäßige Zusammenhang zwischen Kindern und Eltern viel größer ist, als unsere abstrakte Zeit in ihren materialistischen Vorstellungen oft annimmt. Wenn man hinzu weiß zu dem, was uns das physische Leben gibt, das, was uns das geistige Leben außer den Grenzen von Geburt und Tod gibt, dann nimmt man schon den schicksalsmäßigen Zusammenhang zwischen den Kindern und den Eltern und Geschwistern ganz ernst, und dann wird einem von Bedeutung die ganze wirklich für alle Erziehung einschneidende Art, wie wir das Kind in die Volksschule aus dem Elternhaus hereinbekommen.

Wenn auch vielleicht dieser erste Teil meiner Betrachtungen für die meisten Eltern etwas ferner liegt, scheint es mir doch wichtig, auch dies zu berühren. Es können ja bei denjenigen Eltern, die schon Kinder hier haben, noch jüngere Geschwister zu Hause sein, und die Eltern können das Waldorfschul-Prinzip liebgewonnen haben und auch die jüngeren Kinder bringen wollen. Für diese ist auch das Thema über Erziehung vor dem Schulalter wichtig.

Wir bekommen das Kind in die Schule herein in der Art, daß es ein wirkliches Abbild ist aller Verhältnisse und Charaktere im Elternhaus und in seiner bisherigen Umgebung. Das Kind vom ersten bis siebenten Jahr ist fast ganz Sinnesorgan; mit ungeheurer Empfindungsfähigkeit nimmt es alles aus der Umgebung auf, was dort gesagt, getan, ja gedacht wird. Und da verbirgt sich ein Menschen-Wachstumsgeheimnis, das von der heutigen Wissenschaft wenig berücksichtigt wird: die seelischen Äußerungen der kindlichen Umgebung werden organische Leibesbeschaffenheit beim Kinde. Wer sich feinen pädagogischen Takt angeeignet hat für das Aussehen des Kindes, den der Waldorfschullehrer haben soll, der sieht im Glanz des kindlichen Auges, wenn es die Volksschule betritt, ob das Kind liebevoll von seiner Umgebung behandelt wurde, oder ob es unter Zornesausbrüchen unlieb behandelt worden ist. Was Eltern, Geschwister und so weiter tun, sagen, denken, lebt in der Körperbeschaffenheit des Kindes, und viel könnte ich sagen, wenn ich sagen wollte, wie diese seelischen Äußerungen in dem Verlauf der Atmung, des Blutumlaufes, der Wirkung des Nervensystems beim Kind zu beobachten sind. Es kann ja sein, Vater und Mutter sind in der Lage, mit häufigen Zornesausbrüchen das Kind zu behandeln. Bei diesen

Kindern merkt man, was sie so aufgenommen und mit ihrem inneren Wesen verbunden haben, wie das zur Körperbeschaffenheit wird in der Art der Verdauung, der Muskelbewegung, auch in der Art, wie sie auffassen und nicht auffassen können.

Ich darf mich – nicht bildhaft, sondern eigentlich – so ausdrücken, daß der Lehrer mit der ersten Klasse in dem Kinde überliefert bekommt ein Bild des ganzen Elternhauses; in der Gesundheit, im Temperament, im Fassungsvermögen, in der moralischen Anlage trägt das Kind das Elternhaus in die Schule hinein. Und wir machen in der Schule zunächst durch das Kind sehr intim Bekanntschaft mit dem Elternhause. Das sollte in die Gesinnung derer einziehen, die ein wirkliches Interesse für eine Schule wie die Waldorfschule haben. Solche Dinge brauchen nur Gesinnung zu werden, dann wirken sie auf das Handeln.

Wenn man klar so etwas weiß, wird man manches einzelne tun, was man sonst unterläßt, und vieles unterlassen, was man sonst tut. Das ist kein abstraktes Wissen; es durchtränkt das ganze Leben. Wenn das die Voraussetzung ist, dann wird schon jener Wille entstehen, der in richtiger Weise Eltern und Lehrer zusammenführt. Denn da, wo man weiß, daß in die Tiefe der Menschennatur das wirkt, worauf es ankommt, gibt man weniger auf das, *was* mit Worten in fünf Minuten ausgesprochen ist, aber viel mehr auf die Art und Weise, *wie* es ausgesprochen wird. Wenn die Gesinnung, die ich andeutete, die Eltern unserer Kinder immer wieder in die Schule hineintreibt, um dem entsprechenden Lehrer gegenüberzustehen, dann wird das, rein dadurch, daß Eltern und Lehrer sich nicht fremd sind, sondern sich gesehen haben, zu einer fruchtbaren Tatsache werden.

Was wir vor allem brauchen bei diesem Verhältnis von Eltern und Lehrern, das ist, daß jenes Interesse für das Allgemeine der Waldorfschul-Pädagogik sich überträgt auf das ganze Leben innerhalb der Schule, auf alles, was mit der Waldorfschule zusammenhängt, mit der Lehrerschaft einerseits und der Elternschaft andererseits. Wir können in der Waldorfschule mit großer Beruhigung, mit einer Kraft, die uns täglich neuen Antrieb verleiht, unterrichten, wenn wir wissen: in den Elternhäusern ist für das, was der Lehrer in der Schule tut, ein tägliches Interesse vorhanden.

Ich verkenne nicht, wie schwierig die Betätigung eines solchen Interesses ist. Ich weiß gut, wie innerhalb unserer sozialen Verhältnisse die Menschen wenig Zeit und Kraft haben, wenn das Kind aus der Schule kommt, so das Kind zu fragen: Wie war es heute? Was hast du getan? – daß das Kind mit warmem Eifer gar nicht erwarten kann, daß diese Fragen gestellt werden. Es kommt nicht darauf an, daß die Eltern aus Pflichtgefühl diese Frage stellen, sondern so, daß das Kind gefragt sein will. Genieren wir uns dabei gar nicht, daß etwa das Kind manches Mal uns etwas sagen könnte, was wir selber vergessen haben, das ist selbstverständlich; das wird man gar nicht bemerken, wenn auf beiden Seiten der richtige Enthusiasmus vorhanden ist. Und unterschätzen Sie nicht, wenn der Lehrer wissen kann, das, was er tut, gibt dem Elternhause, wenn auch nur für kurze Minuten, das regste Interesse, dann weiß er seine Arbeit gut begründet, dann arbeitet er aus einer seelischen Atmosphäre heraus, die anfeuernd, erzieherisch und unterrichtend auf das Kind wirkt.

Dadurch kann gerade am wirksamsten das bekämpft werden, was von heute hervorragenden Pädagogen ausgesprochen wird. Wenn diese untereinander sind, dann sprechen sie von dem «Krieg zwischen Eltern und Lehrer». Dieser Krieg ist etwas, was so ein geheimes Diskussionsthema bei vielen Pädagogen bildet. Dieser Krieg hat ja zu einem merkwürdigen Wort geführt, das schon bekannt ist, besonders jüngere Lehrer haben es ausgesprochen: Wir müssen die Erziehung bei den Eltern, insbesondere bei den Müttern anfangen. – Wir haben dazu weder den Ehrgeiz noch genügend utopistischen Sinn. Nicht weil wir glauben, die Eltern sind nicht erziehbar, oder wollen nicht erzogen werden, sondern wir wünschen, daß zwischen Elternschaft und Lehrerschaft ein wirklich inniges freundschaftliches Verhältnis besteht, das auf der Sache begründet ist. Dazu kann viel getan werden durch das Interesse der Eltern der Schule gegenüber.

Während gerade die Eltern durch ihr Seelisches auf die leibliche Beschaffenheit des Kindes so stark wirken, hat der Lehrer nur die Möglichkeit, seelisch auf Seelisches zu wirken. Da tritt dann an die Stelle jenes nachahmenden Wesens, das das Kind bis zum Zahnwechsel den Eltern entgegenbringt, das Prinzip der notwendigen, ja selbstverständlichen Autorität. Diese müssen wir haben; darin wird der Lehrer ganz besonders unterstützt, wenn ein so charakterisiertes Interesse vorhanden ist. Schon aus der Tatsache, daß die Schule mit einem gewissen feierlichen Ernst genommen wird, fließt viel von dem, was die Eltern zum Tragen dieser autoritativen Kraft beitragen können, daß der Lehrer die Autorität sein kann, die er sein muß. Wer in der Waldorfschule Lehrer wird, ist schon vielfach gesiebt; und man darf schon zu ihm Vertrauen haben. Und wenn man etwas nicht versteht, so rümpfe man nicht gleich die Nase, sondern man vertraue auf das große, umfassende Prinzip, an das man selbst glaubt, dann wird man den Lehrer unterstützen und jede Gelegenheit benützen, die einen innigen Kontakt zwischen Elternschaft und Lehrerschaft herbeiführen kann.

Sie wissen, wir geben nicht solche Zeugnisse mit den üblichen Noten wie an öffentlichen Schulen. Wir versuchen, das Kind zu charakterisieren, auf die Individualität einzugehen. Erstens: Sitzt ein Lehrer über der Gestaltung der Zeugnisse und ist sich seiner Verantwortung bewußt, so tritt ihm Rätsel über Rätsel vor das seelische Auge, und er wägt jedes Wort, das er prägen soll. Eine große Erleichterung ist es ihm dabei, wenn er den Eltern gegenübergestanden hat, nicht wegen der Vererbungsverhältnisse, um die sich heute allein der Materialismus kümmert, sondern er sieht die Umgebung, und alles erscheint dann erst im rechten Lichte. Dabei hat man nicht nötig, in indiskreter Weise die Eltern selbst zu beurteilen, sondern er will eben in freundschaftlicher Weise sich den Eltern gegenüberstellen. Wie ich einen Brief an Bekannte und Unbekannte anders schreibe, so auch die Zeugnisse über Schüler mit bekannten und unbekannten Eltern.

Zweitens sollte der Lehrer eigentlich sicher sein, daß ein liebevolles Interesse im Elternhause ruhen würde auf solchen Zeugnissen, und ich glaube, wenn die Eltern fertig brächten, eine kleine Antwort zu schreiben auf das, was der Lehrer im Zeugnis beschrieben hat, daß das ungeheuer helfen würde. Wird das als Regel eingeführt, so hat es keine Bedeutung; wird es Bedürfnis von den Eltern aus, so ist es pädagogisch ungeheuer wichtig. Solche Schriftstücke werden gewiß mit außerordentlicher Aufmerksamkeit in unserer Waldorfschule gelesen werden; sie wären uns viel wichtiger, selbst wenn sie mit noch so vielen Fehlern geschrieben wären, als manche heute anerkannte Kulturschilderung der Gegenwart. Man würde dabei tief in das hineinschauen, was man braucht, wenn man nicht Lehrer ist aus abstrakten Ideen, sondern aus dem Zeitimpuls heraus.

Sie müssen nicht vergessen: Der Waldorfschullehrer erzieht aus einer Menschenkenntnis heraus, die nicht auf dem heute üblichen Wege zustande kommt. Aber aus dem, was in hingebungsvoller Weise Eltern dem Lehrer mitteilen könnten, würde starke Menschenerkenntnis fließen, und ich übertreibe gar nicht, wenn ich sage, fast noch wichtiger als für das Kind das Zeugnis wäre für den Lehrer das Gegenzeugnis. Aber auch hierbei lege ich nicht den größten Wert auf die einzelne Maßregel, die ich gerade nehme, sondern auf das Erhalten des regen Interesses für alles, was in der Schule vor sich geht.

Und so meine ich, daß sich von selbst für die Zeit, die zugebracht wird vom Kind in den Ferien, das Richtige ergeben wird, wenn das Schuljahr in der Weise verläuft, wie ich andeutete. Wir werden ja sehr gut tun, wenn wir die Ferien Ferien sein lassen, nicht das Kind anhalten, irgend etwas Schulmäßiges zu treiben; aber wenn diejenige Gesinnung sich auslebt, die ich wünschte, so wird das in der richtigen Weise Frohsinn, Freude und Erfrischung der Gesundheit für das Kind bedeuten.

Worauf es uns aber besonders ankommt, das ist eine in solche Gesinnung eingetauchte Atmosphäre, daß Sie die Erkenntnis haben: Der Waldorfschullehrer kümmert sich um das ganze Kind, vor allem auch um die Gesundheit. Und was wir uns besonders angelegen sein lassen, das ist, daß wir im Inneren unserer Seele unterrichtet sind auch über die feineren Gesundheitszustände der Kinder, die uns anvertraut sind. Eine pädagogische Kunst ist nicht vollständig, wenn sie nicht bis zu diesem Interesse am Kinde geht. Aber gerade über dieses Gebiet wird die nötige Arbeit nur möglich sein, wenn Eltern und Schule entsprechend zusammenwirken. Da möchte man schon, daß ein aus innerem Bedürfnis stammendes Verständnis der Schule entgegenkomme, daß auch mancher Wink über das leibliche Wohl, über Diät und so weiter, von den Eltern bei unserer Waldorfschule gesucht werde. Namentlich wünschen wir, daß in solchen Dingen im Verkehr zwischen Eltern und Lehrern das voll ausgelebt werde, was der Grundimpuls unseres Wirkens ist in der

Schule: Menschliche tiefinnerste Ehrlichkeit und Offenheit. Daraus könnte viel werden im Leben, und vieles kann gebessert werden, wenn Vater oder Mutter zum Lehrer kommt und sagt: Mein Kind kommt ermüdet zurück, es kommt zu spät; was kann ich mit Ihnen zusammen tun, um dem entgegenzuwirken? – In diesem ehrlichen Zusammenwirken kann viel Gutes begründet werden.

Besonders aber kann der Schule viel geholfen werden, wenn in den Dingen, in denen Genauigkeit, nicht Pedanterie ist, von den Eltern die Schule sehr unterstützt würde. Es trägt sehr viel bei zu der Art und Weise, wie man in der Schule die Zucht gestalten kann, wie man den Ernst der Kinder herbeiführt, wenn durch die ganze Art und Weise, wie am Morgen der Verkehr zwischen Eltern und Kindern ist, ohne besonderen Befehl herbeigeführt wird, daß wie mit Selbstverständlichkeit das Kind zur rechten Zeit das Haus verläßt und damit zur rechten Zeit in der Schule ist. Ich meine auch hier nicht so sehr die einzelne Tatsache, sondern mehr das Bewußtsein, das dahinter steht; ich meine die Auffassung, daß die Schule etwas Ernstes und Feierliches ist und daß man die Eltern befriedigt, wenn man die Lehrer befriedigt in dieser Pünktlichkeit. Das ist ein moralischer Brief, den das Kind jeden Morgen aus dem Elternhaus in die Schule bringt. Dem feineren Blick des Lehrers ist es nicht nur befriedigend oder unbefriedigend, wie das Kind das Haus verlassen hat, sondern es drängen sich hinein in seine eigene Stimmung störende oder fördernde Impulse, je nachdem das Kind in der einen oder anderen Weise das Elternhaus verläßt. Solche Dinge müssen ins Bewußtsein kommen. Ich glaube, man hat nicht wenig für das ganze Leben, wenn man so etwas als kleines Kind vom Vater gehört hat: Sieh mal, zwei Dinge müssen ganz genau gehen: die Uhr und das Kind in die Schule. – Das ein paarmal gesagt, kostet nicht viel Zeit und wirkt für das ganze Leben.

Es kommt uns nicht auf Einzelheiten an, sondern auf das Herzensverhältnis zwischen Schule und Haus. Wir haben schon das Vertrauen, daß bei einem solchen rechten Herzensverhältnis auch das Rechte herauskommt. Das möchten wir so sehr herbeisehnen, daß diese Gesinnung nicht nur in Einzelheiten, sondern mit der ganzen Kraft erweckt werde. Die Waldorfschule wird nicht nur durch ihr Kulturbewußtsein etwas erreichen, sondern durch solche Dinge, wie wir sie heute besprochen haben.

Wir müssen uns ja klar sein, daß manches sogar in unserer Zeit erfunden werden mußte, damit die Mängel, die in solchen Dingen liegen, nicht zu stark zutage treten. Was müssen manchmal die Kindergärten gutmachen, was vom Elternhause schlecht gemacht wurde! Unsere Zeit ist nun einmal so geworden, daß sie Surrogate braucht für das, was in der Familie erlebt werden sollte.

Nicht nur mit dem Intellekt muß verfolgt werden, was wir mit der Waldorfschule wollen, sondern auch geliebt werden muß es. Und ist die Gesinnung der Eltern in solche Liebe getaucht, so werden wir nicht nötig haben, unsere Kinder zu erziehen in der Furcht und in der Hoffnung, den zwei heute zwar gebräuchlichsten, aber schlechtesten Erziehungsmitteln. Das beste Erziehungsmittel aber ist und bleibt die Liebe, und in einer von Liebe getragenen Erziehungskunst kann das Haus die Schule stark unterstützen.

Es gibt Leute, die sagen, in der Waldorfschule sei die Disziplin nicht so gut wie in anderen Schulen. Ausführlich darüber zu sprechen, ist die Zeit zu kurz. Aber bedenken Sie, daß nicht nur in sozialen Dingen, sondern auch in den Kinderseelen die letzten Jahre viel geändert haben. Wir können nicht die Maßstäbe unserer Jugend anlegen. Es ist eine tiefe Kluft zwischen der jetzigen jungen Generation und den Älteren, und wenn es sich darum handelt, erzieherisch das Wesen des Kindes zu erfassen, so wird man mit der Furcht vor Strafen und der Hoffnung auf Zeugnisse schlecht erziehen, mit der Liebe aber gut. Mag noch so sehr das wilde Getümmel toben in den Klassen, wenn das richtige Verhältnis da ist zum Lehrer, wenn er so dasteht, daß das Kind dennoch in ihm das sieht, was es sehen soll, dann wird das Toben eine ganz andere Bedeutung haben als sonst. Vielleicht ist das paradox, aber es ist psychologisch richtig. Man bekommt auch über das Toben eine andere Anschauung; denn es tobt sich da manches heraus, was sich dann im späteren Leben nicht mehr heraustobt, und das ist entschieden besser als umgekehrt. Die späteren Lebensalter bauen sich ja auf dem auf, was wir in der Schule heranerziehen. Gerade wenn man davon tief durchdrungen ist, daß man für das ganze Leben, nicht für den Augenblick zu erziehen hat, dann weiß man auch, wie stark man die Eltern braucht, um mit dem Waldorfschul-Gedanken weiter zu kommen.

Diese Gesichtspunkte wollte ich zunächst geben, aber doch betonen, daß darin das Allernötigste liegt, und daß uns die ehrliche und gründliche Erfassung dieser Gesichtspunkte recht, recht weit bringe und die Überzeugung stärke, die für die Waldorfschullehrer heilig ist, und für die wir Verständigung wünschen. Wir wissen: Wir erreichen unser Ziel, wenn dasjenige, was in der Schule gewollt wird, in den Elternhäusern verstanden wird, und wenn uns ermöglicht wird, intim zusammenzuwirken mit den Elternhäusern!

ANSPRACHE BEI EINER MONATSFEIER

27. März 1924

Meine lieben Kinder, verehrte Lehrer und Lehrerinnen und verehrte Eltern, soweit sie anwesend sind! Alljährlich, wenn die Ostern kommen, dann ist ja für die Schule, für das kindliche Erleben und für alles menschliche Dasein ein ganz besonderes Fest. Es wird dieses Fest schon angedeutet durch die schöne Sprache, welche die Natur beginnt zu uns zu sprechen.

Zwar ist die Natur immer schön, und wer für diese Schönheit Sinn hat, kann auch diese Schönheit finden, wenn im Winter Schnee fast traurig die Erde bedeckt, die Bäume bedeckt, bis in die Berge hinauf sich zieht. Auch das ist schön. Aber es ist ja äußerlich kalt. Es macht auch die Seele recht kalt und erinnert, wie oft das Leben Herz und Seele kalt macht.

Aber dann im Frühling, wenn Ostern herankommt, dann sprossen die Saaten, die Blumen aus der Erde heraus. Die Märzveilchen sind ein Gruß von dem Sonnenlicht und Weltengeist selbst. Und das Grün erinnert uns an das, was wir zu hoffen haben von dem Leben, was wir wünschen möchten von dem Leben. Die Farbe der Hoffnung, des Wunsches, der Lebensfreude ist im Grünen enthalten.

Wenn wir dann von der Natur hineinschauen in unsere Lebensschule, denn eine Lebensschule will die Waldorfschule sein, so muß man auch sagen – ich spreche zu euch, meine lieben Kinder! – dieses Osterfest ist schon einmal durch die beginnende Entfaltung des Lebens ein recht stark wirksames Fest für die Schule, für die Kinder- und Lehrerschaft und für dasjenige, was als das wichtigste hinter Kinderschaft und Lehrerschaft der Schule steht, die Eltern. Da kommen zur Osterzeit die neuen Kinder hinein in unsere Schule.

Da sehen die Lehrer das, was als eine Lebensaufgabe ihnen zufällt, in der Erziehung dieser neuen Kinder. Da ist es, daß dieses schöne seelische Verhältnis eintreten muß zwischen Lehrer und Eltern, die vertrauensvoll dem Lehrer ihre Kinder hingeben, und es beginnt für eine Anzahl von Kindern und Lehrern in dieser Osterzeit dasjenige, was sich dann durch

Jahre hindurch fortsetzt, das Zusammenwachsen mit den Kindern, die sie so innig lieben.

Aber wiederum ein anderes ist verbunden mit der Osterzeit zugleich. Da kommt, wie es bei uns jetzt für viele Kinder der achten Klasse und sämtliche Schüler der zwölften Klasse der Fall ist, da kommt der Abschied von der Schule. Da wird es den Lehrern recht schwer ums Herz, denn sie sind mit den Kindern seelisch und geistig zusammengewachsen. Da kann man sehen, wie es den Kindern schwer ums Herz wird, den Schülern und Schülerinnen, die hinaus müssen aus der Schule, die eine Vorbereitungsschule für das Leben war, in der alles getan werden sollte, was das Leben von seiner hoffnungsvollen Seite zeigt; die hinaus müssen von dieser schönen, hellen Sommerszeit des Lebens in das oft recht rauhe, harte Dasein, wo so viel Schmerz erlebt werden muß und manche Freude. Das Leben gibt viel: Freude, Trauer und Kummer. Wir müssen darüber hinauskommen. Dann, wenn das Osterfest naht, wie es jetzt der Fall ist, wenn wir hinlenken den Blick auf die kommende Ostern, da werden wir so recht erinnert, wie dieses Fest ein tief einschneidendes ist in das Schüler- und Lehrergemüt.

Der Lehrer schaut hin, wenn er die neuen Schüler empfängt, auf alles dasjenige, was wird. Er fühlt seine Aufgabe als Lehrer ganz besonders intensiv, wenn er nun zu den lieben Eltern der Kinder hinblicken kann und sich sagen muß: Diese Persönlichkeiten bringen mir ihr Vertrauen entgegen für dasjenige, was ihnen das Allerteuerste geworden ist im Leben. Das ist etwas Bedeutsames, denn das soll besonders tief empfunden in die Herzen der Lehrerschaft einziehen. Die Kinder kommen herein, freudig erwartend dasjenige, was ihnen durch die Liebe der Lehrer, durch das, was die Menschen hervorgebracht haben, werden soll.

Dann wird wiederum hingesehen werden müssen auf den Abschied, daß dieser oder jener Schüler von der Schule hat weg müssen. Dann kommt das andere Gefühl, ein Gefühl, das vermischt ist mit Wehmut und Trauer in vieler Beziehung, das insbesondere im Lehrergemüt eine recht wehmütige Trauer auslöst. Denn die Kinder, die man liebgewonnen hat, die man geführt hat, man muß sie hinausschicken ins Leben. Sie müssen dasjenige, was man mit ihnen gesucht hat, selbst suchen. Da fällt die Befriedigung hinein, die sich sagen kann: Wenn es dir gelungen ist, dann gibst du die Kräfte, die du hast geben wollen, die gibst du ihnen mit. – Und das gibt ja auch eine schöne Ostern, gerade dann wird der Abschied von der Schule auch für die Lehrer zu etwas Schönem.

Zu dem Schönsten des Lehrers gehört es ja, wenn er oftmals nach Jahren, wenn die Kinder draußen gewesen sind im Leben, hört von dem oder jenem, was er geworden ist im Leben. Wie er sich hineingestellt hat ins Dasein, welches Glück er erfahren hat, wie er den Schmerz hat ertragen gelernt. Wenn so von den Kindern Botschaften zurückkommen wiederum in die Schule, vielleicht wenn die Schüler schon fast ganz erwachsen geworden sind, fest darinstehen im Leben, dann sind das die Empfindungen, die insbesondere dem Lehrer recht Kraft geben, die dann auch, wenn er schon lange seines Amtes in der Schule gewaltet hat, ihm noch Rüstigkeit geben.

Und wenn man sich das alles vergegenwärtigt, was da hereinspielt in die Schule zur Osterzeit, dann kommt das Gefühl, das kommen sollte bei euch, meine lieben Kinder und Schüler und Schülerinnen, das kommen sollte: Was für das gesamte Menschenleben zwischen Geburt und Tod bedeutet diese Schulzeit! Sie ist eine richtige Sommerzeit, Sonnenzeit des Lebens, an die uns insbesondere, weil sie da beginnt in der Natur, Ostern erinnert.

Die Lehrer sagen sich da: Glücklich sind wir, daß wir das Vertrauen von Menschen besitzen, wie das der Eltern, die uns ihre Kinder übergeben. Dann werden die Lehrer so recht fühlen können – und die Art und Weise, wie gestrebt wird, die möchte das fühlen lassen: Durch Jahre hindurch haben uns die Eltern ihr Liebstes überlassen, vertrauensvoll haben sie es uns übergeben, und das wird das Glück der Schule sein, daß wir dieses Vertrauen nicht nur erhalten, sondern gerechtfertigt haben, daß die Eltern mit derselben Befriedigung ihre Kinder Abschied nehmen sehen voller Hoffnung, mit der sie ins Leben eintreten, daß die Eltern mit ebensolcher Befriedigung entgegennehmen ihre abgehenden Kinder und Schüler, wie sie sie im Vertrauen in die Schule hineingeschickt haben. Das alles tritt vor unsere Seele, vor unser Gemüt, gerade in dieser Zeit. Ich wollte es mit ein paar Worten in die Seelen, in die Gemüter der Schüler und Schülerinnen und der Lehrerschaft hineinsenken.

Alles das wird aber, wenn es allseitig beachtet wird, bei Kindern und Schülern dasjenige, was da sein muß: Hingabe und Liebe zur Lehrerschaft, Hingabe an dasjenige, was durch die Schule erarbeitet wird. Wenn da waltet in der Waldorfschule die rechte Liebe zwischen Eltern und Lehrern, Kindern und Schülern, dann wird in dem, was die Liebe tun kann, wenn der Mensch durch alles Schöne und Große durch das Leben geleitet werden soll, dann wird dieses Leben walten können, wird die dem Menschen notwendigen Kräfte geben können.

Darum habe ich euch immer gefragt, ob es euch gelungen ist, eure Lehrer recht lieb zu gewinnen. Könnt ihr sie noch lieber gewinnen, dann wird alles aus dieser Liebe wie aus einem frischen Quell kommen können. Dann werdet ihr alles erarbeiten, dann wird die Osterzeit alles geben können. Ich möchte euch fragen: Liebt ihr eure Lehrer und Lehrerinnen? [Alle rufen: Ja!] Das ist schön von euch. Dann, blickt ihr in dieser Liebe, die ihr zwischen euch entwickelt, blickt ihr hin auf diejenigen, welche die Schule verlassen, nehmt euch vor, sie zu verfolgen im Leben mit euren liebenden Blicken: und es wird sich ein schönes Verhältnis der Liebe und Freundschaft entwickeln können. Und es wird die Waldorfschule schön hinausstrahlen können ins Leben wie ein Sonnenhaftes.

ANSPRACHE BEI DER FEIER ZU BEGINN DES SECHSTEN SCHULJAHRES

30. April 1924

Meine lieben Kinder, Schüler und Schülerinnen! Ihr werdet jetzt zunächst einmal ein wenig ruhig aufpassen müssen, denn die ersten, an die ich mich wenden möchte, sollen die Eltern sein, die Eltern, die wir hier bei unserem großen Freudenfeste unter uns haben dürfen, diejenigen, die ganz kleine Kinder zu uns gebracht haben, und die Eltern, die große Kinder in die Waldorfschule gebracht haben.

Meine lieben Eltern der Schüler und Schülerinnen! Wir können durchaus den Augenblick schätzen und würdigen, in dem Ihr selber heute mit Eurem Gemüte Euch befindet. Derjenige, der nun schon eine ziemliche Strecke des Lebens durchgemacht hat, wie das bei den Eltern der Fall ist, weiß, daß das Leben mancherlei Prüfungen bringt an Schmerzen und Freuden, Prüfungen, die Leiden, allerdings auch Freuden bringen, und er hat das Liebste, was ihm das Leben beschert hat, seine Kinder. Da wissen wir nun hier, die wir die Waldorfschule führen und leiten wollen, wirklich ganz gut, was es heißt, sich zu entschließen: Wohin bringe ich mein Kind? Denn man tut das unter dem Eindruck dessen, was man im eigenen Leben durchgemacht hat, und man möchte, daß das Kind in möglichst richtiger Art dieses Leben durchmachen kann, das man ja kennt.

Es kann nicht meine Aufgabe sein, heute über die Art und Weise zu sprechen, wie wir durch einen sachgemäßen und menschengemäßen Unterricht und eine sachgemäße und menschengemäße Erziehung aus allen Untergründen des Lebens heraus die Kinder in das Leben hereinstellen wollen. Aber dessen können Sie versichert sein, daß aus dieser unserer Pädagogik, aus dieser unserer Erziehungskunst das eine hervorgeht, daß wir zu würdigen wissen, was es heißt, als Eltern Kinder in die Schule zu schicken und sie damit in eine bleibende Richtung für das Leben zu bringen. In diesem Gefühl einer wirklich umfassenden Verantwortung wollen wir aus den Händen, mit denen Sie uns heute die Kinder hereinbringen, die Kinder entgegennehmen und die Versicherung geben, daß wir wirklich wissen, was das heißt.

In diesem Gefühl wollen wir uns aber auch zusammenfinden: der Augenblick von heute möge sich oft wiederholen. Wir in der Waldorfschule, in einer in großen Kreisen noch nicht anerkannten Schule, brauchen dasjenige, was wir durch kraftvolles Zusammenwirken mit den Eltern haben können. Daher bitte ich Sie, beratschlagend und in anderer Weise oft in die Schule zu gehen. Es wird das, was wir und Sie für die Kinder wollen, im besten Sinne erreicht werden, wenn wir mit dem Elternhause in kraftvoller Weise zusammenwirken können. Wir wollen von der Schule aus versuchen, das in vollem Umfange durchzuführen.

Dann möchte ich mich an die Kinder wenden, die heute zum erstenmal in der Schule sind. Ihr braucht eigentlich noch nicht gar viel zu verstehen. Es ist heute etwas gekommen, was ihr zum Teil schon kennt, was ihr zum Teil jetzt ja anfangen müßt zu lernen. Ihr habt die Eltern bisher liebgehabt, wißt, wie man das macht. Ihr müßt auch lernen, eure Lehrer und Lehrerinnen recht lieb zu haben. Wenn ihr eure Lehrer lieb habt, werdet ihr alles mögliche lernen, wenn noch einiges andere dazukommt. Aber das wird ganz gelinde kommen. Ihr werdet lernen müssen, manchmal eine Zeitlang stille zu sitzen; aber wenn die Stunde um ist, dürft ihr draußen wieder herumlaufen, aber nicht zu schnell, damit ihr euch nicht den Kopf zerstoßt. Ihr müßt auch immer recht freundlich miteinander sein. Ihr müßt vor allem also lernen, stille zu sitzen, die Lehrer lieben und dafür sorgen, daß ihr gesund bleibt und daß die anderen auch gesund bleiben.

Wie ihr hier sitzt, von der niedersten bis zur höchsten Klasse, ihr habt heute am Ausgangspunkt von unserer lieben Lehrerin der ersten Klasse ein sehr richtiges Wort gehört: Die kleinen Knirpse sind etwas ganz anderes geworden, als sie früher waren, sie sind Schulkinder geworden. Das ist eben gesagt worden. Man kann Schulkind werden, aber das möchte ich nun, die niederste mit den höchsten Klassen verbindend, sagen: Aus der Schule kommt man nicht wieder heraus. Aus der Waldorfschule werdet ihr herauskommen; einige, nachdem sie die achte Klasse hinter sich haben, einige nach höheren Klassen. Wir haben ja zum erstenmal diejenigen, die die höchste Klasse durchgemacht haben, ins

Leben hinausschicken müssen. Aber wenn das alles durchgemacht ist, dann kommt ihr erst recht in die Schule. Denn die allerwichtigste und bedeutendste Schule ist die Schule des Lebens, und wenn man aus der Schule austritt, tritt man erst ein in die Schule des Lebens. Und wir haben die Aufgabe, für die Schule des Lebens die Vorbereitungsschule zu sein.

Dazu gibt es diejenigen, an die ich mich zuletzt wenden muß. Jetzt wende ich mich also an eure lieben Lehrer und Lehrerinnen. Da muß ich sagen, wenn ich mir die Schule so anschaue: Die wichtigsten unter den Schulkindern sind die Lehrer und Lehrerinnen! Daß diese einmal in die Schule hereingekommen sind, das ist das ungeheuer Wichtige für die Schule, denn die lernen immer. Und wißt ihr, von wem die am allermeisten lernen wollen? Am allermeisten wollen die von euch lernen! Wie ihr fähig werdet, Leiden und Freuden am besten durchzumachen, wie ihr gesund und krank seid, das alles wollen sie lernen. Sie haben so viel zu lernen von euch, damit sie in voller Liebe zu euch, euch zu Menschen machen, die im Leben ordentlich stehen können.

Dazu ist eines vor allem nötig, was ich immer sage, was ich aber noch einmal sagen möchte, weil man es nicht oft genug sagen kann. In der Waldorfschule ist es so, daß das, was die Lehrer und Lehrerinnen tun, daß sie das mit der innigsten Freude tun. Man weiß, man arbeitet am großen Leben draußen mit dem, was am allerwichtigsten ist im großen Leben: man arbeitet mit Lebensanfängen. Wenn man diese freudestrahlenden Gesichter am ersten Tage sieht und diejenigen von unseren lieben Schülern und Schülerinnen, die schon länger da sind und die mir immer geantwortet haben, wenn ich gefragt habe: Habt ihr eure Lehrer und Lehrerinnen lieb? – wenn ich euch alle so sehe, möchte ich auch heute etwas sagen. Ihr habt in den Ferien gelebt ohne eure Lehrer und Lehrerinnen. Jetzt wird in der Schule nur gut gehen alles, wenn ihr mir wiederum auf eine gewisse Frage antworten könnt. Man vergißt ja manches. Eines darf aber von euch nicht vergessen werden. Ihr habt in eure Seele gepflanzt Liebe zu euren Lehrern und Lehrerinnen. Das habt ihr mir immer wieder versichert. Jetzt, nachdem ihr wieder eine Weile draußen wart, frage ich euch, ob ihr während der Ferien eure Liebe zu den Lehrern und Lehrerinnen vergessen habt? Wenn ihr sie nicht vergessen habt, antwortet mit einem deutlichen Nein. [Die Kinder rufen: Nein!] Das ist das, was euch richtig in das neue Schuljahr hineinstellt. Dann werdet ihr aufmerksam und fleißig sein, dann wird alles recht schön gehen.

Meine Schüler von der höchsten Klasse, das heißt liebe Lehrer und Lehrerinnen! Wir wollen arbeiten, mutig und mit Enthusiasmus den Unterricht und die Erziehung aufnehmen, die Vorbereitung für die Lebensschule auch im neuen Schuljahr. So mag es geschehen, dann wird die Schule geleitet werden durch den höchsten Führer, durch den Christus selber. So mag es in dieser Schule zugehen. Vorwärts wollen wir schreiten aus Enthusiasmus für die Sache heraus und auch aus Liebe zu den Kindern, an denen die Lehrer sich so erfreuen und an denen sie so gut arbeiten können. So wollen wir mit Liebe und Begeisterung in den Kinderherzen, mit Liebe und Begeisterung in den Lehrerherzen weiterarbeiten.

Vorwärts, meine lieben Kinder und meine lieben Lehrer, vorwärts!

DER VERKEHR DES LEHRERS MIT DEM ELTERNHAUSE IM GEISTE DER WALDORFSCHUL-PÄDAGOGIK

VORTRAG, GEHALTEN AN DER VIERTEN ORDENTLICHEN MITGLIEDERVERSAMMLUNG DES VEREINS «FREIE WALDORFSCHULE»

1. Juni 1924

Meine sehr verehrten Anwesenden! Von denjenigen Gesichtspunkten, von denen die Waldorfschule ausgeht, führt nicht nur ein, sondern es führen viele Wege wie von etwas heute der Menschheit und insbesondere dem sozialen Leben unnatürlich Aufgedrängtem zu etwas Natürlichem, zu etwas, was sozusagen von der Menschennatur in ihrem weitesten Umfange gefordert wird. Und ein solcher Weg soll gezeichnet werden in den Bemerkungen, die ich mir der heutigen Versammlung vorauszuschicken erlaube, der Weg von dem Lehrer zum Elternhaus.

Man kann sagen, dieser Weg sei eigentlich ein selbstverständlicher. Und doch, meine sehr verehrten Anwesenden, der Weg, den die Lehrer und Erzieher brauchen zu dem Elternhaus, wurde nicht nur, wird nicht nur zuweilen recht schwer gefunden, sondern es gibt auch sehr, sehr bedeutsame pädagogische Anschauungen, in denen auf diesen Weg zum Elternhaus keine Rücksicht genommen wird. Ich brauche da nur zu erinnern an etwas, was im Laufe der deutschen Geistesentwickelung erlebt worden ist als ein Größtes: das Auftreten *Johann Gottlieb Fichtes* auf jeglichem Gebiete. Aber wir wollen heute nur sprechen von seinem Auftreten auf pädagogischem Gebiete. Er hat ja in einer der schwierigsten Zeiten des deutschen Lebens seine «Reden an die deutsche Nation», diese eindringlichen Reden an die deutsche Nation gehalten, in denen er darauf aufmerksam machte, wie eine Gesundung, eine Wiederbelebung des deutschen Daseins kommen müsse nach schwerer Erniedrigung 1806 durch die Erziehung. Und man kann sagen: über die Erziehung hat Johann Gottlieb Fichte, einer der edelsten Deutschen, die allerschönsten Worte und auch die allerbedeutsamsten Worte gefunden. Allein er betrachtete es wie ein Grunderfordernis für die Durchführung seiner pädagogischen Intentionen, daß die Kinder dem Elternhaus entnommen werden, daß sie gewissermaßen zusammengepfercht werden in besondere Erziehungsanstalten, die von einem allseits geschlossenen Staat allein nach starren Prinzipien geleitet werden. Aber wir haben ja auch nachher die mannigfaltigsten Erziehungsexperimente erlebt, in denen Kinder in besonderer Lage an besondere Orte gebracht werden sollen, um eine sachgemäße Erziehung zu haben. Und wir haben insbesondere im Laufe der Entwickelung der Menschheit zahlreiche Beispiele, wo ein solches Herausnehmen der Kinder aus dem Elternhause als notwendig gefordert wird.

Obzwar die Waldorfschul-Pädagogik mit ihrem Geiste glaubt, mindestens ebenso eindringlich und ebenso aus den Tiefen der Menschenseele heraus zu wirken wie die mit wenigen Strichen gekennzeichneten Erziehungsversuche, so schlug doch dieser Geist der Waldorfschul-Pädagogik von Anfang an eine ganz andere Richtung ein. Dieser Geist der Waldorfschul-Pädagogik ging nicht von Äußerlichkeiten aus. Er sagte nicht, man solle dieses oder jenes in sozialer Beziehung für die Kinder herbeiführen. Er sagte nicht, man solle die Kinder in diese oder jene Verhältnisse, herausgerissen aus ihren gewöhnlichen Verhältnissen, bringen; sondern der Geist der Waldorfschul-Pädagogik war von Anfang an ein rein methodischer, ein rein pädagogisch-didaktischer. Die soziale Lage, die Verhältnisse des Lebens, so wie sie sind, so werden sie hingenommen. Und alles, was erreicht werden soll durch die Waldorfschul-Pädagogik, wird angestrebt aus inneren geistigen Gründen der Pädagogik selber. So daß man etwa sagen kann: Wenn irgendwo durch die soziale Lage, in der sich das Kind befindet, oder durch andere Vorbedingungen, Schwierigkeiten der Erziehung da sind, so werden diese von dem Geiste der Waldorfschul-Pädagogik eben als ein Schicksal hingenommen, und es werden eingerichtet Methodik und Didaktik so, daß aus dem Geiste, aus der Handhabung von Erziehung und Unterricht heraus die Schwierigkeiten besiegt werden, und zwar in möglichst auf das einzelne Kind gehender, individualisierter Art. Dadurch steht aber eine solche Institution, wie die Waldorfschule, mitten darinnen im sozialen Leben, wie es ist. Und in diesem sozialen Leben ist es nun einmal so, daß wenn man es mit einer Schule zu tun hat, die im heutigen schulpflichtigen Alter das

Kind aufnimmt, also mit sechs oder sieben Jahren, so empfängt man das Kind aus dem Elternhause, und da wir kein Internat haben, so bleibt das Kind für die Zeit, die außerhalb der Schulzeit liegt, dem Elternhause und seiner Sorgfalt erhalten. Damit ist von vornherein die ganze Richtung, die Erziehung und Unterricht in der Waldorfschule nehmen müssen, hingeordnet auf ein Zusammenarbeiten mit dem Elternhause, das aber insbesondere, wie wir sehen werden, bestehen muß in einem Zusammenfühlen, Zusammenempfinden und Zusammendenken auch mit dem Elternhause.

Es ist ja gewiß vor vielen von Ihnen dasjenige, was Lebensepochen im Dasein des Kindes sind, öfters schon auseinandergesetzt worden. Diese Lebensepochen im Dasein des Kindes, es sind ja ihrer insbesondere zwei, drei, welche unsere Pädagogik angehen. Die eine beginnt mit der Geburt und endet mit dem Zahnwechsel, die zweite beginnt mit dem Zahnwechsel und endet mit der Geschlechtsreife, die dritte geht darüber hinaus bis ungefähr zum einundzwanzigsten Lebensjahre. Jede dieser Lebensepochen des Kindes zeigt uns sozusagen, wenn wir nur unbefangene Sinne haben in bezug auf die Dinge, wie sie sind, das Kind in einer ganz anderen Seelenverfassung und auch in einer anderen körperlichen Verfassung. Aber wir wollen zunächst die Seelenverfassung ins Auge fassen.

Das Kind bis zum Zahnwechsel ist durchaus darauf angewiesen, alles, was es sich erzieherisch aneignet, sich anzueignen durch Nachahmung. Was man dem Kinde vormacht, das wirkt auf das Kind wie ein äußerer Reiz, der unmittelbar die ganze körperliche Organisation – an der einen Stelle mehr sichtbar, an der anderen Stelle weniger sichtbar – zum Nachahmen des Eindrucks aufruft. Wir brauchen ja, um das zu erhärten, nur die schwerwiegende Tatsache ins Auge zu fassen, daß die Muttersprache vom Kinde ganz und gar durch Nachahmung errungen wird. Da geht die Nachahmung tief in die menschliche physische und seelische Organisation hinein. Da muß berücksichtigt werden, daß irgendein Laut, der gesprochen wird, in seiner Vibration, in seiner Wellenbewegung von dem Kinde noch viel intensiver empfunden wird als das später im Leben der Fall ist. Und alle Einstellung des Kehlkopfes, alle innere Durchseelung der Organe beruht selbst in der Sprache, wenn die Muttersprache in Betracht kommt, auf Nachahmung; und so alles im Leben des Kindes bis zum Zahnwechsel.

Heute, wo durch ein Mißverständnis oder durch zahlreiche Mißverständnisse, in unserer sonst so bewundernswerten naturwissenschaftlichen Weltauffassung große Irrtümer hervorgerufen werden, heute redet man vielfach davon, daß diese oder jene Dinge, die das Kind sich erwirbt in der ersten Lebensepoche bis zum Zahnwechsel hin, auf Vererbung beruhen. In dieses Fach Vererbung wird ja heute so viel, so viel hineingeworfen. Dem Kinde gegenüber beruht dieses Sprechen von Vererbung nur darauf, daß diejenigen, die davon sprechen, keinen richtigen Beobachtungssinn haben. Sonst würden sie herausfinden, daß im Grunde genommen vieles von dem, was heute der dunklen mystischen Vererbung zugeschrieben wird, eigentlich gesucht werden muß in der klar überschaubaren Nachahmung, zu der das Kind hinorientiert ist.

Aber bedenken wir, wie eng gerade das seelische Leben, das sich heraushebt aus diesem ganzen Nachahmungsleben, wie eng dieses seelische Leben dadurch, daß das Kind ein nachahmendes Wesen ist, mit dem elterlichen Leben zusammenwächst. Gerade wenn man recht einsieht, wie stark die Neigung zum Nachahmen beim Kinde ist, so bekommt man im eminentesten Sinn die heiligste Scheu und die tiefste Schätzung für dasjenige, was der Zusammenhang des Kindes mit den Eltern ist. Und sieht man gar im Sinne einer anthroposophischen Geisteswissenschaft auf das, was alldem in den geistigen Weltenzusammenhängen zugrunde liegt, dann sagt man sich erst recht: der Mensch kommt ja, da er, bevor er sein physisches Dasein antritt, ein geistiges Wesen ist, der Mensch kommt ja, trotzdem er ein freies Wesen ist, für die verschiedensten Gestaltungen des Lebens – ich sage nicht Verrichtungen, aber Gestaltungen – mit einem ganz bestimmten Schicksal in das Erdendasein hinein. Schaut man auf der einen Seite darauf, wie sich dieses Schicksal mit einer inneren Gesetzmäßigkeit aus den oft kleinsten Erlebnissen des Kindes herauszieht bis in das reife Alter, ja bis in das höchste Alter hinein, sieht man auf der anderen Seite, wie das Kind zusammenwächst mit den Eltern dadurch, daß es ein nachahmendes Wesen ist, sieht man dieses wirklich mit allen zugrunde liegenden geistigen Zusammenhängen an, dann bekommt man Empfindungen, die einen, man darf schon sagen, religiösen Charakter haben gegenüber dem, was man in dem Kinde gegeben hat, wenn man es als Lehrer oder Erzieher zur Erziehung, zum Unterrichte empfängt. Und man eignet sich gerade durch die fast religiösen Empfindungen eine starke Neigung dazu an, recht genau zu kennen: wie hängt das Kind, das uns im schulpflichtigen Alter übergeben wird, mit dem Elternhause zusammen?

Da darf man das Folgende sagen: Es sind wahrhaftig nicht theoretisch-pädagogische Erwägungen, es sind nicht abstrakte, prinzipielle Grundsätze, welche den Weg vorzeichnen sollen für den Geist der Waldorfschul-Pädagogik zu den Eltern der Kinder hin, sondern es ist etwas Lebendiges, wie alles in der Waldorfschule etwas Lebendiges sein soll. Es ist etwas Lebendiges; es ist das lebendige Bedürfnis des Waldorfschullehrers, nicht nur das Kind im Geiste vor sich zu haben, sondern von jeder Seelenäußerung, die das Kind ihm entgegenbringt, von jeder charakterologischen Triebfeder, von jeder in kindlicher Art wirksamen Impulsivität, ja, von jeder Miene, von jeder Geste, von jeder Handbewegung den Weg zu finden vom Kinde zu den Eltern. Man wird als Waldorfschullehrer befestigt in der Erkenntnis des Kindes, und die braucht man vor allen Dingen, wenn man das Kind so erziehen will, daß man die Impulse zu seiner Erziehung von seiner eigenen Natur abliest. Man wird vor allen Dingen befestigt darinnen, das Kind in der richtigen Weise anzuschauen, wenn man hinschauen kann auf die dahinterstehenden Eltern. Und das ist nicht bloß dann so, wenn ein absolut harmonisches Verhältnis besteht zwischen dem Kinde und den Eltern. Im Leben zeigt sich ja das, was herauswächst aus dem Zusammenleben des Kindes mit den Eltern, in der allermannigfaltigsten Weise. Gewiß, wir sehen auf das Schicksal eines Kindes mit innerem Glücksgefühl, mit tiefer innerer Befriedigung hin, wenn das Kind die Möglichkeit hat, in einem völlig harmonischen Verhältnisse mit musterhaft gearteten Eltern zu leben. Aber darf man nicht auch eine Gegenfrage dem gegenüberstellen? Sieht nicht derjenige, der das Leben, das gegenwärtige Leben, das geschichtliche Leben unbefangen betrachtet, sieht nicht der, wie gerade die größten Geister, nicht nur die Genies des Verstandes, sondern auch die Genies der Tugend und des moralischen Handelns, oftmals hervorgegangen sind aus harten Disharmonien zwischen Kind und Eltern? Der Waldorfschullehrer muß sich gewöhnen, nicht Kritik zu üben an dem Verhältnis zwischen Kind und Elternhaus, sondern es objektiv hinzunehmen, weil er gewissermaßen von der Bekanntschaft mit den Eltern ein Licht ausgehen sieht, das ihm die Eigentümlichkeiten des Kindes beleuchtet.

So ist es nicht ein Grundsatz, nicht irgendein pädagogisches Prinzip, das den Waldorfschullehrer auffordert, den Weg zu den Eltern zu finden, sondern das innerste Bedürfnis des Herzens, wie überhaupt die Waldorfschul-Pädagogik in ihrem innersten Wesen eine Herzenspädagogik ist.

Sehen wir nun auf etwas anderes hin. Sehen wir darauf hin, wie einen Teil desjenigen, was früher einzig und allein die Eltern besorgt haben, für das volksschulpflichtige Alter nun der Lehrer übernehmen muß. Wenn das Kind in die Volksschule hereintritt, steht es im Zahnwechsel. Etwas zu früh werden die Kinder heute in die Schule hereingebracht; das wirkliche Volksschulalter beginnt eigentlich erst mit dem Zahnwechsel, aber darauf kommt es ja weniger an. Wenn das Kind nun in die Schule hereingeschickt wird, dem Lehrer übergeben wird, so muß er einen Teil der Erziehung übernehmen, der aber dadurch seinen besonderen Charakter erhält, daß das ganze Seelenleben des Kindes, die ganze seelische und geistige Verfassung des Kindes auch mit dem Zahnwechsel sich wandelt. Das Kind ist fortan kein nachahmendes Wesen mehr, obwohl sich das Nachahmungsprinzip noch einige Jahre in die Volksschulzeit fortsetzt. Aber im wesentlichen ist das Kind kein nachahmendes Wesen mehr, sondern es ist ein Wesen, das nun gereizt wird, sozusagen angeregt wird durch dasjenige, was ihm im Bilde, ich möchte sagen, in entsprechender künstlerischer Gestaltung desjenigen, was wir an das Kind heranbringen wollen, entgegenkommt. Das Kind ist jetzt nicht mehr geneigt, mit dem ganzen Organismus sich nachahmend hinzugeben an das, was ihm vorgelegt wird, sondern das Kind geht über zu dem selbstverständlichen Autoritätsprinzip. War es früher der Wille, der in der ganzen kindlichen Organisation dem Vorgelebten nachahmend folgte, so ist es jetzt das Gefühl, das Gefallen oder Mißfallen findet an dem, was der Lehrer im Bilde, aber auch im Bilde seiner ganzen Persönlichkeit, seines eigenen Handelns, in der Gestaltung seiner Sprache und so weiter vor das Kind hinstellt. Und nicht eine willkürlich eingesetzte, sondern die selbstverständliche Autorität muß in der Schule walten zwischen dem Zahnwechsel und der Geschlechtsreife.

Wer das nicht zugibt, der kann eben nicht den Blick hinwenden auf die Entfaltung des ganzen menschlichen Lebens. Man sagt so leicht, alles müsse Anschauungsunterricht sein. Gewiß soll gar nichts gegen den Anschauungsunterricht eingewendet werden, aber der Anschauungsunterricht soll nicht ein Mittel sein, alles Erziehen und allen Unterricht zu trivialisieren. Man kann nicht das Prinzip haben, alles herunterzudrücken auf das Niveau, auf dem das Kind schon steht. Es kann sich nur darum handeln, dasjenige, was es unmittelbar durch die Anschauung fordert, in anschauliche Vorstellung zu kleiden. Aber man nehme ein Verhältnis des religiösen, des sittlichen Lebens; wie soll man da einen Anschauungsunterricht machen? Aber abgesehen davon, das Kind fordert durch seine innere Seelenwesenheit, daß etwas deshalb für es wahr ist, weil der in selbstverständlicher Autorität sympathisch empfundene Erzieher es wahr heißt. Das Kind empfindet, daß etwas schön ist, weil die selbstverständliche Autorität es schön findet; das Kind findet, daß etwas gut ist, weil die Autorität es gut findet. In dieser Autorität ist verkörpert das Wahre, Schöne und Gute. Und schlimm ist es für den Menschen, wenn er aus Prinzipien, aus abstrakten Geboten heraus, aus allerlei Verstandesgesetzmäßigkeiten heraus sich aneignen soll eine Empfindung für das Wahre, Gute, Schöne, bevor er es sich angeeignet hat im richtigen Kindesalter – und das ist das Alter zwischen dem Zahnwechsel und der Geschlechtsreife – dadurch, daß es ihm verkörpert in einem Menschen entgegengetreten ist. Wir sollen zuerst gelernt haben, etwas ist wahr, weil eine verehrte Persönlichkeit es wahr heißt, bevor wir die innere abstrakte Gesetzmäßigkeit des Wahren einsehen, die eigentlich auf uns erst wirken kann, wenn wir über das Geschlechtsreifealter hinaus sind.

Sie werden mir nicht zumuten, daß derjenige, der vor mehr als dreißig Jahren seine «Philosophie der Freiheit» geschrieben hat, eine Lanze brechen möchte für das Autoritätsprinzip, wo es nicht hingehört. Aber das Autoritätsprinzip, wie es die kindliche Natur selber fordert, das gehört unbedingt in die Volksschule hinein. Da wird der Lehrer mit seinem Verstande, mit seinem Herzen, mit seinem Gefühl, mit seinem ganzen Menschentum Richtschnur für das Wahre, Gute, Schöne, wie das

Kind es annehmen soll; es entsteht ein menschliches Verhältnis bis in die Gestaltung des Wahren, Guten und Schönen. Das alles ist ja genauer ausgeführt in den verschiedenen pädagogischen Schriften, in denen man über die Waldorfschul-Pädagogik lesen kann.

Aber nun bedenke man, in welcher Lage der Waldorfschullehrer dadurch ist, daß er dieses selbstverständliche Autoritätsprinzip anerkennt und in seiner ganzen Ausweitung üben will. Er ist darauf angewiesen, daß in keiner Weise diese selbstverständliche Autorität durchbrochen werde. Nun muß man bedenken, selbst in denjenigen Familien, in denen zwischen dem Kinde und den Eltern Disharmonie herrscht, ist dennoch gerade im Lebensalter, wo der Zahnwechsel auftritt, ein inniges Zusammengewachsensein des Kindes mit den Eltern vorhanden. Ein Zusammengewachsensein, das so stark ist, daß es im Grunde genommen überstrahlt alles übrige, was für die Wesenheit des Kindes in diesem Lebensalter in Betracht kommt. Damit ist aber auch dann, wenn das Kind etwa durch die Verhältnisse, sagen wir selbst das schwerwiegende Wort, mit Antipathien den Eltern gegenübersteht, in dem Unterbewußten ein zunächst ganz unerschütterliches Autoritätsverhältnis zu den Eltern vorhanden. Hier kann ich es nur anführen, aber die Sache kann in allen Einzelheiten bewiesen werden. Eine richtige Psychologie, eine richtige Seelenkunde lehrt, daß selbst dann, wenn die Kinder im Lebensalter des Zahnwechsels und in den folgenden Jahren bewußt im Widerspruch zum Elternhaus sich entwickeln, sie in den feineren, aber unbewußten seelischen Adern ihres Wesens ganz und gar unter der Autorität der Eltern stehen. Wer wollte das anders wünschen? Das ist einfach das naturgegebene Verhältnis. Würde ich schildern, welchen Gang die Menschheitsentwickelung nehmen würde, wenn das nicht der Fall wäre, wir würden ein ganz greuliches Bild dieser Menschheitsentwickelung bekommen.

Aber damit ist ja gesagt, daß der Lehrer auf dem ganz anderen Gebiet, auf dem er wirken will, jetzt nicht als Vorbild, sondern als Vorsprecher, als derjenige, der in seiner Autorität angibt, hinstellt dasjenige, was in das Kind dringt, wie der Lehrer, ich möchte sagen mit einer feineren Art der Wirksamkeit herankommen muß an dasjenige, was das Elternhaus aus dem Kinde bis ins innerste Wesen hinein gemacht hat. Man kann gar nicht anders in seiner Autorität dastehen gegenüber der Kindesindividualität, als wenn man anknüpfen kann in vollbewußter Weise an das, was das Kind durch das Elternhaus geworden ist. Das ergibt wiederum instinktiv im Waldorfschullehrer den innersten Drang, mit den Eltern in Beziehung zu treten.

Und dieser Drang wächst aus einem ganz bestimmten Grunde heraus. Der Geist der Waldorfschul-Pädagogik ist kein einseitiger; er umfaßt den Geist, die Seele und ebenso die Physis, das Körperliche. Es wäre ein vollständiges Verkennen des Geistes der Waldorfschul-Pädagogik, wenn man glauben wollte, daß das Physische dabei, und zwar in seinen gesunden und kranken Zuständen, irgendwie gegenüber dem Geistigen unterschätzt würde. Mit dem ganzen Menschen im Kinde rechnet der Geist der Waldorfschul-Pädagogik. Da er mit dem ganzen Menschen rechnet, aber nicht den ganzen Menschen hat, sondern das Kind nur hat in den Schulstunden und vielleicht in wenigem, was sich daranschließt, muß er das innere Bedürfnis haben, mit dem Elternhause, das das Kind in der anderen Zeit hat, in innigstem Kontakt zu stehen.

Wahrhaftig, bei uns ist es so, daß das wahr ist, was ich oftmals gesagt habe, besonders im Kreise der Waldorfschule selber: vor Klassen mit einer großen Schülerzahl braucht sich der Pädagoge nicht zu fürchten. Aus pädagogischen Gründen kleine Klassen einzurichten, rechnet mit einer pädagogischen Schwäche. Darum handelt es sich nicht. Wenn es in der Waldorfschule wünschenswert sein könnte, kleinere Klassen anzustreben, ist das aus dem Grunde, damit der Lehrer die Möglichkeit hat, für alle seine Schüler den Weg zum Elternhaus zu finden. Und den muß er finden! Den muß er finden aus dem ganzen Geiste der Waldorfschule heraus!

Aber betrachten wir noch etwas anderes. Ich will nur einige Etappen hervorheben. Derjenige, der das Kind im Leben beobachten kann, findet so ungefähr zwischen dem neunten und zehnten Lebensjahr einen außerordentlich wichtigen Lebenspunkt. Man sieht ihn herannahen. Eine gewisse innere Krisis macht sich da geltend. Nicht als ob das Kind besonders verstandesmäßige Fragen stellte, aber die Krisis deutet sich dadurch an, daß sonst lebhafte Kinder kopfhängerisch werden, stille Kinder laut werden, daß die Kinder allerlei krankhafte Zustände zeigen und so weiter. Da handelt es sich darum, daß im Unterbewußtsein des Kindes – unendlich viel ist ja in der Wesenheit des Kindes im Unterbewußten, nicht im Bewußtsein – eine Frage auftritt, die aber nicht verstandesmäßig formuliert wird, sondern nur im Empfinden lebt: Die selbstverständliche Autorität hat mir angegeben bisher, was wahr, was gut, was schön war; diese selbstverständliche Autorität ist die Verkörperung von Wahrheit, Güte, Schönheit; ist sie es auch wirklich? Der Zweifel braucht gar nicht ausgesprochen zu werden, aber er ist da. Da ist er und greift in der gekennzeichneten Weise in das Leben des Kindes ein.

Da handelt es sich darum, daß man gerade in diesem Lebenspunkte, für den man eine gesunde, freie Beobachtungsgabe haben muß, nun auch das richtige Wort, das richtige Verhalten findet. Mannigfaltiges ist notwendig. Der Takt, der Instinkt, die Intuition müssen es geben. Dann kann man in diesem Lebenspunkte des Kindes etwas tun, was für das ganze folgende Erdenleben von einer ungeheuer weittragenden Bedeutung ist. Findet man die Bemerkungen, die Handlungen, das Verhältnis, wodurch man dem Kinde in seiner Art begreiflich macht: Ja, du hast recht, daß du in mir die selbstverständliche Autorität siehst, – dann ist man ein aus der innersten Seele heraus wirkender wahrer Wohltäter des Kindes geworden.

Denn wohl dem Menschen, der, über diesen Lebenspunkt hinausgehend, um das neunte, zehnte Lebensjahr herum, zu einer selbstverständlichen Autorität verehrend hinaufblickt! Kein Mensch kann in seinem Leben zu einem freien Wesen werden, der nicht zuerst vor seinem geschlechtsreifen Alter sein Leben hat einrichten gelernt, wie ein hochgeschätzter Mensch sich verhält. Sich unterstellen in dieser Weise aus innerer instinktiver Freiheit, sich so gegenüberstellen einem solchen Menschen, sich sagen: Das ist das Rechte, zu tun, was er tut – das macht eigentlich erst etwas aus den Anlagen zur Freiheit, die der Mensch in sich birgt.

Kurz, wir müssen als Waldorfschullehrer in jeder Beziehung in der intimsten Weise die selbstverständliche Autorität aufrechterhalten. Wie können wir sie aufrechterhalten? Wenn wir durch einen solchen Verkehr mit dem Elternhaus in den Eltern das Gefühl hervorrufen: Wir dürfen auf unsere Kinder so einwirken, daß sie die selbstverständliche Autorität in dem Lehrer, in dem Erzieher sehen. Es kann trivial klingen, aber es ist so: Der Waldorfschullehrer darf es nicht verschmähen, sich den Eltern des Kindes zu zeigen in seiner Wesenheit, das kann man ja manchmal in fünf Minuten, so daß die Eltern wissen, mit wem sie es zu tun haben. Und in dem Ton ihrer Stimme, in der Färbung eines jedes Satzes, der über die Schule gesprochen wird, soll hingewiesen werden nach der selbstverständlichen Autorität in der Schule. Es kann gar nicht innig genug das Band zwischen Schule und Elternhaus geknüpft werden.

Und ein drittes. Hat man ein, zwei, drei, vier Lehrpläne, Schulverordnungen, alles fein klug ausgedacht, vor sich, weiß man ja, was man zu tun hat. Man hat den Lehrplan, hat die Schulverordnung, muß das tun. Aber so steht die Waldorfschule nicht da. Im Geiste der Waldorfschule ist es so richtig, zu denken, daß manches anders sein muß als in der öffentlichen Erziehung. Das können ja heute viele Menschen nicht einsehen. Und in unserem Zeitalter ist ja soviel Gescheitheit verbreitet. Man kann gar nicht stark genug betonen, wie in unserem Zeitalter gegenüber anderen Zeitaltern die Menschen gescheit sind. Nur, diese verstandesmäßige Gescheitheit – ich meine das ganz ernst, ich ironisiere nicht –, diese Gescheitheit von heute macht just die größten Dummheiten. Aber trotzdem, die Menschen sind gescheit. Das drückt sich in der verschiedensten Weise aus. Es können sich heute dreißig Menschen zusammensetzen, die können eine Schulreform ausmachen. Das kann so gescheit sein, unanfechtbar sein. Der laienhaft denkt, kann dann sagen: Das ist aber genial, bessere Schulen kann man gar nicht schaffen, als die mit dem 1., 2., 3., 4. – Aber man versuche nur weiterzugehen und sich die Schulen anzusehen, die man mit dem 1., 2., 3., 4. da schafft. Die Grundsätze, Paragraphen sind sehr gescheit; aber mit denen kann man im Leben nichts anfangen. Nur der kann etwas anfangen, der das Leben selber pulsieren fühlt und aus dem pulsierenden Leben heraus schaffen kann.

So steht der Waldorfschullehrer da: er hat keine Paragraphen, sondern Ratschläge; Ratschläge, die er nach seiner eigenen Individualität gestalten muß. Jeder ist doch ein anderer Mensch. Und wenn man vorschreibt, was der Lehrer in der Schule zu tun hat, in strikter Weise, dann soll jeder so sein wie der andere. Bedenken Sie nur, zu welcher Konsequenz das führt. Wenn das ernst genommen würde, daß die Paragraphen streng durchgeführt würden, die bestgemeinten pädagogischen abstrakten

Grundsätze durchgeführt würden, wonach die Leute der Ansicht sind, daß es nur einerlei gibt wie man zu erziehen und zu unterrichten hat, dann könnte man den einen Lehrer nicht mehr von dem anderen unterscheiden. Dann würde man dem einen Lehrer begegnen und würde sagen, es sei der andere, weil er ganz nach denselben abstrakten Prinzipien erzieht und unterrichtet. Aber der Lehrer ist ein Mensch. Der Lehrer ist eine Individualität. Und er kann nur wirken, wenn er sich als Mensch einsetzen kann mit der vollen Selbständigkeit seines Wesens. Nur dann kann er wirklich wirken. Dann aber muß er das Leben kennen. Man kann im Leben nur wirken, wenn man das Leben auf sich wirken läßt. Aber was hat man in der Schule für ein Leben? Die Fortsetzung des elterlichen Lebens im Kinde. Von den Paragraphen, Grundsätzen wird der Lehrer verwiesen auf alles dajenige, was unmittelbares Leben des Kindes ist. Das muß einfließen in Methodik, in die Handhabung des ganzen Unterrichtens und Erziehens.

Daher, meine sehr verehrten Anwesenden, wenn Sie ein Mäuschen wären und manchmal zuhören würden bei unseren Lehrerkonferenzen, so würden Sie hören, wie da tatsächlich mit allen Einzelheiten Abrechnung getrieben wird, und wie intim zuweilen dasjenige besprochen wird, was aus dem Elternhaus herein auf das Kind hinleuchtet. Und weiter würden Sie erfahren, wenn Sie ein solches Mäuschen wären und zuhören würden, wie diese Lehrerkonferenzen ein fortwährendes Lernen sind, ein fortwährendes Entwickeln der Pädagogik zu immer höherer und intimerer Wirkung hinauf. Es kann gar nicht anders sein, wenn die Schule ein lebendiger Organismus und nicht ein toter Organismus sein soll. Und so ist gerade die Waldorfschule, weil sie eine freie Schule sich nennt, eine solche Institution, die durch ihr innerstes Wesen den Weg zum Elternhause weist in bezug auf die ganze Wesenheit des Kindes.

Man lernt ein Kind kennen. Es hat, sagen wir, mangelhafte intellektuelle Fähigkeiten. Das kommt ja vor. Ja, mangelhafte intellektuelle Fähigkeiten können auf die mannigfaltigste Weise verbessert werden, entwikkelt werden zum Besseren. Aber man muß Anhaltspunkte haben. Sagen wir, man lernt den Vater oder die Mutter kennen; die sind sehr gescheit. Es kommt ja auch vor, daß intellektuell unbegabte Kinder sehr gescheite Eltern haben. Es kann auch das Gegenteil der Fall sein, daß intellektuell unbegabte Eltern sehr intellektuell begabte Kinder haben. Aber in jedem Fall wird man ungeheuer viel lernen für die Behebung von Mängeln an intellektuellen Fähigkeiten, wenn man auf die Eltern hinschaut, die das Kind bis zum Zahnwechsel nachgeahmt hat. Dadurch wird man nicht nur eine theoretische Erklärung finden, sondern man wird eine Anleitung finden zur Handhabung dessen, was man zu tun hat. – Und das Gefühlsleben, das noch ins moralische Leben herüberspielt, das das Gute nur aus der Sympathie mit dem Guten im Lehrer erhält, das Gefühlsleben, das gerade im schulpflichtigen Lebensalter die bedeutsamste Rolle spielt, dieses Gefühlsleben, wie klärt es sich auf, wenn wir durch das Fühlen des Kindes hindurchschauen auf die besondere Art des Gefühlslebens der Eltern! Ebenso ist es mit dem Willensleben.

Wer aus seiner Gescheitheit heraus weiß, der Mensch muß so und so sein, weil das die richtige durchschnittliche Menschennatur ist, der braucht ja nicht auf die Eltern hinzuschauen. Wer aber weiß, daß die Dinge aus ihrem Ursprung und die Wesen aus ihrem Ursprung hervorgehen, wer nicht auf ein Abstraktes hinschaut, sondern auf den Ursprung hinschaut, der muß auf das Elternhaus hinschauen.

Weil die Waldorfschul-Pädagogik den Geist der Wirklichkeit, den Geist des Naturgemäßen, den Geist des Seelengemäßen atmen will, deshalb führt sie auf den Weg der Wirklichkeit. Und dieser Weg der Wirklichkeit weist zurück aus der Schule ins Elternhaus. Daher geschieht ja auch alles, was das Interesse der Lehrer an den Eltern, der Eltern für den Lehrer der Schule erwecken kann. Die Elternabende, die von der Waldorfschule abgehalten werden, sind dazu da, um ein Band zu knüpfen zwischen der Schule und dem Elternhaus. Und das, was auf diesen Elternabenden getrieben wird, soll dazu geeignet sein, die Eltern anschauen zu lassen, namentlich welcher Gesinnung, welcher Seelenverfassung die Lehrerschaft ist.

Das, meine sehr verehrten Anwesenden, ist die praktische Durchführung desjenigen, was ja schließlich als oberstes, ich kann nicht sagen, Prinzip, sondern als oberste Anschauung beim Geist der Waldorfschul-Pädagogik vorhanden ist. Aus tiefstem innerem Seelenleben heraus muß sich aus diesem Geiste der Waldorfschul-Pädagogik der Lehrer sagen: Die Eltern übergeben der Schule das Teuerste, was sie haben, in ihrem

Kinde. Die Eltern haben mancherlei im Leben erfahren. Sie möchten, weil sie selber vielleicht geprüft sind im Leben, sie möchten zwar nicht, daß das Kind ungeprüft bleibe, aber doch, daß ihm manche harte Erfahrung erspart bleibe, die sie haben durchmachen müssen. Aus diesem und vielem anderen heraus knüpfen sich ja viele, unendliche Hoffnungen des Elternhauses an den Augenblick, wo das Kind der Schule überliefert wird. Aus dem ganzen Geiste der Waldorfschul-Pädagogik weiß der Lehrer, der Erzieher, was ihm übergeben wird. Und er möchte aus solchen Anschauungen heraus, wie ich sie charakterisiert habe, an dem Kinde so wirken, daß er, wenn er das Kind aus der Schule wieder herausläßt und die Eltern einen neuen Entschluß fassen müssen und es wieder aus der Hand des Lehrers entgegennehmen, daß er hören könnte von den Eltern: Wir wußten es ja immer, als wir die Schule angesehen haben, unsere Hoffnungen mußten erfüllt werden. – Dieses Urteil kann sich aber nicht im letzten Augenblick bei der Reifeprüfung bilden, das kann sich nur bilden, wenn es heranreift an dem Umgang der Schule mit dem Elternhause.

Und so kann man von mancherlei Erziehungsversuchen, ja sogar von pädagogisch großartig gemeinten Idealen wegblicken, auf den Geist der Waldorfschul-Pädagogik hinblicken und kann sich sagen: Es ist doch ein ungeheuer gesunder Instinkt, der sich auslebt in dem Zusammensein des Kindes mit den Eltern; es muß daher auch ein Gesundes sein, wenn die Schule in dieses Verhältnis hineinwächst dadurch, daß sie den Weg findet zu den Eltern hin.

Unter den vielen Dingen, die in der Waldorfschule angestrebt werden und die alle dadurch zu charakterisieren sind, daß man sagt: Die Waldorfschule möchte über abstrakte Grundsätze, über Gescheitheiten zur lebensvollen Wirklichkeit hin –, ist vor allem dieses, daß die Waldorfschule den Weg finden möchte zu der allerlebensvollsten Wirklichkeit im Dasein des Kindes. Und diese Wirklichkeit im Dasein des kleinen Kindes, des schulpflichtigen Kindes, sind die Eltern.

Weil diese Schule mit ihrem Geiste eine Schule sein will nicht der Theorie, nicht der Abstraktion, nicht des steifen, theoretischen Prinzips, sondern des vollen Lebens, der vollen Wirklichkeit, sucht sie den Weg in die Wirklichkeit des Elternhauses hinein.

Textunterlagen: Die stenographische Nachschrift der Ansprachen verdanken wir im wesentlichen Dr. Karl Schubert (1889–1949).

Werke Rudolf Steiners, welche in der Gesamtausgabe (GA) erschienen sind, werden in den Hinweisen mit der Bibliographie-Nummer angegeben. Siehe auch die Übersicht am Schluß des Bandes.

Zu Seite:

9 *Die pädagogische Grundlage der Waldorfschule:* Aufsatz, geschrieben für die «Waldorf-Nachrichten», Stuttgart, Oktober 1919, Heft 19, heute zu finden in: «Aufsätze über die Dreigliederung des sozialen Organismus und zur Zeitlage 1915–1921», GA 24; und in der Sonderausgabe «Die pädagogische Grundlage und Zielsetzung der Waldorfschule». Drei Aufsätze. Dornach 1978.

Emil Molt, 1876–1936, Inhaber der Waldorf-Astoria Zigarettenfabrik. Als solcher gründete er die Waldorfschule, die zunächst für die Kinder der Arbeiter und Angestellten seiner Fabrik gedacht war. Er bat Rudolf Steiner, Einrichtung und Leitung der Schule zu übernehmen.

17 *Arbeit mit den Lehrern vor der Eröffnung der Schule:* Rudolf Steiner hielt in der Zeit vom 21. August bis 5. September 1919 drei Kurse:
1. «Allgemeine Menschenkunde als Grundlage der Pädagogik» (14 Vorträge, Stuttgart 1919), GA 293 (Tb 617).
2. «Erziehungskunst. Methodisch-Didaktisches» (14 Vorträge, Stuttgart 1919), GA 294 (Tb 618).
3. «Erziehungskunst. Seminarbesprechungen und Lehrplanvorträge» (15 Seminarbesprechungen und drei Lehrplanvorträge, Stuttgart 1919), GA 295 (Tb 639).

18 *Eröffnungsansprache von Emil Molt:* Sie war abgedruckt in «Waldorf-Nachrichten», Jahrgang I, Oktober 1919, Nr. 19.

19 *Waldorfleute:* Die Betriebsgemeinschaft der Waldorf-Astoria Zigarettenfabrik.

26 *Theodor Vogt,* 1835–1906.

Wilhelm Rein, 1847–1929. «Pädagogik im Grundriß.»

38 *«Du sollst den Namen deines Gottes nicht eitel aussprechen.»* 2. Mose 20,7.

39 *«Offenbarung des Göttlichen aus den himmlischen Höhen, und Friede den Menschen auf Erden, die eines guten Willens sind»*, freie Übertragung der Engelworte an die Hirten. Lukas 2, 14.

40 *Monatsfeier:* Rudolf Steiner hatte angeregt, anstelle des monatlichen schulfreien Tages in Baden-Württemberg die Schüler zu einem kleinen Schulfest in der Schule zu versammeln. Die Stimmung des Jahreslaufes sollte dabei den Hintergrund abgeben und die Klassen sollten sich gegenseitig zeigen, was sie sich erarbeitet hatten in Rezitation, Dramatik, Musik, Eurythmie, aber auch in den Fremdsprachen oder der Gymnastik und so weiter. – Wenn Rudolf Steiner in Stuttgart anwesend war, hielt er immer auch eine Ansprache.

Schule für die Großen: Das Goetheanum, die Freie Hochschule für Geisteswissenschaft, der in Holz errichtete Bau, an welchem in den Jahren 1913–1921 gebaut wurde.

42 *«Ich bin bei euch alle Tage bis an das Ende der Welt»*, Matthäus 28,20.

43 Am Schluß der Ansprache bezieht sich Rudolf Steiner auf das Lied: «Frisch auf, Kameraden, aufs Pferd...», das die Schüler zu Beginn der Feier gesungen hatten.

48 *in dem Buche von Haug:* Nähere Angaben konnten nicht ermittelt werden.

49 *Tuiskon Ziller,* 1817–1882, Schüler Herbarts. «Einleitung in die allgemeine Pädagogik» (1856), «Grundlegung zur Lehre vom erziehenden Unterricht» (1865).

53 *Alfred Lichtwark,* 1852–1914, Kunstpädagoge.

64 *Nachher bekommt ihr das Zeugnis:* Die Kinder erhielten anstelle von Notenzeugnissen am Ende des Schuljahres kurze Charakteristiken über ihr Verhalten und ihre Arbeitsweise.

67 *«Ich bleibe bei euch alle Tage, bis die Erde nicht mehr sein wird»*, freie Umschreibung der Worte Matthäus 28,20.

68 *Ansprache am Elternabend* vom 13. Januar 1921. Der Wortlaut dieser Ansprache sowie der anschließenden Aussprache ist von Rudolf Steiner selber redigiert worden für das «Mitteilungsblatt für die Mitglieder des Vereins Freie Waldorfschule», März 1922, Heft 2.

81 Über ein *wirklich freies Schulleben* und die Dreigliederung des sozialen Organismus: Siehe Rudolf Steiner «Die Kernpunkte der sozialen Frage in den Lebensnotwendigkeiten der Gegenwart und Zukunft», (1919) GA 23 (Tb 606); «Aufsätze über die Dreigliederung des sozialen Organismus und zur Zeitlage 1915–1921», GA 24.

85 *Lehrverfassung:* Bei der Begründung der Waldorfschule hatte Rudolf Steiner

bei den Behörden ein Memorandum eingereicht, worin die Vereinbarung festgehalten war, daß die Schüler nach Ablauf des dritten, sechsten und achten Schuljahres lernmäßig so weit sein sollten wie die entsprechenden Schüler der öffentlichen Schulen, daß innerhalb dieser Zeiten aber völlige Lehrfreiheit gewährt sei.

87 *Freier zum Abschluß* des ersten Schuljahres: An diesen, wie an den Eröffnungsfeiern sprachen Rudolf Steiner, wenn er in Stuttgart war, und in den ersten Jahren auch alle Lehrer zu den Kindern.

93 *Ansprache an der ersten Mitgliederversammlung* des «Vereins Freie Waldorfschule»: vom 17. Juni 1921. Der Wortlaut dieser Ansprache ist von Rudolf Steiner selber redigiert für das «Mitteilungsblatt für die Mitglieder des Vereins Freie Waldorfschule» August 1921, Heft 1, nicht aber die anschließende Aussprache.

allerlei Ansprachen bei der Eröffnung der Schule: Siehe «Die Waldorfschule und ihr Geist», drei Vorträge anläßlich der Gründung der Freien Waldorfschule, Dornach 1980.

94 *Ergänzungskurse:* Siehe Rudolf Steiner «Meditativ erarbeitete Menschenkunde» (4 Vorträge, Stuttgart 1920), GA 302a; «Menschenerkenntnis und Unterrichtsgestaltung» (8 Vorträge, Stuttgart 1921), GA 302.

96 *daß Schwierigkeiten bestehen ... im Ausbau der Schule:* Auf Grund eines Erlasses über das Grundschulgesetz mußte die Waldorfschule im Herbst 1920 erneut um Genehmigung nachsuchen. In dieser war zunächst verfügt, daß sie, wie die anderen Privatschulen, vom Schuljahr 1922/23 an keine neue erste Klasse aufnehmen durfte und die Schülerzahl in den ersten vier Klassen abbauen mußte. Immerhin war für die Waldorfschule als Versuchsschule eine Verlängerung der Frist in Aussicht gestellt worden. Der Erlaß wurde später zurückgezogen.

115 *Grundsteinlegung für das neue Haus der Waldorfschule:* Dieses Haus wurde in einer Bombennacht der Jahres 1943 weitgehend zerstört. Der Wiederaufbau der Waldorfschule im Jahre 1945 konnte auf dem verschütteten, aber kaum zerstörten Erdgeschoß dieses Baues errichtet werden. Der Grundstein mit dem Spruch lag wohlverwahrt unter der Eingangspforte. – Das ursprüngliche, von Emil Molt erworbene und umgebaute Schulhaus, war erhalten geblieben. –

Zum *Grundsteinlegungsspruch:* Von der in den Grundstein eingemauerten Fassung des Spruches gibt es keine Kopie. Die Wiedergabe erfolgt nach der stenographischen Niederschrift des Wortlautes, den Rudolf Steiner an der Feier vorlas.
In einem Notizbuch Rudolf Steiners fand sich eine (offenbar frühere) Fassung, die in feinen Zügen abweicht:

Es walte, was Geisteskraft in Liebe,
Es wirke, was Geisteslicht in Güte
Aus Herzenssicherheit,
Aus Seelenfestigkeit
Dem jungen Menschenwesen
Für des Leibes Arbeitskraft,
Für der Seele Innigkeit,
Für des Geistes Helligkeit
Erbringen kann.
  Dem sei geweiht diese Stätte:
  Jugendsinn finde in ihr
  Kraftbegabte, Lichtergebene
  Menschenpfleger.
In ihrem Herzen gedenken des Geistes,
der hier walten soll, die, welche
  den Stein zum Sinnbild
  hier versenken, auf daß
  er festige die Grundlage,
über der leben, walten, wirken soll:
  Befreiende Weisheit,
  Erstarkende Geistesmacht,
Sich offenbarendes Geistesleben.

Dies möchten sie bekennen:
  In Christi Namen
  In reinen Absichten
  Mit gutem Willen.

Siehe «Wahrspruchworte – Richtspruchworte» Zweite Folge, Dornach 1953.

119 *Weltschulverein:* Rudolf Steiner hielt es in einem bestimmten Zeitpunkt – im Sommer 1920 – für gegeben, daß ein «Weltschulverein» gegründet würde. Dieser Weltschulverein sollte in weitesten Kreisen den Sinn für ein freies Geistesleben wecken und so schnell wie möglich Mittel herbeischaffen, um überall, wo die Landesgesetze dies noch ermöglichten, vom Staate freie Schulen zu gründen. Als man später an die Realisierung wollte, sagte Rudolf Steiner, der Zeitpunkt, wo der Anfang zu einem freien Geistesleben hätte gemacht werden können, sei vorbei.

122 *Feier in Stratford:* Zu Shakespeares Geburtstag. Rudolf Steiner sprach auf Einladung hin am 19., 21. und 23. Aprill 1922 innerhalb der Konferenz der Vereinigung «Neue Ideale in der Erziehung» über «Das Drama und seine Beziehung zur Erziehung» und «Shakespeare und die neuen Ideale», in «Erziehungs- und Unterrichtsmethoden auf anthroposophischer Grundlage» (9 Vorträge in verschiedenen Städten 1921/22), GA 304.

Pädagogischer Kurs zu Weihnachten in Dornach: Siehe «Die gesunde Entwickelung des Menschenwesens. Eine Einführung in die anthroposophische Pädagogik und Didaktik (16 Vorträge, Dornach 1921/22), GA 303 (Tb 648).

122 *In der Nähe von London ein Erziehungsinternat:* Damals «Priory School», jetzt «New School» in Kings-Langley.

125 *Peter Rosegger,* 1843–1918, österreichischer volkstümlicher Erzähler.

130 *Robert Hamerling,* 1830–1889.

136 *Hochschulkurs in Holland:* Sechs Vorträge in Den Haag, 7.–12. April 1922. Siehe «Die Bedeutung der Anthroposophie im Geistesleben der Gegenwart» (1957).

Fräulein von Heydebrandt, Caroline; 1886–1938.

153 *Veranstaltung in Oxford:* Der internationale Kongreß über «Spiritual Values in Education and Social Life», zu dem Rudolf Steiner eingeladen war zu sprechen, stand unter dem Patronat des englischen Unterrichtsministers und anderer Persönlichkeiten, die im öffentlichen Leben Englands standen. Rudolf Steiner sprach vom 16.–25. August 1922 über «Die geistig-seelischen Grundkräfte der Erziehungskunst» (12 Vorträge, Oxford 1922), GA 305 und am 26., 28., 29. August 1922 über die «Soziale Frage», veröffentlicht im selben Band (Taschenbuchausgabe der pädagogischen Vorträge Tb 604).

154 *Schwer geschriebene Bücher erringen höchste Auflagenzahlen:* Als Beispiel geben wir den Stand von 1980 inkl. Taschenbuchausgaben an: «Theosophie», 30. Auflage, 164 Tausend, «Geheimwissenschaft im Umriß», 29. Auflage, 108 Tausend, «Wie erlangt man Erkenntnisse der höheren Welten?» 21. Auflage, 150 Tausend, «Philosophie der Freiheit», 14. Auflage, 156 Tausend, und «Rätsel der Philosophie», 8.Auflage, 31 Tausend.

155 *Wiener Kongreß* der anthroposophischen Bewegung vom 1.–11. Juni 1922. Siehe Rudolf Steiner «Westliche und östliche Weltgegensätzlichkeit» (10 Vorträge, Wien 1922), GA 83 (Tb 646).

157 *Begründung des Weltschulvereins:* Siehe Hinweis zu S. 119.

Erlaß: Siehe Hinweis zu S. 96.

Herr *Stockmeyer:* Lehrer der Freien Waldorfschule Stuttgart.

160 *Skandalöse Dinge:* Die Gegnerschaft gegen Rudolf Steiner und das Goetheanum.

Herr *Leinhas:* Rechnungsführer des «Vereins Freie Waldorfschule».

162 *Forderungen der Eltern mit zahlreichen Unterschriften:* In welchem Sinne diese Bitte gemeint war, geht aus Rudolf Steiners Ausführungen «Fragen von

Schule und Haus» am Elternabend vom 22. Juni 1923 hervor (siehe S. 187 dieses Bandes).

164 *Brand des Goetheanum:* In der Silvesternacht 1922/23. Über den ersten, in massivem Holz errichteten Bau siehe Rudolf Steiner «Wege zu einem neuen Baustil» (8 Vorträge, Dornach 1914), GA 286, und «Der Dornacher Bau als Wahrzeichen geschichtlichen Werdens und künstlerischer Impulse» (5 Vorträge, Dornach 1914), GA 287.

174 *Pädagogisch-künstlerische Tagung:* In Stuttgart vom 25.–29. März 1923. Siehe Rudolf Steiner «Pädagogik und Kunst, Pädagogik und Moral» (Vorträge und Ansprachen) in «Die Erziehung des Kindes», Einzelausgabe Dornach 1985.

175 *Shakespeare-Fest in Stratford:* Siehe Hinweis zu S. 122.

Oxforder Ferienkurs: Siehe Hinweis zu S. 153.

Kings-Langley-Schule: Heute New School, Kings Langley.

Kursus in Dornach vor Schweizer Lehrern: Vom 15. bis 22. April 1923. Siehe «Die pädogogische Praxis vom Gesichtspunkte geisteswissenschaftlicher Menschenerkenntnis» (8 Vorträge, Dornach 1923), GA 306.

181 *Friedrich Fröbel,* 1782–1852.

Graf Heinrich Franz von Rottenhann, 1737–1809; 1792 Kanzler der vereinigten Hofstelle in Wien. Vgl. Freiherr von Eggers, «Nachrichten von der beabsichtigten Verbesserung des öffentlichen Schulwesens in den österreichischen Staaten», Tübingen 1808.

206 *Johann Gottlieb Fichte,* 1762–1814. «Reden an die deutsche Nation», gehalten während der napoleonischen Besetzung 1807/08 in Berlin.

213 *in den verschiedenen pädagogischen Schriften:* Siehe auch Rudolf Steiner «Die Erziehung des Kindes vom Gesichtspunkte der Geisteswissenschaft» (ein Vortrag 1907) Dornach 1985. «Die Erneuerung der pädagogisch-didaktischen Kunst durch Geisteswissenschaft» (14 Vorträge, Basel 1920), GA 301. «Gegenwärtiges Geistesleben und Erziehung» (14 Vorträge, Ilkley 1923), GA 307. «Anthroposophische Pädagogik und ihre Voraussetzungen» (5 Vorträge, Bern 1924), GA 309. «Der pädagogische Wert der Menschenerkenntnis und der Kulturwelt der Pädagogik» (9 Vorträge, Arnheim 1924), GA 310. «Die Kunst des Erziehens aus dem Erfassen der Menschenwesenheit» (7 Vorträge, Torquay 1924), GA 311.

LITERATURHINWEIS

Zur Weiterführung und Vertiefung der Darstellungen des vorliegenden Bandes sei auf folgende Ausgaben von Rudolf Steiner verwiesen:

(GA = Rudolf Steiner Gesamtausgabe / TB = Rudolf Steiner Taschenbücher)

Öffentliche Kurse und Vortragsreihen

Die Erneuerung der pädagogisch-didaktischen Kunst durch Geisteswissenschaft. Vierzehn Vorträge, Basel 1920. GA 301

Die gesunde Entwickelung des Menschenwesens. Eine Einführung in die anthroposophische Pädagogik und Didaktik. Sechzehn Vorträge, Dornach 1921/22. GA 303 (TB 648)

Die geistig-seelischen Grundkräfte der Erziehungskunst. Vorträge und Ansprachen, Oxford 1922. GA 305 (TB 604)

Die pädagogische Praxis vom Gesichtspunkte geisteswissenschaftlicher Menschenerkenntnis. Die Eriehung des Kindes und jüngeren Menschen. Acht Vorträge, Dornach 1923. GA 306

Gegenwärtiges Geistesleben und Erziehung. Vierzehn Vorträge, Ilkley / England 1923. GA 307
Die Methodik des Lehrens und die Lebensbedingungen des Erziehers. Fünf Vorträge, Stuttgart 1924. GA 308 (TB 658)

Anthroposophische Pädagogik und ihre Voraussetzungen. Fünf Vorträge, Bern 1924. GA 309

Der pädagogische Wert der Menschenerkenntnis und der Kulturwert der Pädogogik. Neun Vorträge, Arnheim 1924. GA 310

Die Kunst des Erziehens aus dem Erfassen der Menschenwesenheit. Sieben Vorträge , Torquay / England 1924. GA 311

Vorträge und Kurse für die Lehrer der Freien Waldorfschule in Stuttgart

Allgemeine Menschenkunde als Grundlage der Pädagogik. Vierzehn Vorträge, Stuttgart 1919. GA 293 (TB 617)

Erziehungskunst. Methodisch-Didaktisches. Vierzehn Vorträge, Stuttgart 1919. GA 294 (TB 618)

Erziehungskunst. Seminarbesprechungen und Lehrplanvorträge. Fünfzehn Seminarbesprechungen und drei Vorträge, Stuttgart 1919. GA 295 (TB 639)

Geisteswissenschaftliche Sprachbetrachtungen. Eine Anregung für Erzieher. Sechs Vorträge, Stuttgart 1919/1920. GA 299

Menschenerkenntnis und Unterrichtsgestaltung. Acht Vorträge, Stuttgart 1921. GA 302

Erziehung und Unterricht aus Menschenerkenntnis. Meditativ erarbeitete Menschenkunde – Erziehungsfragen im Reifealter. Zur künstlerischen Gestaltung des Unterrichts – Anregungen zur innerlichen Durchdringung des Lehr- und Erzieherberufes. Neun Vorträge, Stuttgart 1920/22/23. GA 302a

Einzelausgaben

Die pädagogische Grundlage und Zielsetzung der Waldorfschule. Drei Aufsätze 1919/1920

Die Waldorfschule und ihr Geist. Welche Gesichtspunkte liegen der Errichtung der Waldorfschule zugrunde? Drei Vorträge bei der Gründung der Freien Waldorfschule, Stuttgart 1919

Neuorientierung des Erziehungswesens im Sinne eines freien Geisteslebens. Drei Vorträge über Volkspädagogik, Stuttgart 1919

Zeitgemäße Erziehung im Kindheits- und Jugendalter. Zwei Vorträge, London 1922

Das Tonerlebnis im Menschen. Eine Grundlage für die Pflege des musikalischen Unterrichts. Zwei Vorträge für Pädagogen, Stuttgart 1923

Das Lebenswerk, welches Rudolf Steiner der Nachwelt hinterlassen hat, dürfte nach Gehalt und Umfang innerhalb der Kulturwelt wohl ohne Beispiel dastehen. Seine Schriften – die Werke und Aufsätze – bilden die Grundlage für das, was er im Laufe seines Lebens in Vorträgen und Kursen seinen Zuhörern als «anthroposophisch orientierte Geisteswissenschaft» von immer neuen Aspekten aus darstellte und ausführte. Der größte Teil dieser rund sechstausend Vorträge ist in Nachschriften erhalten geblieben. Daneben entfaltete er auch auf künstlerischem Gebiet eine große Tätigkeit, welche ihren Höhepunkt in der Errichtung des ersten Goetheanumbaues in Dornach fand. So liegen eine große Anzahl malerischer, plastischer und architektonischer Arbeiten, Entwürfe und Skizzen von seiner Hand vor. Die durch ihn gegebenen Anregungen für die Erneuerung zahlreicher Lebensgebiete beginnen in der gegenwärtigen Zeit vermehrte Beachtung zu finden.

Seit dem Jahre 1956 wird durch die «Rudolf Steiner-Nachlaßverwaltung» an der Herausgabe der *«Rudolf Steiner Gesamtausgabe»* gearbeitet, die einen Umfang von etwa 330 Bänden erhalten wird. In den beiden ersten Abteilungen erscheinen die *Schriften* und das *Vortragswerk*, während in einer dritten Abteilung das *künstlerische Werk* in geeigneter Form zur Wiedergabe gelangt.

Einen systematischen Überblick über das Gesamtwerk gibt der Band «Bibliographische Übersicht. Das literarische und künstlerische Werk von Rudolf Steiner», auf welchen sich die im folgenden verwendete Bezeichnung «Bibl.-Nr.» bezieht. Über den jeweiligen Stand der erschienenen Bände orientieren die Bücherverzeichnisse und der Gesamtkatalog des «Rudolf Steiner Verlages».

Chronologischer Lebensabriß

(zugleich Übersicht über die geschriebenen Werke)

1861 — Am 27. Februar wird Rudolf Steiner in Kraljevec (damals Österreich-Ungarn, heute Jugoslawien) als Sohn eines Beamten der österreichischen Südbahn geboren. Seine Eltern stammen aus Niederösterreich. Er verlebt seine Kindheit und Jugend an verschiedenen Orten Österreichs.

1872 — Besuch der Realschule in Wiener-Neustadt bis zum Abitur 1879.

1879	Studium an der Wiener Technischen Hochschule: Mathematik und Naturwissenschaft, zugleich Literatur, Philosophie und Geschichte. Grundlegendes Goethe-Studium.
1882	Erste schriftstellerische Tätigkeit.
1882–1897	Herausgabe von Goethes Naturwissenschaftlichen Schriften in Kürschners «Deutsche National-Litteratur», fünf Bände (Bibl.-Nr. 1 a–e). Eine selbständige Ausgabe der Einleitungen erschien 1925 unter dem Titel *Goethes Naturwissenschaftliche Schriften* (Bibl.-Nr. 1).
1884–1890	Privatlehrer bei einer Wiener Familie.
1886	Berufung zur Mitarbeit bei der Herausgabe der großen «Sophien-Ausgabe» von Goethes Werken. *Grundlinien einer Erkenntnistheorie der Goetheschen Weltanschauung mit besonderer Rücksicht auf Schiller* (Bibl.-Nr. 2).
1888	Herausgabe der «Deutschen Wochenschrift», Wien (Aufsätze daraus in Bibl.-Nr. 31). Vortrag im Wiener Goethe-Verein: *Goethe als Vater einer neuen Ästhetik* (in Bibl.-Nr. 30).
1890–1897	Weimar. Mitarbeit am Goethe- und Schiller-Archiv. Herausgeber von Goethes Naturwissenschaftlichen Schriften.
1891	Promotion zum Doktor der Philosophie an der Universität Rostock. 1892 erscheint die erweiterte Dissertation: *Wahrheit und Wissenschaft. Vorspiel einer «Philosophie der Freiheit»* (Bibl.-Nr. 3).
1894	*Die Philosophie der Freiheit. Grundzüge einer modernen Weltanschauung. Seelische Beobachtungsresultate nach naturwissenschaftlicher Methode* (Bibl.-Nr. 4).
1895	*Friedrich Nietzsche, ein Kämpfer gegen seine Zeit* (Bibl.-Nr. 5).
1897	*Goethes Weltanschauung* (Bibl.-Nr. 6) Übersiedlung nach Berlin. Herausgabe des «Magazin für Literatur» und der «Dramaturgischen Blätter» zusammen mit O. E. Hartleben (Aufsätze daraus in Bibl.-Nrn. 29 bis 32). Wirksamkeit in der «Freien literarischen Gesellschaft», der «Freien dramatischen Gesellschaft», im «Giordano Bruno-Bund», im Kreis der «Kommenden» u. a.
1899–1904	Lehrtätigkeit an der von W. Liebknecht gegründeten Berliner «Arbeiter-Bildungsschule».

1900/01	*Welt- und Lebensanschauungen im 19. Jahrhundert*, 1914 erweitert zu: *Die Rätsel der Philosophie* (Bibl.-Nr. 18). Beginn der anthroposophischen Vortragstätigkeit auf Einladung der Theosophischen Gesellschaft in Berlin. *Die Mystik im Aufgange des neuzeitlichen Geisteslebens* (Bibl.-Nr. 7).
1902–1912	Aufbau der Anthroposophie. Regelmäßige öffentliche Vortragstätigkeit in Berlin und ausgedehnte Vortragsreisen in ganz Europa. Marie von Sivers (ab 1914 Marie Steiner) wird seine ständige Mitarbeiterin.
1902	*Das Christentum als mystische Tatsache und die Mysterien des Altertums* (Bibl.-Nr. 8).
1903	Begründung und Herausgabe der Zeitschrift «Luzifer», später *«Lucifer-Gnosis»* (Aufsätze in Bibl.-Nr. 34).
1904	*Theosophie. Einführung in übersinnliche Welterkenntnis und Menschenbestimmung* (Bibl.-Nr. 9).
1904/05	*Wie erlangt man Erkenntnisse der höheren Welten?* (Bibl.-Nr. 10). *Aus der Akasha-Chronik* (Bibl.-Nr. 11). *Die Stufen der höheren Erkenntnis* (Bibl.-Nr. 12).
1910	*Die Geheimwissenschaft im Umriß* (Bibl.-Nr. 13).
1910–1913	In München werden die *Vier Mysteriendramen* (Bibl.-Nr. 14) uraufgeführt.
1911	*Die geistige Führung des Menschen und der Menschheit* (Bibl.-Nr. 15).
1912	*Anthroposophischer Seelenkalender. Wochensprüche* (in Bibl.-Nr. 40, und selbständige Ausgaben). *Ein Weg zur Selbsterkenntnis des Menschen* (Bibl.-Nr. 16).
1913	Trennung von der Theosophischen und Begründung der Anthroposophischen Gesellschaft. *Die Schwelle der geistigen Welt* (Bibl.-Nr. 17).
1913–1923	Errichtung des in Holz als Doppelkuppelbau gestalteten ersten Goetheanum in Dornach/Schweiz.
1914–1923	Dornach und Berlin. In Vorträgen und Kursen in ganz Europa gibt Rudolf Steiner Anregungen für eine Erneuerung auf vielen Lebensgebieten: Kunst, Pädagogik, Naturwissenschaften, soziales Leben, Medizin, Theologie. Weiterbildung der 1912 inaugurierten neuen Bewegungskunst «Eurythmie».

1914	*Die Rätsel der Philosophie in ihrer Geschichte als Umriß dargestellt* (Bibl.-Nr. 18).
1916–1918	*Vom Menschenrätsel* (Bibl.-Nr. 20). *Von Seelenrätseln* (Bibl.-Nr. 21). *Goethes Geistesart in ihrer Offenbarung durch seinen «Faust» und durch das «Märchen von der Schlange und der Lilie»* (Bibl.-Nr. 22).
1919	Rudolf Steiner vertritt den Gedanken einer «Dreigliederung des sozialen Organismus» in Aufsätzen und Vorträgen, vor allem im süddeutschen Raum. *Die Kernpunkte der sozialen Frage in den Lebensnotwendigkeiten der Gegenwart und Zukunft* (Bibl.-Nr. 23). *Aufsätze über die Dreigliederung des sozialen Organismus* (Bibl.-Nr. 24). Im Herbst wird in Stuttgart die «Freie Waldorfschule» begründet, die Rudolf Steiner bis zu seinem Tode leitet.
1920	Beginnend mit dem Ersten anthroposophischen Hochschulkurs finden im noch nicht vollendeten Goetheanum fortan regelmäßig künstlerische und Vortragsveranstaltungen statt.
1921	Begründung der Wochenschrift «Das Goetheanum» mit regelmäßigen Aufsätzen und Beiträgen Rudolf Steiners (in Bibl.-Nr. 36).
1922	*Kosmologie, Religion und Philosophie* (Bibl.-Nr. 25). In der Silvesternacht 1922/23 wird der Goetheanumbau durch Brand vernichtet. Für einen neuen in Beton konzipierten Bau kann Rudolf Steiner in der Folge nur noch ein erstes Außenmodell schaffen.
1923	Unausgesetzte Vortragstätigkeit, verbunden mit Reisen. Zu Weihnachten 1923 Neubegründung der «Anthroposophischen Gesellschaft» als «Allgemeine Anthroposophische Gesellschaft» unter der Leitung Rudolf Steiners.
1923–1925	Rudolf Steiner schreibt in wöchentlichen Folgen seine unvollendet gebliebene Selbstbiographie *Mein Lebensgang* (Bibl.-Nr. 28) sowie *Anthroposophische Leitsätze* (Bibl.-Nr. 26), und arbeitet mit Dr. Ita Wegman an dem Buch *Grundlegendes für eine Erweiterung der Heilkunst nach geisteswissenschaftlichen Erkenntnissen* (Bibl.-Nr. 27).
1924	Steigerung der Vortragstätigkeit. Daneben zahlreiche Fachkurse. Letzte Vortragsreise in Europa. Am 28. September letzte Ansprache zu den Mitgliedern. Beginn des Krankenlagers.
1925	Am 30. März stirbt Rudolf Steiner in Dornach.

Überblick über das literarische und künstlerische Werk

Erste Abteilung: Die Schriften

I. Werke

Goethes Naturwissenschaftliche Schriften, eingeleitet und kommentiert von R. Steiner, 5 Bände, 1884–97, Neuausgabe 1975 (Bibl.-Nr. 1 a–e); separate Ausgabe der Einleitungen, 1925 (Bibl.-Nr. 1)
Grundlinien einer Erkenntnistheorie der Goetheschen Weltanschauung, 1886 (Bibl.-Nr. 2)
Wahrheit und Wissenschaft. Vorspiel einer «Philosophie der Freiheit», 1892 (Bibl.-Nr. 3)
Die Philosophie der Freiheit. Grundzüge einer modernen Weltanschauung, 1884 (Bibl.-Nr. 4)
Friedrich Nietzsche, ein Kämpfer gegen seine Zeit, 1895 (Bibl.-Nr. 5)
Goethes Weltanschauung, 1897 (Bibl.-Nr. 6)
Die Mystik im Aufgange des neuzeitlichen Geisteslebens und ihr Verhältnis zur modernen Weltanschauung, 1901 (Bibl.-Nr. 7)
Das Christentum als mystische Tatsache und die Mysterien des Altertums, 1902 (Bibl.-Nr. 8)
Theosophie. Einführung in übersinnliche Welterkenntnis und Menschenbestimmung, 1904 (Bibl.-Nr. 9)
Wie erlangt man Erkenntnisse der höheren Welten? 1904/05 (Bibl.-Nr. 10)
Aus der Akasha-Chronik, 1904–08 (Bibl.-Nr. 11)
Die Stufen der höheren Erkenntnis, 1905–08 (Bibl.-Nr. 12)
Die Geheimwissenschaft im Umriß, 1910 (Bibl.-Nr. 13)
Vier Mysteriendramen: Die Pforte der Einweihung – Die Prüfung der Seele – Der Hüter der Schwelle – Der Seelen Erwachen, 1910–13 (Bibl.-Nr. 14)
Die geistige Führung des Menschen und der Menschheit, 1911 (Bibl.-Nr. 15)
Anthroposophischer Seelenkalender, 1912 (in Bibl.-Nr. 40)
Ein Weg zur Selbsterkenntnis des Menschen, 1912 (Bibl.-Nr. 16)
Die Schwelle der geistigen Welt, 1913 (Bibl.-Nr. 17)
Die Rätsel der Philosophie in ihrer Geschichte als Umriß dargestellt, 1914 (Bibl.-Nr. 18)
Vom Menschenrätsel, 1916 (Bibl.-Nr. 20)
Von Seelenrätseln, 1917 (Bibl.-Nr. 21)
Goethes Geistesart in ihrer Offenbarung durch seinen «Faust» und durch das «Märchen von der Schlange und der Lilie», 1918 (Bibl.-Nr. 22)
Die Kernpunkte der sozialen Frage in den Lebensnotwendigkeiten der Gegenwart und Zukunft, 1919 (Bibl.-Nr. 23)

Aufsätze über die Dreigliederung des sozialen Organismus und zur Zeitlage 1915 bis 1921 (Bibl.-Nr. 24)
Kosmologie, Religion und Philosophie, 1922 (Bibl.-Nr. 25)
Anthroposophische Leitsätze, 1924/25 (Bibl.-Nr. 26)
Grundlegendes für eine Erweiterung der Heilkunst nach geisteswissenschaftlichen Erkenntnissen. Von Dr. Rudolf Steiner und Dr. Ita Wegman, 1925 (Bibl.-Nr. 27)
Mein Lebensgang, 1923–25 (Bibl.-Nr. 28)

II. Gesammelte Aufsätze

Gesammelte Aufsätze zur Dramaturgie 1889–1901 (Bibl.-Nr. 29)
Methodische Grundlagen der Anthroposophie. Gesammelte Aufsätze zur Philosophie, Naturwissenschaft, Ästhetik und Seelenkunde 1884–1901 (Bibl.-Nr. 30)
Gesammelte Aufsätze zur Kultur- und Zeitgeschichte 1887–1901 (Bibl.-Nr. 31)
Gesammelte Aufsätze zur Literatur 1884–1902 (Bibl.-Nr. 32)
Biographien und biographische Skizzen 1894–1905 (Bibl.-Nr. 33)
Luzifer-Gnosis. Grundlegende Aufsätze zur Anthroposophie und Berichte aus der Zeitschrift «Luzifer» und «Lucifer-Gnosis» 1903–1908 (Bibl.-Nr. 34)
Philosophie und Anthroposophie. Gesammelte Aufsätze 1904–1918 (Bibl.-Nr. 35)
Der Goetheanumgedanke inmitten der Kulturkrisis der Gegenwart. Gesammelte Aufsätze aus der Wochenschrift «Das Goetheanum» 1921–1925 (Bibl.-Nr. 36)

III. Veröffentlichungen aus dem Nachlaß

Briefe – Wahrspruchworte – Bühnenbearbeitungen – Entwürfe zu den Vier Mysteriendramen 1910 bis 1913 – Anthroposophie. Ein Fragment aus dem Jahre 1910 – Gesammelte Skizzen und Fragmente – Aus Notizbüchern und -blättern (Bibl.-Nrn. 38–47)

Zweite Abteilung: Das Vortragswerk

I. Öffentliche Vorträge

Die Berliner öffentlichen Vortragsreihen («Architektenhaus-Vorträge») 1903/04 bis 1917/18 (Bibl.-Nrn. 51–67)

Öffentliche Vorträge, Vortragsreihen und Hochschulkurse an anderen Orten Europas 1906–1924 (Bibl.-Nrn. 68–84)

II. Vorträge vor Mitgliedern der Anthroposophischen Gesellschaft

Vorträge und Vortragszyklen allgemein-anthroposophischen Inhalts – Evangelien-Betrachtungen – Christologie – Geisteswissenschaftliche Menschenkunde – Kosmische und menschliche Geschichte – Die geistigen Hintergründe der sozialen Frage – Der Mensch in seinem Zusammenhang mit dem Kosmos – Karma-Betrachtungen (Bibl.-Nrn. 91–244)

Vorträge und Schriften zur Geschichte der anthroposophischen Bewegung und der Anthroposophischen Gesellschaft (Bibl.-Nrn. 251–263)

III. Vorträge und Kurse zu einzelnen Lebensgebieten

Vorträge über Kunst: Allgemein-Künstlerisches – Eurythmie – Sprachgestaltung und Dramatische Kunst – Musik – Bildende Künste – Kunstgeschichte (Bibl.-Nrn. 271–292)

Vorträge über Erziehung (Bibl.-Nrn. 293–311)

Vorträge über Medizin (Bibl.-Nrn. 312–319)

Vorträge über Naturwissenschaft (Bibl.-Nrn. 320–327)

Vorträge über das soziale Leben und die Dreigliederung des sozialen Organismus (Bibl.-Nrn. 328–341)

Vorträge für die Arbeiter am Goetheanumbau (Bibl.-Nrn. 347–354)

Dritte Abteilung: Das künstlerische Werk

Reproduktionen und Veröffentlichungen aus dem künstlerischen Nachlaß

Originalgetreue Wiedergaben von malerischen und graphischen Entwürfen und Skizzen Rudolf Steiners in Kunstmappen oder als Einzelblätter: Entwürfe für die Malerei des Ersten Goetheanum – Schulungsskizzen für Maler – Programmbilder für Eurythmie-Aufführungen – Eurythmieformen – Entwürfe zu den Eurythmiefiguren, u. a.

Die Bände der Rudolf Steiner Gesamtausgabe sind innerhalb einzelner Gruppen einheitlich ausgestattet. Jeder Band ist einzeln erhältlich. Ausführliche Verzeichnisse können beim Verlag angefordert werden.